主　编：陈　恒

光启文库

光启随笔

光启文库

光启随笔 光启讲坛
光启学术 光启读本
光启通识 光启译丛
光启口述 光启青年

主　编：陈　恒

学术支持：上海师范大学光启国际学者中心

策划统筹：鲍静静
责任编辑：周小薇
装帧设计：纸想工作室
辑封插图：顾其星《青铜时代》《精陶美瓷》，2013

商务印书馆（上海）有限公司 出品
The Commercial Press (Shanghai) Co.Ltd

稽古与随时

瞿林东 著

商务印书馆
The Commercial Press

图书在版编目（CIP）数据

稽古与随时 / 瞿林东著. —北京：商务印书馆，2022
（光启文库）
ISBN 978－7－100－20312－8

Ⅰ.①稽… Ⅱ.①瞿… Ⅲ.①中国历史 — 文集
Ⅳ.①K207-53

中国版本图书馆 CIP 数据核字（2021）第173742号

权利保留，侵权必究。

稽 古 与 随 时

瞿林东 著

商 务 印 书 馆 出 版
（北京王府井大街36号 邮政编码 100710）
商 务 印 书 馆 发 行
山 东 临 沂 新 华 印 刷 物 流
集 团 有 限 责 任 公 司 印 刷
ISBN 978－7－100－20312－8

2022年2月第1版　　　开本 889×1194　1/32
2022年2月第1次印刷　　印张 12½

定价：68.00元

出版前言

梁启超在《清代学术概论》中认为,"自明徐光启、李之藻等广译算学、天文、水利诸书,为欧籍入中国之始,前清学术,颇蒙其影响"。梁任公把以徐光启(1562—1633)为代表追求"西学"的学术思潮,看作中国近代思想的开端。自徐光启以降数代学人,立足中华文化,承续学术传统,致力中西交流,展开文明互鉴,在江南地区开创出海纳百川的新局面,也遥遥开启了上海作为近现代东西交流、学术出版的中心地位。有鉴于此,我们秉承徐光启的精神遗产,发扬其经世致用、开放交流的学术理念,创设"光启文库"。

文库分光启随笔、光启学术、光启通识、光启讲坛、光启读本、光启译丛、光启口述、光启青年等系列。文库致力于构筑优秀学术人才集聚的高地、思想自由交流碰撞的平台,展示当代学术研究的成果,大力引介国外学术精品。如此,我们既可在自身文化中汲取养分,又能以高水准的海外成果丰富中华文化的内涵。

文库推重"经世致用",即注重文化的学术性和实用性,既促进学术价值的彰显,又推动现实关怀的呈现。文库以学术为第一要义,所选著作务求思想深刻、视角新颖、学养深厚;同时也注重实用,收录学术性与普及性皆佳、研究性与教学性兼顾、传承性与创新性俱备的优秀著作。以此,关注并回应重要时代议题与思想命题,推动中华文化的创造性转化与创新性发展,在与国外学术的交流对话中,努力打造和呈现具有中国特色的价值观念、思想文化及话语体系，为夯实文化软实力的根基贡献绵薄之力。

文库推动"东西交流"，即注重文化的引入与输出，促进双向的碰撞与沟通，既借鉴西方文化，也传播中国声音，并希冀在交流中催生更绚烂的精神成果。文库着力收录西方古今智慧经典和学术前沿成果，推动其在国内的译介与出版；同时也致力收录汉语世界优秀专著，促进其影响力的提升，发挥更大的文化效用；此外，还将整理汇编海内外学者具有学术性、思想性的随笔、讲演、访谈等，建构思想操练和精神对话的空间。

我们深知，无论是推动文化的经世致用，还是促进思想的东西交流，本文库所能贡献的仅为涓埃之力。但若能成为一脉细流，汇入中华文化发展与复兴的时代潮流，便正是秉承光启精神，不负历史使命之职。

文库创建伊始，事务千头万绪，未来也任重道远。本文库涵盖文学、历史、哲学、艺术、宗教、民俗等诸多人文学科，需要不同学科背景的学者通力合作。本文库综合著、译、编于一体，也需要多方助力协调。总之，文库的顺利推进绝非仅靠一己之力所能达成，实需相关机构、学者的鼎力襄助。谨此就教于大方之家，并致诚挚谢意。

清代学者阮元曾高度评价徐光启的贡献，"自利玛窦东来，得其天文数学之传者，光启为最深。……近今言甄明西学者，必称光启"。追慕先贤，知往鉴今，希望通过"光启文库"的工作，搭建东西文化会通的坚实平台，矗起当代中国学术高原的瞩目高峰，以学术的方式阐释中国、理解世界，让阅读与思索弥漫于我们的精神家园。

上海师范大学光启国际学者中心

2020年3月

自 序

我的这本小书,用"稽古与随时"作书名,是借用古人的两个概念。唐代史家刘知幾从历史编纂的要求出发,认为"稽古"与"从时"不应被割裂,应把二者结合起来。唐人李翰为杜佑《通典》作序,从史学经世致用的品质出发,认为"稽古"是考察、总结历史上的经验、启示,而"随时"则是把已得到的历史经验、历史启示用于现实的需要。前人的这一见解,从一个重要方面,道出了史学的本质,故借以用作书名,以为自勉。

这本小书汇集了近年来作者发表于报纸、杂志上的一些评论、文章和一些著作的序跋,大致分为五辑:民族与文化,历史评论,史学评论,治学漫谈,序与跋。

我对于民族、文化没有专门研究,但作为一个中国史学史研究者,民族与文化问题,是一定会接触到的,办法只有一个:学习,在学习中尝试着做一些研究;在学习和研究中希望有所提高。

历史评论和史学评论,是史学史研究中的两个重要部分。历史评论是一个十分广阔的范围,而史学评论,范围虽然也不算小,但它毕竟限于史家、史书、史学观念、史学现象、史学思潮、史学发展趋势等知识领域，或者说历史学学科范围之内。把二者区别开来，有利于对研究对象的准确把握，使之在研究上不断地深入、提高。当然，历史评论与史学评论之间也存在着内在的联系，即人们都是在一定的历史条件下来评论史学，同时，人们又会通过史学所揭示的内容去评论历史。我们在区别二者研究对象上的不同之后，又看到二者之间的联系，自亦增添了许多关注和兴趣。

"治学漫谈"之所以称为"漫谈"，这是因为，一来所谈未必精到、深刻，不成"家法"，只是道出一些想法罢了；二来所谈的内容比较宽泛，不成系统。有了这两个原因，便称作"漫谈"。当然，所谓"漫谈"者，倒也不是随便说说，至少还是可以拿出来和读者讨论、沟通的。

这些年来，承蒙朋友们的谬爱，要我为他们的学术著作作序，这对于我来说，往往是受教益、长知识的机会。譬如，为前辈学者著作写重印前言，实质上是温故知新的过程，不知不觉地仿佛回到过去的那些岁月，感到受教的那种亲切。又譬如，为熟识的朋友新书作序，往往为作者执着的治史精神所叹服。我为汪受宽教授《陇史新探》一书作序时，脑海里总是浮现出一位把知识、智慧奉献给祖国大西北建设的学者形象：他出生于江苏，却在甘肃为发展高等教育、开发大西北奋斗至今。他说，他的论著是"为文化大省建设提出了一些有价值的意见"，多么豪迈的气概！清代史学家章学诚说得好："不知古人之世，不可妄论古人文辞也。知其世矣，不知古人之身处，亦不可以遽论其文也。"（《文史通义·文德》）在这里，章学诚说的是"古人"，其实对于评论"今人"也是如此。有的序文是为年轻学人的著作而作，其中也包括我曾指导的博士研究生的著作。为他们的著作作序，一方面感到人才成长的欣慰，一方面也感到后生可畏的"压力",学术道路上始终不可故步自封才是。至于收录了一两篇为自己的书所写的序与后记,是希望读者通过它们多少了解一点著者的心声。

上述五辑,只是大致划分,难免有所交叉,尚希读者鉴谅。书中或存在错误、不当之处,敬请读者批评、指正。

2020年11月20日序于
北京师范大学历史学院

目 录

自 序   3

第一辑 民族与文化

探索民族间的心灵沟通   3
从史学发展看炎黄文化的民族凝聚力   9
略说撰写多民族历史传统的阶段性特征   27
历史的长城　心中的长城   33
文化自觉与社会发展   39
弘扬中华民族优秀传统文化   59

第二辑 历史评论

天人古今与时势理道   75
中国古代史家的通识与智慧   93
中国古代史学家思想的几个特点   103
司马迁留给后人的启示   131
"公事之闲，宜寻典籍"   136
怎样看待古代史官的作用   143

阮元的为政、为学、为人　　154
让后人懂得什么是历史　　163

第三辑　史学评论

成就、反思与新的前景　　169
历史学和民俗学的理论互补与学科建设　　177
宋人笔记的史学意识　　182
深入研究中国历史教育史　　197
资料·会通·见识　　207
古风新韵　　211

第四辑　治学漫谈

谈谈历史研究中的几个关系　　229
论"稽古"与"随时"　　235
历史研究须处理好古今关系　　248
与时代互动是史学发展的动力　　256
论史学的求真与经世　　265
在思考历史中汲取智慧　　279
探索中国史学的理论研究话语体系　　285
唯物史观与学科话语体系建构　　290
世界眼光与中国特色　　298

第五辑　序与跋

《史学遗产六讲》前言	309
《资治通鉴介绍》再版前言	315
序《陇史新探》	319
序《魏晋隋唐间的河东裴氏》	324
明代史家怎样看待历史	331
天意与自然	336
《中国简明史学史》后记	342
《我的史学人生》题记	359
《我的史学人生》后记	361
《瞿林东文集》总序	365
跋	383

第一辑
民族与文化

探索民族间的心灵沟通
——深入研究中国历史上历史文化认同的传统

自古以来，中国是一个多民族国家，尤其是自秦汉以来中国是一个不断发展的统一多民族国家。因此，研究民族史和民族关系史，乃是研究中国历史的重要内容，尤其是研究统一多民族国家历史发展的重要内容。新中国成立以来，关于这方面的研究，取得了丰硕的成果，不断有一些新的论著面世。

近十几年来，史学界提出了中国历史上各族间历史文化认同传统的问题，无疑是关于上述研究的继续和深入。说继续，因为研究历史文化认同问题，离不开对于民族史、民族关系史的研究及其相关成果；说深入，因为对于历史文化认同传统的研究，重在研究历史上人们的民族观、民族史观及其与历史文化认同的关系，以至于与统一多民族国家历史发展的关系。从这个意义上说，这一研究领域不仅是重要的，而且具有很大的研究空间和现实意义。这里，我讲几点认识，向同行请教。

一、研究历史文化认同传统的重要性。中国作为一个统一多民族国家，已有两千多年的历史，各族间的历史文化认同是这一历史发展的思想基础之一。唯物辩证法认为：人们的社会存在决定人们的思想，而人们的思想又反作用于人们的社会存在。在中国历史上，逐步形成的多元一体的民族关系格局，是人们历史文化认同的物质基础，而历史文化认同之思想观念的种种表现，又推动着多元一体民族关系格局的巩固和发展，进而推动着统一多民族国家的巩固和发展。这是一个渐进的过程，是一个不断发展的客观趋势，是中国历史演进的规律之一。中国最早的历史文献如《尚书》《诗经》《春秋》《左传》等，记述了先秦时期多民族国家的历史面貌。而《史记》《汉书》以下的历代"正史"，则书写了统一多民族国家的发展史。其间，人们的历史文化认同在历史的深处影响着这一发展过程。从孔子以文化为核心的夷夏观，到司马迁撰写《五帝本纪》、各民族传记所反映出来的民族观和民族史观；从隋唐时期"天下一家"的民族观、政治观，到元代史官们撰写宋、辽、金三朝"正史"的民族观和正统观；从明修《元史》、清修《明史》，到清朝诸帝祭奠黄帝、炎帝祭文中的治统、道统观念；从近代以来"中华民族"这一伟大民族符号、民族称谓的提出，到新中国五十六个民族的大团结和"中华民族多元一体格局"观念的提出，不同时代的中国人在历史文化认同的道路上不断走向更加自觉和更高的境界。显然，对于这一传统的研究，可以加深我们和我们的后人对统一多民族国家的历史和现实的认识，对祖国历史的热爱，对祖国美好前途的自信。

二、怎样深入研究历史文化认同的传统。首先，是发掘第一手材料。研究历史文化认同的传统，同民族史研究、民族关系史研究有密切的关联，可以说，后者是前者的基础。换言之，离开民族史和民族关系史，则无以谈论历史文化认同，这是一方面。另一方面，一般说来，现有民族史和民族关系史研究，主要是关于相关史事的阐述，大多没有为各族间的历史文化认同研究提供现成的材料，直接可以借鉴的研究成果不多。因此，深入研究历史文化认同的传统，就要下功夫从第一手文献资料入手，去发掘、爬梳、分析关于"认同"的资料，即有关的言论、思想、观念等。从某种意义上说，这方面的研究，是探索我们这个伟大民族各族间的心灵的沟通。在这个探索过程中，我们应当满怀真诚和敬意来看待祖国的历史，领悟和感受那些充满豁达和智慧的思想——照亮中国历史行程的光华。

其次，深入研究历史文化认同的传统，要在纷繁的历史现象中揭示其深层的内涵，在多种多样的思想潮流中捕捉其主流趋势。在中国历史上，存在许许多多关于历史文化认同的言论、思想、观念，但在某个时期或某个具体问题上也存在与此不相协调的言论、思想、观念，而终究又走向了"认同"。作为学术研究来说，我们不应当回避后者，更不应因为后者的存在而淡化了对前者的认识和评价。在这个问题上，白寿彝先生关于中国历史上民族关系主流的论述，给我们提供了方法论方面的启示。他指出："我们研究历史，不能采取割裂历史的方法。从一个历史阶段看问题，固然是必要的；从整个历史发展趋势看问题，则是更为重要的。在民族关系史上,我看友好合作不是主流,互相打仗也不是主流。主流是什么呢?几千年的历史证明:尽管民族之间好一段、歹一段,但总而言之,是许多民族共同创造了我们的历史,各民族共同努力,不断地把中国历史推向前进。我看这是主流。这一点是谁都不能否认的。当然,历史发展是波浪式地前进、螺旋式地前进,有重复、有倒退,不可能是直线上升的,总会有曲折、有反复,这是历史发展的规律。但总的讲,我们各民族的共同活动,促进了中国历史的发展。这种情况,在某些地方可能是有意识的,在另一些地方也可能是无意识的。不管有意识还是无意识,它都推动了中国历史的前进,每一个民族都有一份贡献。可能有的民族贡献多一些,有的民族贡献少一些,有的更重要一些,有的不太重要。这大概是符合历史发展的实际情况的。"[1] 这种运用辩证的和唯物的观点看待中国民族关系史"主流"的方法,其科学性在于:尊重事实,着眼全局,把握发展趋势,揭示历史本质。这是把辩证法和唯物史观用来说明中国民族关系史的一个极好的范例。我们研究中国历史上各族间的历史文化认同的传统,大可遵循这一科学的方法论,揭示这一传统的客观存在和发展规律。这样,我们在看待历史上有些与"认同"不相协调的言论、思想、观念时,就不会感到困惑,而是对其做出科学的、合理的说明。同时,我们也会认识到"认同"是双向的或多向的:如既有石勒认同西汉历史的一面,也有刘知幾认同"十六

---

[1] 白寿彝:《白寿彝民族宗教论集》,北京师范大学出版社,1992年,第53—54页。

国史"的一面；既有唐高祖称赞"胡、越一家"的一面，也有西北民族称唐太宗为"天可汗"的一面，等等。这些资料，需要我们下功夫发掘、梳理，并予以合理的解释，从而阐述其内在的规律。

再次，深入研究历史文化认同的传统，不仅要纵向上做比较系统的考察，还有必要从横向上做比较全面的考察。这就要求研究者在这方面增强问题意识，善于发现问题、提出问题和说明问题。如皇帝的诏书、大臣的奏章、学人的论议、史家的见解、史书的内容（尤其是历史人物的言论）及结构所反映出来的思想观念等，都在考察范围之内。就史书来说，不仅要关注历代"正史"和《资治通鉴》等，还要关注其他各类史书，如地方史、民族史等。总之，这方面的文献资料可发掘的空间很大，有很多工作要做。

三、深入研究历史文化认同的传统，具有重要的学术价值和突出的现实意义。第一，历史文化认同的传统，是中华民族之民族认同的历史基础和思想基础。正是有了两千多年的古代各民族间的历史文化认同的积累，近代中华民族这一伟大的民族称号的提出成为必然的历史趋势。而对于中华民族的认同，则成为近代中国人民反对外国殖民和侵略，争取民族独立和民族振兴的伟大精神力量。第二，历史文化认同的传统，也是历史上各个时期的国家认同的思想基础；而对中华民族的认同，又是近代以来各族人民对中国作为统一多民族国家的认同。抗日战争时期产生的《义勇军进行曲》成为中华人民共和国国歌，真实地反映出了中国人民的心声和推动历史前进的信念和勇气。第三，深入研究历史文化认同的传统，对于提升中华民族的民族自觉、民族自信、民族自尊、民族自强的伟大民族精神，增强民族凝聚力，具有启示和激励的作用。第四，深入研究历史文化认同的传统，这是从一个重要方面向世界昭示，中国作为一个统一多民族国家，是历史的产物，是一个无可争辩的事实。因此，这是一个世世代代的中国人都要不断重温的话题，也是世世代代的中国学人都要不断深入研究的话题。对于史学工作者来说，这一研究自是其神圣的历史责任。

2005年，笔者曾写过一篇短文《中国历史上历史文化认同的传统》[1]，对历史认同和文化认同做了一点粗浅的探索。这篇短文，可以说是对上述短文的一个补充。不当之处，请读者赐正。

（原载《史学史研究》2010年第4期）

---

[1] 瞿林东:《中国历史上历史文化认同的传统》，《河北学刊》2005年第3期。

从史学发展看炎黄文化的民族凝聚力

炎黄文化作为中华民族文化的象征和代表,至少在两个方面显示出它的重要的历史意义。第一,炎黄文化作为悠久的中华民族文化源头(从传说的范畴而不是从考古的范畴)的最古老的代表,受到历史上的史学家、思想家和政治家的承认与尊崇;这种承认与尊崇因具有长久的历史而形成一种稳定的、巨大的精神力量。第二,炎黄文化作为观念形态和历史传统,确确实实在中华民族的发展史上发挥出持久的、恢宏的凝聚作用。炎黄文化这两个方面的意义,在中国史学的发展上有突出的反映;而素称发达的中国古代史学又促进并强化着炎黄文化在这两个方面的作用。

在中国历史上,秦汉、隋唐和元代,是政治上大一统时代的几个突出代表,也是历史上多民族不断迁移、组合而走向新的融合的几个大时代。这几个时期的史学发展,鲜明地反映出炎黄和炎黄文化的民族凝聚作用。秦、隋两朝年代短促,我着重以汉、唐、元三朝的史学来说明上述认识。

一

西汉司马迁著《史记》,为中国古代史学的伟人奠基之作,以《五帝本纪》开篇,而《五帝本纪》又以黄帝居其首。这对于太史公司马迁来说,是一件非同小可的事情。司马迁写历史有自己的宗旨,即"究天人之际,通古今之变,成一家之言"[1]。那么,"通古今之变"这个"古",从哪里开始呢?这是司马迁首先碰到的一个大问题,是史书撰写中"正其疆里,开其首端"[2]的大事。他在《史记·太史公自序》中写道:"网罗天下放失旧闻,王迹所兴,原始察终,见盛观衰,论考之行事,略推三代,录秦汉,上记轩辕,下至于兹。"[3]这一段话,明确地规定了《史记》的上限与下限。关于下限,自不待言;关于上限,司马迁为什么要从黄帝写起呢?他在《史记·五帝本纪》后论中对此做了认真的说明。司马迁这样写道:

> 学者多称五帝,尚矣。然《尚书》独载尧以来;而百家言黄帝,其文不雅驯,荐绅先生难言之。孔子所传宰予问《五帝德》及《帝系姓》,儒者或不传。余尝西至空桐,北过涿鹿,东渐于海,南浮江淮矣,至长老皆各往往称黄帝、

---

[1] 司马迁:《报任安书》,见班固《汉书》卷六二《司马迁传》,中华书局,1962年,第2735页。

[2] 刘知幾:《史通·断限》,浦起龙《史通通释》本,上海古籍出版社,2009年,第88页。

[3] 司马迁:《史记》卷一三〇《太史公自序》,中华书局,1959年,第3319页。

尧、舜之处，风教固殊焉，总之不离古文者近是。予观《春秋》《国语》，其发明《五帝德》《帝系姓》章矣，顾弟弗深考，其所表见皆不虚。书缺有间矣，其轶乃时时见于他说。非好学深思，心知其意，固难为浅见寡闻道也。余并论次，择其言尤雅者，故著为本纪书首。[1]

所谓"本纪书首"，实际上就是《史记》的上限，也就是"通古今之变"这个"古"的起点。

在这段话中，关于"五帝"、黄帝，司马迁分别讲到了"学者"、"百家"、荐绅先生、孔子所传、本人所访，以及《春秋》《国语》和《五帝德》《帝系姓》所记有关内容的关系；应当说，在当时的历史条件下，司马迁是做了全面的考察的，所以他得到"书缺有间矣，其轶乃时时见于他说"的结论。由此，我们可以进一步认识到这段话的重要性。其一，它表明自春秋以来至西汉时期，人们对古史的追寻已超出了夏、商、周三代而颇重视关于黄帝的传说，从"学者"到"长老"，对此都予以关注，反映出一种比较普遍的历史文化心理，这一事实给予司马迁以极大的影响。其二，司马迁毅然突破《尚书》的界限，把黄帝"著为本纪书首"，从而在中国史学上第一部通史巨著中确认了这种历史文化心理，以至于在中国史学发展上产生了深远、巨大的影响，陶冶着中华民族的共同心理。尽管清代以来有些学人出于求实的要

---

[1] 司马迁：《史记》卷一《五帝本纪》，中华书局，1959年，第46页。

求,对此提出疑问,并做了不少很有价值的考信工作,但《史记》问世后所产生的这个影响,却是真切的事实,对于这一事实无疑是应当予以承认的。

《史记·五帝本纪》认为:"自黄帝至舜、禹,皆同姓而异其国号……帝禹为夏后而别氏。"[1]《史记》记述了秦、汉统一皇朝周边少数民族的历史,于《匈奴列传》则说:"匈奴,其先祖夏后氏之苗裔也。"[2] 这是把黄帝、帝禹、匈奴联系起来了。《史记》对多民族国家历史面貌的反映以及司马迁在民族关系上的这种观念,对中国史学的发展有很大的影响,对中华民族的发展也有不小的影响。这两种影响,都具有重要的意义。

司马迁所谓"上记轩辕,下至于兹"[3],不仅在本纪中反映出来,在《史记》的表、书中也各有反映。《史记·三代世表》序说:

> 太史公曰:五帝、三代之记,尚矣。自殷以前诸侯不可得而谱,周以来乃颇可著。孔子因史文次《春秋》,纪元年,正时日月,盖其详哉。至于序《尚书》则略,无年月。或颇有,然多阙,不可录。故疑则传疑,盖其慎也。
>
> 余读谍记,黄帝以来皆有年数。稽其历谱谍终始五德之传,古文咸不同,乖异。夫子之弗论次其年月,岂虚哉。

---

[1] 司马迁:《史记》卷一《五帝本纪》,中华书局,1959年,第45页。
[2] 司马迁:《史记》卷一一〇《匈奴列传》,中华书局,1959年,第2879页。
[3] 司马迁:《史记》卷一三〇《太史公自序》,中华书局,1959年,第3319页。

于是以《五帝系谍》《尚书》集世纪黄帝以来讫共和为《世表》。[1]

《三代世表》包含五帝时代，故此表当从黄帝记起。上述两段话是反复说明"殷以前诸侯不可得而谱"，而历代谱谍记"黄帝以来皆有年数"是不可凭信的，故司马迁采取了比较稳妥的做法："以《五帝系谱》《尚书》集世纪黄帝以来讫共和为《世表》。"文中，还表明了司马迁对孔子的"疑则传疑"的史学原则与方法的推崇。

司马迁在《史记·历书》序中说：

神农以前尚矣。盖黄帝考定星历，建立五行，起消息，正闰余，于是有天地神祇物类之官，是谓五官。各司其序，不相乱也。[2]

司马迁没有对"五官"进行说明，故后人多有推测，不得要领。这里，有一个值得注意的问题是：司马迁在《五帝本纪》后论中说"学者多称五帝，尚矣"，在《三代世表》序中说"五帝、三代之记，尚矣"，在《历书》序中又说"神农以前尚矣"，等等，说法不一，处置方法也有不同。但是，一个总的目的却始终贯穿其间，那就是"上记轩辕"。本纪，记大事；表，谱年爵；

---

[1] 司马迁：《史记》卷一三《三代世表》，中华书局，1959年，第487—488页。
[2] 司马迁：《史记》卷二六《历书》，中华书局，1959年，第1256页。

书、写制度。《史记》从这三个方面来反映"上记轩辕",这是把关于黄帝的零星的传说纳入比较广阔的和有序的历史视野之中,从而对后世的作为观念形态的炎黄文化的发展,开辟了新的道路。

东汉班固断代为史,写出了中国史学上第一部皇朝史著作《汉书》。但是,汉书的表、志继承了《史记》"通古今之变"之"古"的起点。《汉书》创《古今人表》,将古今人物"列九等之序,究极经传,继世相次"[1]。它以"上上圣人"为第一等,首叙伏羲、炎帝、黄帝。《古今人表》的目的是"归乎显善昭恶,劝戒后人",反映了鲜明的等级意识和伦理观念,同时也反映出民族的历史文化心理。

《汉书》的志,有几篇是从炎黄讲起的。《律历志》序认为,在黄帝、尧、舜时已有了"律度量衡"[2]了;其叙"世经",引《春秋》昭公十七年"郯子来朝"诸语,认为"稽之于《易》,炮牺、神农、黄帝相继之世可知"。《地理志》序说:"昔在黄帝,作舟车以济不通,旁行天下,方制万里,画壄分州,得百里之国万区。是故《易》称'先王建万国,亲诸侯',《书》云'协和万国',此之谓也。"[3]这些说法比司马迁所论更加具体,更往前延伸,用司马迁的话来说是更为"尚矣"、更为"难言"了。因此,《汉书》所论炎、黄的意义,主要还是在于它对人们的历史文化心理方面的影响。

---

1 班固:《汉书》卷二〇《古今人表》,中华书局,1962年,第861页。
2 班固:《汉书》卷二一《律历志》,中华书局,1962年,第955页。
3 班固:《汉书》卷二八《地理志》,中华书局,1962年,第1523页。

《史记》《汉书》是中国封建社会"正史"的奠基之作，不论是在史学上还是在人们的心目中，都有崇高的地位。它们所反映出来的炎黄或炎黄观念，本身也是炎黄文化的一种表现，并持续对中国的历史和史学产生影响。

二

炎黄文化作为文化观念和社会心理的存在形式，它在秦汉以后的中国历史发展上所起的作用，确有愈来愈强的趋势。这里，我想先举一件很有趣的小事情，来说明这个很重要的大道理。十六国时期，建立后赵朝廷的羯族人石勒，在一次宴请使臣的时候，带着酒兴同大臣徐光有一番问对，史载：

> （石勒）谓徐光曰："朕方自古开基何等主也？"对曰："陛下神武筹略迈于高皇，雄艺卓荦超绝魏祖，自三王已来无可比也，其轩辕之亚乎。"勒笑曰："人岂不自知，卿言亦以太过。朕若逢高皇，当北面而事之，与韩彭竞鞭而争先耳。脱遇光武，当并驱于中原，未知鹿死谁手。大丈夫行事当礌礌落落，如日月皎然，终不能如曹孟德、司马仲达父子，欺他孤儿寡妇，狐媚以取天下也。朕当在二刘之间耳，轩辕岂所拟乎！"[1]

---

[1] 房玄龄等：《晋书》卷一〇五《石勒载记》，中华书局，1974年，第2749页。

这件小事情可以说明大问题，不只是它生动地反映了石勒对一些帝王的评价以及他的自我评价，更重要的是它反映了这位羯族出身的皇帝对于轩辕（黄帝）的崇敬，认为轩辕的崇高、伟大是不可比拟的。值得注意的是，这种文化心理，在各民族大迁移、大融合的魏晋南北朝时期，并不是个别的现象，也不只是表现在某一个方面的现象，它在许多方面都有所反映。隋唐时期，"天下一家"的观念的提出和发展，同这种文化心理是有密切联系的。

唐代的大一统政治局面，对史学工作提出了新的认识和要求。从炎黄文化和民族关系来看，唐高祖的《修六代史诏》和唐太宗的《修晋书诏》有两个特点。第一个特点，是强调自黄帝以来的历史发展的古老性和连续性，所谓"伏羲以降，周、秦斯及，两汉继绪，三国并命，迄于晋、宋，载笔备写""考龟文于羲载，辨鸟册于轩年"，就是不仅看到了历史的古老，而且看到了历史的连续。这是对《史记》《汉书》传统的继承和发展。第二个特点，是对南北朝时期南、北诸多皇朝同等看待而不强调、渲染华夷之别。唐高祖论南北朝历史说：

> 自有晋南徙，魏乘机运，周、隋禅代，历世相仍；梁氏称邦，跨据淮海，齐迁龟鼎，陈建宗祊。莫不自命正朔，绵历岁祀，各殊徽号，删定礼仪；至于发迹开基，受终告代，嘉谋善政，名臣奇士，立言著绩，不乏于时。[1]

---

[1] 宋敏求编：《唐大诏令集》卷八一《命萧瑀等修六代史诏》，中华书局，2008年，第466页。

这里不仅没有渲染华夷，甚至连僭伪也没有说到，显示了唐高祖对待多民族的历史发展有一种宏大的气魄。唐太宗论梁、陈、齐、周、隋"五代史"说："梁、陈、高氏，朕命勒成；惟周及隋，亦同甄录。莫不彰善瘅恶，激一代之清芬；褒吉惩凶，备百王之令典。"[1] 这就是说，在"一代清芬""百王令典"方面，南北朝的不同民族、不同皇朝都具有同等的位置。这两点认识，出于唐初两个最有影响的皇帝的修史诏书之中，其分量之重、意义之深，都显得格外突出。

鲜卑族统治者所建立的北魏、北周等皇朝的历史被提到这样的高度上来认识，这在唐代并不是偶然的。唐代史家撰《周书》，称北周皇室宇文氏"其先出于炎帝神农氏"[2]。《周书》还认为：稽胡是"匈奴别种"，库莫奚是"鲜卑之别种"。[3] 唐代史家撰《隋书》，其论周边少数民族，认为："契丹之先，与库莫奚异种而同类"[4]；"铁勒之先，匈奴之苗裔也，种类最多"[5]；"室韦，契丹之类也"[6]。它还认为："吐谷浑，本辽西鲜卑徒河涉归子也。"[7] 在唐代史家看来，这许多民族的由来，都可以追溯到炎黄二帝。

唐代史家的通史撰述，大多继承了《史记》的传统：上限都

---

1 宋敏求编：《唐大诏令集》卷八一《修晋书诏》，中华书局，2008年，第467页。
2 令狐德棻等：《周书》卷一《文帝纪》，中华书局，1971年，第1页。
3 令狐德棻等：《周书》卷四九《异域上·库莫奚传》，中华书局，1971年，第899页。
4 魏徵等：《隋书》卷八四《北狄·契丹传》，中华书局，1973年，第1881页。
5 魏徵等：《隋书》卷八四《北狄·铁勒传》，中华书局，1973年，第1879页。
6 魏徵等：《隋书》卷八四《北狄·契丹附室韦传》，中华书局，1973年，第1882页。
7 魏徵等：《隋书》卷八三《西域·吐谷浑传》，中华书局，1973年，第1842页。

要从黄帝讲起。如马总撰《通历》十卷,起"太古十七氏""中古五帝三王",下迄于隋,粗述君臣贤否。又如姚康撰《统史》三百卷,"上自开辟,下尽隋朝,帝王美政、诏令、制置、铜盐钱谷损益、用兵利害,下至僧道是非,无不备载,编年为之"[1]。《统史》已经失传,《通历》今存后七卷。从今天的眼光来看,它们说的"太古""五帝""开辟"云云,人们可以有很多挑剔,但它们却反映出了炎黄文化影响的久远与深入,这是实实在在的事实。在这方面,特别应当着重说到的,是大史学家杜佑和他所撰的巨著《通典》。

《通典》二百卷,是中国史学上第一部记述历代典章制度的通史,分食货、选举、职官、礼、乐、兵、刑、州郡、边防九门;每门之下有若干子目,子目之下有若干细目,规模宏大,结构严谨。《通典》所记历代典章制度、前人论议,"上自黄帝,迄于我唐天宝之末"[2]。在唐人看来,"上自黄帝,迄于我唐"跟司马迁说的"上记轩辕,下至于兹",具有同样重要的意义,即非此不能"通古今之变"。唐人的这种文化心理、历史观念,比起以往的人们来说,是更加强烈了。当然,《通典》在具体的记述上,却是十分郑重的。其《食货典》序称:"陶唐以前,法制简略,不可得而详也。"[3] 因此,《通典》所记黄帝事,极为简略,反映出杜佑的严谨的治史态度。在这方面,他也是颇具太史公司马迁的遗

---

1 刘昫等:《旧唐书》卷一八《宣宗纪》,中华书局,1975年,第630页。
2 李翰:《通典序》,见杜佑《通典》,中华书局,1988年,第2页。
3 杜佑:《通典》卷一《食货典》,中华书局,1988年,第3页。

风。唯其如此,更加突出地反映出了"上自黄帝"的历史文化影响。然而,《通典》的价值还不止于此,更重要的是,它对中华民族文明的发展提出了独到的、在当时来看是达到了最高认识成就的见解。

杜佑对"中华""夷狄"文化同源提出这样的认识:

> 古之人朴质,中华与夷狄同,有祭立尸焉,有以人殉葬焉,有茹毛饮血焉,有居巢穴处焉,有不封不树焉,有手抟食焉,有同姓婚娶焉,有不讳名焉。中华地中而气正,人性和而才惠,继生圣哲,渐革鄙风。今四夷诸国,地偏气犷,则多仍旧。[1]

杜佑从朴素的历史进化观点来看待民族的历史,他认为:

> 人之常情,非今是古,其朴质事少,信固可美;而鄙风弊俗,或亦有之。缅惟古之中华,多类今之夷狄。[2]

这些认识,都是在"上自黄帝"这样一个古老的历史文化前提之下提出来的,故所谓"古之人朴质,中华与夷狄同""古之中华,多类今之夷狄",实则包含了"中华""夷狄"文化同源的认识。这比起有些挟民族偏见的认识,认为"夷狄"从来本性"贪残"、

---

[1] 杜佑:《通典》卷四八《礼典八》后议,中华书局,1988年,第1355页。
[2] 杜佑:《通典》卷一八五《边防典》序,中华书局,1988年,第4979页。

"华夏"从来本性礼让，实在是一个巨大的进步。在夷、夏文化同源的认识的基础上，杜佑从地理条件的差别来说明夷、夏文化发展的程度，虽非全面的分析，但却认识到地理条件的差异对民族发展进程的影响，并以此来排斥世俗的民族偏见，这也确是当时最正确、最进步的认识。

唐初，李延寿继承父亲李大师的遗志，不赞成在"南北分隔"的情况下，史家著史"南书谓北为'索虏'，北书指南为'岛夷'"的做法，撰成《南史》《北史》，予以"改正"。[1]如果说李大师、李延寿父子是比较多地着眼"天下一家"的政治形势考虑的话，那么杜佑在《通典》中所提出来的一些认识，就是站在历史发展的高度所做的理性思考了，这可以看作从政治和历史的层面上，反映了炎黄文化所具有的民族凝聚力。

三

炎黄文化所具有的民族凝聚力，不仅在史学上有鲜明的反映，而且在人们的社会实践活动中有突出的表现。上引石勒一例，便是很好的说明。以"专取关国家盛衰，系生民休戚，善可为法，恶可为戒"[2]为撰述宗旨的司马光，在《资治通鉴》中记述了唐代政治家们在处置民族关系上的出色的政治实践。这里，举

---

[1] 李延寿：《北史》卷一〇〇《序传》，中华书局，1974年，第3343页。
[2] 司马光：《资治通鉴》附录《进书表》，中华书局，1956年，第9607页。

出它所记述的两件事来说明这种情况。一件事情是，唐太宗贞观七年（633）12月：

> （唐太宗）从上皇置酒故汉未央宫。上皇命突厥颉利可汗起舞，又命南蛮酋长冯智戴咏诗，既而笑曰："胡、越一家，自古未有也！"帝奉觞上寿，曰："今四夷入臣，皆陛下教诲，非臣智力所及。昔汉高祖亦从太上皇置酒此宫，妄自矜大，臣所不取也。"上皇大悦。殿上皆呼万岁。[1]

这个局面，跟南北朝时南指北为"索虏"、北指南为"岛夷"的局面，是两幅格调迥然不同的历史图画！汉高祖刘邦曾命陆贾总结秦亡汉兴的历史经验，史载："每奏一篇，高帝未尝不称善，左右呼万岁。"[2] 这是非常庄严热烈的历史场面。司马光所记"殿上皆呼万岁"，这也是非常庄严热烈的历史场面。尽管前者是着眼于政治得失，后者是着眼于民族关系，但历史所演出的这两出喜剧，却有惊人的相似之处。

另一件事情是，贞观二十一年（647），唐太宗同大臣们讨论他在政治上获得成功的原因，史载：

> 上御翠微殿，问侍臣曰："自古帝王虽平定中夏，不能服

---

1 司马光：《资治通鉴》卷一九四"唐太宗贞观七年"，中华书局，1956年，第6103—6104页。
2 司马迁：《史记》卷九七《郦生陆贾列传》，中华书局，1959年，第2699页。

戎、狄。朕才不逮古人而成功过之，自不谕其故，诸公各率意以实言之。"群臣皆称："陛下功德如天地，万物不得而名言。"上曰："不然。朕所以能及此者，止由五事耳。自古帝王多疾胜己者，朕见人之善，若己有之。人之行能，不能兼备，朕常弃其所短，取其所长。人主往往进贤则欲置诸怀，退不肖则欲推诸壑，朕见贤者则敬之，不肖者则怜之，贤、不肖各得其所。人主多恶正直，阴诛显戮，无代无之，朕践祚以来，正直之士，比肩于朝，未尝黜责一人。自古皆贵中华，贱夷、狄，朕独爱之如一，故其种落皆依朕如父母。此五者，朕所以成今日之功也。"[1]

唐太宗是一位英明的君主，他当然不会相信说他"功德如天地，万物不得而名言"的颂词（如果不是谀词的话）的真实性，而他自己所总结出来的五条历史经验，确乎符合或近于他的政治实践。这里，要着重说明的是其中最后一条，即对于"中华""夷狄"的"爱之如一"。唐太宗把这一条看作他在政治上取得巨大成功的原因之一，说明他对于民族政策的制定和实施包含着一定程度的自觉意识；这种自觉意识并不完全是功利主义的反映，从他的修史诏书来看，这也是一种历史认识和文化心理的反映。是否可以这样认为，在唐太宗时代，炎黄文化的凝聚力在历

---

[1] 司马光：《资治通鉴》卷一九八"唐太宗贞观二十一年"，中华书局，1956年，第6247页。

史发展和史学发展上,都有突出的表现。这种情况,经过司马光的史笔记载下来,说明了它的影响之深远。

辽、宋、西夏、金、元时期,是中国历史上又一次民族大迁移、大融合时期,元皇朝的政治统一正是这一发展过程的总结。当然,元皇朝的统治,在政治上表现出明显的民族分化政策,这是它不能同唐皇朝相比的地方。但是,元朝统治者对于辽、金、宋这三个不同民族的统治者所建立的皇朝的历史,却都是十分重视的。当时,有人提出了这样的认识:"宁可亡人之国,不可亡人之史。若史馆不立,后世亦不知有今日。"[1] 修前朝之史,被看作一个神圣的传统。当然,元朝统治者修辽、金、宋三朝历史,也是为了"以见祖宗盛德得天下辽、金、宋之由,垂鉴后世,做一代盛典"[2]。这就是说,不论从史学上还是从政治上考虑,元朝统治者都认识到修辽、金、宋三史的重要。从官方制定的《三史凡例》来看,可以看出人们对于《春秋》《史记》以来的史学传统及其所反映出来的历史文化心理的认同。《三史凡例》规定:

——帝纪:三国(按:指辽、金、宋三朝)各史书法,准《史记》、《西汉书》、《新唐书》。各国称号等事,准《南、北史》。

——志:各史所载,取其重者作志。

——表:表与志同。

---

[1] 苏天爵:《元朝名臣事略》卷一二《内翰王文康公》,中华书局,1956年,第239页。
[2] 脱脱等:《辽史》附录《修三史诏》,中华书局,1974年,第1554页。

——列传：后妃，宗室，外戚，群臣，杂传。人臣有大功者，虽父子各传。余以类相从，或数人共一传。三国所书事有与本朝相关涉者，当禀。金、宋死节之臣，皆合立传，不须避忌。其余该载不尽，从总裁官与修史官临文详议。

——疑事传疑，信事传信，准《春秋》。[1]

文中所说"准《史记》""准《南、北史》""准《春秋》"等语，反映出对史学传统的认同，对历史上不同民族所建皇朝之历史的适当处置，都是从较深的层面上表现出一种共同的历史文化心理。尽管元朝统治者在政治上实行民族分化政策，但在事实上却又接受了孔子和汉、唐、宋等朝史家的历史观念，并承认是他们的继承者。这一史学现象表明，炎黄文化的凝聚力作用是多么巨大。

元朝统治者这样对待辽、金、宋三朝历史，又颇有些唐初统治者的气度。所不同的是，唐代是汉族统治者为汉族、鲜卑族及其他各族统治者所建皇朝撰写"正史"，元代是蒙古族统治者为契丹族、女真族、汉族统治者所建皇朝撰写"正史"。撰写"正史"的史学传统把各民族的历史连接在一起，恰是中华民族的客观历史进程在史学上的反映。从比较具体的问题上看，还有一些值得深长思之的事情。如元朝的史臣们在论述契丹族的先祖时写了这样一段话：

---

1 脱脱等：《辽史》附录《三史凡例》，中华书局，1974年，第1557页。

庖牺氏降,炎帝氏、黄帝氏子孙众多,王畿之封建有限,王政之布濩无穷,故君四方者,多二帝子孙,而自服土中者本同出也。考之宇文周之书(按:指唐修《周书》),辽本炎帝之后,而耶律俨(按:指辽朝史官)称辽为轩辕后。俨志(按:指耶律俨所撰国史《辽志》)晚出,盍从《周书》。[1]

《辽史·太祖纪》后论也说:"辽之先,出自炎帝。"[2] 元朝史臣以《周书》早于《辽志》,故于两说之中采早出者为是。这一方面显示出元代史官们的机智,另一方面也表明了七百年前唐初史臣所撰前朝"正史"的历史影响之大。再者,更使人感到非同一般的是,在上引这段话中所谓"故君四方者,多二帝子孙"云云,若出于汉、唐史家之口,固然有很重的分量,而其出于元代史家之口,显然就有更重的分量;若出于私家历史撰述,无疑反映了民间的传统认识,而其出于官修正史,显然就反映了官方的意识形态。从这两层意义上看,此话可谓一字千钧。它所具有的内涵,又远远超出了考察契丹族究竟出于黄帝还是炎帝的范围,而有一种更广泛的历史认识价值。从这里,人们可以切切实实地感受到炎黄和炎黄文化所蕴含着的伟大的民族凝聚力。

从历史上看,中华民族的发展有一个基本规律,即各民族间的关系虽也经历过种种曲折,但其主流则是相互之间愈来愈加强

---

[1] 脱脱等:《辽史》卷六三《世表》序,中华书局,1974年,第949页。
[2] 脱脱等:《辽史》卷二《太祖本纪》,中华书局,1974年,第24页。

着联系，人们愈来愈认识到这种联系的历史渊源及其现实意义，从而使我们中华民族愈来愈成为一个自觉维系的伟大的整体。在这个规律性的历史发展趋势中，自有诸多历史因素的作用，而民族凝聚力则是基本的、具有长久生命力的历史因素。我以为，这正是我们探讨、认识炎黄文化之历史价值与现实意义的关键所在。

（原载黄爱平、王俊义编：《炎黄文化与中华民族》，中国人民大学出版社，1996年）

略说撰写多民族历史传统的阶段性特征

　　白寿彝先生撰写的《中国通史·导论卷》中的第一章，即《统一的多民族的历史》，以七八万字的篇帙，论述了中国史学上的民族史撰述、当代民族工作以及新的"统一的多民族历史的编撰"等问题，视野恢宏，见识精辟，是作者的民族观、民族史观、民族史撰述思想的集中反映。其中第一节"关于中国民族史撰述的回顾"以清晰的脉络、深邃的思想勾勒出中国史学中蕴含着撰写多民族历史的优良传统。这一优良传统，既是表明历史文化认同的历史根据，又是研究历史文化认同的思想资料。

　　从历史的观点来看，中国史学上撰写多民族历史的优良传统有一个长期发展的过程。大体说来，在先秦文献如《尚书》《左传》《国语》等书中，涉及民族、民族关系方面的内容，主要是有关某一历史事件本身的记载，如《尚书·牧誓》中庸、蜀、羌、髳、微、卢、彭、濮等族参与武王伐纣事，《左传》中诸多有关诸华、诸夏与戎、狄、蛮、夷的攻战与会盟事,等等。这可以看作是上述传统的第一阶段。

司马迁《史记》开辟了撰写多民族历史的第二阶段。这个阶段的民族史撰述的特点,是着眼于在统一国家的政治局面下,写出各个地区民族的历史,从而展现出统一的多民族国家的历史画面。《汉书》以下历代"正史"多在不同程度上受《史记》的影响。可以认为,开创撰写统一多民族国家历史的先河,是司马迁的伟大功绩之一。

从唐高祖武德五年(622)颁发的《命萧瑀等修六代史诏》到唐初八史即《梁书》《陈书》《北齐书》《周书》《隋书》《晋书》《南史》《北史》修成,可视为撰写民族史传统的第三阶段。这一阶段的特点是更加关注各民族所建皇朝的政治作为,这从以下几个方面可以看得比较清楚:

——唐高祖《修六代史诏》对南北朝时期各个皇朝的历史做了总的评价,指出:"自有晋南徙,魏乘机运,周、隋禅代,历世相仍,梁氏称邦,跨据淮海,齐迁龟鼎,陈建宗祊,莫不自命正朔,绵历岁祀,各殊徽号,删定礼仪。至于发迹开基,受终告代,嘉谋善政,名臣奇士,立言著绩,无乏于时。"[1]这一段话把南北朝时期的一些皇朝都包括进去了,北魏、北齐、北周自然都在其中。

---

[1] 宋敏求编:《唐大诏令集》卷八一《命萧瑀等修六代史诏》,中华书局,2008年,第466—467页。

——唐太宗贞观二十年（646）颁发的《修晋书诏》，激烈地批评当时存在的诸家晋史，命房玄龄、令狐德棻重修晋史。房玄龄等于贞观二十二年（648）撰成《晋书》一百卷，其中包含了十六国的历史，即主要是匈奴、鲜卑、羯、氐、羌等族所建政权的历史，谓之"载记"。同以往诸家晋史相比，这是一部完全意义上的晋史。

——李延寿继承、发展父亲遗志，改变南朝史家修史诋毁北朝、北朝史家修史污蔑南朝的不良习气，把南朝历史与北朝历史同等看待并废除所谓"岛夷""索虏"等相互敌视的用语，撰成《南史》八十卷、《北史》一百卷。

由此可见，唐代的政治家和史学家，不仅把各民族建立的皇朝写入"正史"或著成独立的"正史"，如《北齐书》《周书》，而且还认同前朝史家以撰述少数民族贵族为主所建皇朝历史的史书为"正史"，如魏收《魏书》和魏澹《魏书》，反映出了民族史在史学上的地位进一步提高了。

撰写多民族历史优良传统的第四阶段，可以以杜佑《通典》为标志。《通典·边防典》不仅写出了中原周边各民族的历史，而且在《礼典》中发表了关于民族发展观的重要见解。杜佑认为，各民族在发展上的迟速，不是民族本性造成的，而是受到自然条件的影响。杜佑在讲到"三代"的"立尸义"时，分析了"中华"与"夷狄"在礼俗上的同源和后来演变中的变化，认为："古之人朴质，中华与夷狄同，有祭立尸焉，有以人殉葬焉，有茹毛饮血焉，有居巢穴处焉，有不封不树焉，有手抟食焉，有同姓婚娶焉，有不讳名焉。中华地中而气正，人性和而才惠，继生圣哲，渐革鄙风。今四夷诸国，地偏气犷，则多仍旧。"[1]杜佑是从地理条件不同来说明中华与夷狄在礼俗、文明发展之进程上产生差别的原因，虽不尽全面，却是很有意义的见解。显然，这样来看待历史上民族的差别，尤其是看待不同地区、不同民族在历史发展上的先进与后进，可以看作一种历史理性的表现。

在此后的历史进程中，撰写多民族历史的优良传统还有一些突出的表现，如元修宋、辽、金三史"各与正统"的原则，明代王圻《续文献通考》补叙辽、金两朝典制内容等，但大致都未超出二、三、四阶段的特点。当历史发展到清代，政治家和史学家们得到历史所赐予的客观条件，使他们在继承和发展上述传统方面做出了新的成就，这一则表现在规模宏大的地理书和数量众多的地方志纪事本末所包含的民族史内容中，一则表现在对通史类型著作的续作，其突出地反映了中国古代史学上撰写多民族历史传统的绵延不绝和中国文明之历史记载的绵延不绝。关于前者，白寿彝先生已有精辟论述[2]，这里简略地讲讲后者。

大家知道，杜佑《通典》、郑樵《通志》、马端临《文献通考》，后人统称为"三通"，而清代所修"续三通"即《续通典》《续通志》《续文献通考》，"清三通"即《清通典》《清通志》《清文献通考》，把撰写多民族史学的优良传统推向新的阶段。兹列

---

1 杜佑：《通典》卷四八《礼典八》，中华书局，1988年，第1355页。
2 见白寿彝主编：《中国通史·导论卷》，上海人民出版社，1989年，第21—33页。

举有关论述,以见其要旨:

——《续通典》卷首称:"臣等谨按:杜佑作《食货典》,以谷为人之所仰,地为谷之所生,人为君之所治,三者相资于政尤切……《通典》文字简质,不拘尺幅。其所叙述,自隋以前,率举其大要,而于唐制加详。又其意尝欲推而行之,卓然近于可用……今悉准其例……其自肃宗、代宗而后至于明季,辄以次纂辑。"[1]

——《续通志》卷首称:"臣等谨按:自班固以后,断代为史,而会通之义不著。宋臣郑樵作《通志》,乃始搜纂缀辑上下数千载,综其行事,粲然成一家之言,厥功伟矣!顾以《唐书》、《五代史》为本朝大臣所修,不敢轻议,故纪传断限,逮隋而止。今臣等奉命续纂是书,爰始有唐,以迄于元,君臣流别,纪传群分,大率皆取衷于郑氏。"[2]

——《续文献通考》卷首写道:"臣等谨按:宋马端临《文献通考》,《田赋考》载唐虞以来至宋宁宗,历代田赋之制而附以水利田、屯田、官田凡七卷……今谨依马氏旧式,自宋宁宗以后逮于有明,详稽史籍,辑为《续文献通考》,《田赋考》六卷,王氏所增各卷,有与田赋相涉者,则摘载水利目内,其余概行删去,以归简当云。"[3]这是在首叙《续文献通考·田赋考》时,明确交代了该书同马端临《文献通考》的渊源及其叙事之起迄年代,文中

---

[1] 《续通典》卷一《食货典》,商务印书馆,1935年,第1111页。
[2] 《续通志》卷一《唐纪》,商务印书馆,1935年,第3255页。
[3] 《续文献通考》卷一《田赋考》,商务印书馆,1935年,第2771页。

所说"王氏所增",系指明代史家王圻所撰《续文献通考》对马端临《文献通考》的增补。要之,这段文字是说明了有关三部书即《文献通考》、王圻《续文献通考》、清修《续文献通考》的相互关系。

以上"续三通"之作表明:《续通典》是"悉准"《通典》体例,所续内容上自唐肃宗、代宗,下迄明季。《续通志》所续内容"爰始自唐,以迄于元"。《续文献通考》依马端临《文献通考》体例,所续内容"自宋宁宗以后逮于有明"。至于"清三通"的主旨和内容,可以用几句话概括:遵循《通典》《通志》和《文献通考》的撰述旨趣和撰述体例,在"续三通"的基础上结合清朝自身在制度上的特点,写出清代前期的历史和制度,以接续"三通""续三通"。这样,清代的政治家和史学家便在这一领域把撰写多民族历史的优良传统发展到更高的、具有高度自觉的整体性的阶段,即第五阶段。

在历史发展与史学发展所提供的条件下,中国史学上撰写多民族历史优良传统显示出鲜明的阶段性特点,从这些特点中可以清晰地看到中国历史上历史文化认同不断之深入发展的趋势。据此,我们可以得到这样的结论:撰写多民族历史的优良传统是中华民族历史文化认同的一个重要表现,而中华民族历史文化认同又促进了中国史学撰写多民族历史的发展,二者相得益彰,在深层上反映了中国历史与中国史学在发展中辩证统一的规律。

(原载《史学理论与史学史学刊》2014年卷)

历史的长城　心中的长城

　　任何事物都有自己的历史。中国的长城,也有自己古老而年轻的历史:说它古老,不仅是它开始修筑的年代久远,而且还因为它最初的性质、作用已成为遥远的过去;说它年轻,不仅是它越来越成为世人崇敬的历史遗迹,而且还因为它自20世纪中叶起已成为矗立在中华民族各族人民心中的支柱和脊梁。

　　长城,是中国古代最雄伟的建筑工程之一,也是世界古代历史上最雄伟的建筑工程之一。中国因拥有长城而感到自豪。

　　在中国历史发展过程中,尤其是在中国统一的多民族国家形成和发展过程中,随着历史的演进,长城的性质和作用也在不断发生着变化,其价值和意义因时代的不同而有所不同。

　　长城的修筑,始于东周战国时期各诸侯国之间的战乱、纷争。这时,它起着军事防御工程的作用。1961年夏,翦伯赞先生访问内蒙古时,曾有诗作《登大青山访赵长城遗址》,其序称:

"八月五日午前访赵长城遗址,遗址在包头市北大青山上,断续数十里,高者达五米左右。"诗曰:"骑射胡服捍北疆,英雄不愧武灵王。邯郸歌舞终消歇,河曲风光旧莽苍。望断云中无鹄起,飞来天外有鹰扬。两千几百年前事,只剩蓬蒿伴土墙。"作者对"无鹄起""有鹰扬"句分别作注说:"传说赵侯自五原、河曲筑长城东至阴山,崩不就,乃改卜阴山、河曲而祷焉,昼见群鹄游于云中,徘徊经日,即于其处筑城,古云中城是也。"而当时考察时,"有飞机一架由西而东"[1]。作者巧妙地用"无鹄"和"有鹰"把古今联系起来了。

秦汉时期,中国形成了统一的多民族国家,长城作为军事防御工程的性质和作用,在不断地淡化,即逐渐蜕变为中国北方民族与中原民族时而冲突、时而交往的场所和"纽带"。这种变化,在东汉时期北方民族逐步南迁和北魏时期北方各民族大迁移、大融合以后,已经成为历史上的一个显著特点。当冲突发生时,它多少还有一点军事屏障的作用;当和平交往时,长城内外就成了经济上互通有无的场所。值得注意的是,这种趋势的发展,是同北方民族的"汉化"和中原民族的"胡化"密切结合在一起的。从自然形势来看,大致说来,长城也是中国北方畜牧区和中原农耕区的一道"分界线"。

在盛产诗歌的唐代,不少诗人都把长城作为慨然吟咏的对象。当然,长城作为军事上的浩大工程,仍是诗人们吟咏的主

---

[1] 翦伯赞:《内蒙访古》,《翦伯赞史学论文选集》第三辑,人民出版社,1980年,第400页。

题。唐太宗的《赋饮马长城窟》中，就有"悠悠卷旆旌，饮马出长城"[1]的诗句。同时，我们也可以从唐诗中读到关于长城的另外的丰富含义。

其一，关于民族间冲突与和好的吟咏。袁朗诗《饮马长城窟行》，起首四句是："朔风动秋草，清跸长安道。长城连不穷，所以隔华戎。"末四句是："太平今若斯，汗马竟无施。惟当事笔砚，归去草封禅。"[2]全诗从"华戎"冲突写到出现"太平"局面，对民族关系表现出乐观的态度。

其二，关于强调民族和好政策的重要。张说的《奉和圣制送王晙巡边应制》诗作，其中有"《礼》《乐》知谋帅，《春秋》识用兵。一劳堪定国，万里即长城。策有和戎利，威传破虏名"[3]等句，反映了作者对"和戎"政策有利于社会发展的称许。

其三，关于对长城内外和平局面的讴歌。李益《登长城》诗吟道："汉家今上郡，秦塞古长城。有日云长惨，无风沙自惊。当今圣天子，不战四夷平。"[4]这是在吟咏各族之间和平的政治局面。

其四，关于"胡化"的生动写照。元稹的诗作《和李校书新题乐府十二首·缚戎人》写道："边头大将差健卒，入抄禽生快于鹘。但逢赪面即捉来，半是边人半戎羯。""中有一人能汉语，自言家本长城窟。""近年如此思汉者，半为老病半埋骨。常教孙子

---

1 见《全唐诗》卷一，中华书局，1960年，第3页。
2 见《全唐诗》卷二〇，中华书局，1960年，第241页。
3 见《全唐诗》卷八八，中华书局，1960年，第967页。
4 见《全唐诗》卷二八二，中华书局，1960年，第3203页。

学乡音,犹话平时好城阙。"[1]这首长诗反映出许多历史信息:一是边将以俘获邀功,造成民族间的冲突和人民的苦难;二是"边人"和"戎羯"杂居,已是比较普遍的现象;三是"能汉语"的边人,其孙子已不懂"乡音"而需要"常教"了。

其五,关于以"用贤"比喻长城。杜牧的诗作《夏州崔常侍自少常亚列出领麾幢十韵》起首四句写道:"帝命诗书将,登坛礼乐卿。三边要高枕,万里得长城。"末了四句写道:"魏绛言堪采,陈汤事偶成。若须垂竹帛,静胜是功名。"[2]诗中虽然写到了长城,但基本精神是"魏绛言堪采",即主张效法春秋时晋国大夫魏绛的"和戎"之策,从而使晋国再次强大起来[3]。这首诗反映了诗人卓越的历史见识。尤其值得重视的是杜牧的另一首诗《咏歌圣德,远怀天宝,因题关亭长句四韵》,诗人吟道:"圣敬文思业太平,海寰天下唱歌行。秋来气势洪河壮,霜后精神泰华狞。广德者强朝万国,用贤无敌是长城。君王若悟治安论,安史何人敢弄兵。"[4]诗人在诗中用"用贤"比喻长城,意谓真正做到"用贤",其"无敌"的作用亦如长城一样。这里,诗人赋予长城以新的含义,其关键的一句是"君王若悟治安论",凸显出诗人对国事的关注,对治国安邦之论的重视。

以上所举,不足以概括唐代诗人对长城的吟咏的全貌,但其主要意境或许都已讲到了。当然,如同唐代诗人所吟咏的种种现

---

1 见《全唐诗》卷四一九,中华书局,1960年,第4619—4620页。
2 见《全唐诗》卷五二一,中华书局,1960年,第5955页。
3 事见《左传·襄公四年》《国语·晋语七》。
4 见《全唐诗》卷五二三,中华书局,1960年,第5979页。

象，在其以后的宋、元、明、清的历史上，都不同程度地再次出现过，而其总的趋势是民族间的冲突、融合和各族间历史文化认同的结合。历史学家翦伯赞先生用散文诗一般的语言撰写的《内蒙访古》一文，有一节的标题是"揭穿了一个历史的秘密"，他这样写道：

> 为什么大多数的游牧民族都是由东而西走上历史舞台？现在问题很明白了，那就是因为内蒙东部有一个呼伦贝尔草原。假如整个内蒙是游牧民族的历史舞台，那么这个草原就是这个历史舞台的后台。很多的游牧民族都是在呼伦贝尔草原打扮好了，或者说在这个草原里装备好了，然后才走出马门。当他们走出马门的时候，他们已经不仅是一群牧人，而是有组织的全副武装了的骑手、战士。这些牧人、骑手或战士总想把万里长城打破一个缺口，走进黄河流域。他们或者以辽河流域的平原为据点，或者以锡林郭勒草原为据点，但最主要的是以乌兰察布平原为据点，来敲打长城的大门，因而阴山一带往往出现民族矛盾的高潮。两汉与匈奴，北魏与柔然，隋唐与突厥，明与鞑靼，都在这一带展开了剧烈的斗争。一直到清初，这里还是和准噶尔进行战争的一个重要的军事据点。[1]

这一段话，十分形象而又合乎历史逻辑地概括了北方民族与长城

---

1 翦伯赞：《内蒙访古》，《翦伯赞历史论文选集》第三辑，人民出版社，1980年，第399页。

的关系,以及长城与中国北方民族和中原皇朝的关系。这就是说,在不少历史事件中,不论是战争与和好,还是冲突与融合,大多是同长城相联系的。

近代以来,长城的性质和作用进一步蜕变了。尤其在20世纪中叶,中国人民处于伟大的抗日民族解放战争中,长城已成为中华民族各族人民心中的保卫神圣国土的精神屏障,那就是:"把我们的血肉,筑成我们新的长城!"在那个特定的历史年代,"筑起我们新的长城",正是中华民族团结奋斗、抗击外敌的同义语,伟大的物质长城转变成了伟大的精神长城。中国人民凭借这伟大的精神长城,赢得了反侵略战争的胜利,这将永远彪炳于中华民族的史册。

今日的长城,作为中华文明的见证之一,已不只为历史学家、考古学家所关注,它成为中国古代人民智慧和创造力的一个象征,成为中华民族民族精神的一个象征,受到中国各族人民的景仰和热爱。唯其如此,爱我长城、爱我中华,已成为全国各族人民的共同心声。

今日的长城,已不仅为中国人民所热爱、所向往,它的伟大的臂膀和宽广的胸怀,已向全世界友好人士、全世界人民张开,以雍容大度的姿态,欢迎他们的到来。"不到长城非好汉",已变成了在中外旅行者中广泛传诵的豪言壮语。长城因其历史的底蕴和文明的象征而成为联结中国与世界的伟大的纽带。

(原载《寻根》2008年第2期)

文化自觉与社会发展

20世纪与21世纪之交,费孝通教授提出"文化自觉"的理念,并对之做了深刻的阐述与分析。这一理念的提出及其社会实践意义,是有它的必然性的。首先,从国内来看,我国社会主义现代化建设的迅速发展,已越来越显示出文化事业的重要,它不仅直接关系到精神文明建设,而且也直接和间接地关系到物质文明建设。其次,从国际来看,经济全球化的浪潮汹涌而来,在这一背景下,各国间不仅在经济方面的联系空前密切,随之而来的是在文化上的联系和交流也呈现出了前所未有繁荣的局面,如何处理本土文化与异域文化的关系问题非常尖锐地摆在人们的面前,要求人们做出回答。再次,自鸦片战争以来,尤其是自五四运动以来,中国的思想家、政治家和广大学人,历来十分关注中外文化尤其是中西文化的接触及其命运;百余年来,人们有许多思考和见解,也积累了丰富的实践经验。正是由于这几个方面的原因,

"文化自觉"这一新的理念的提出,既有其时代的特色,也有其历史的渊源;同时,它也是中国学者对当今世界上某些文化观念的回应,其可能产生的影响无疑将是十分广泛的。

这里,本文就文化自觉与当代中国社会发展的关系讲几个问题。关于这几个问题的讨论,不限于认识层面,还涉及实践层面。

一 关于社会主义建设中文化事业的战略地位与全局观念

在唯物史观看来,作为观念形态的文化,总是同一定的经济、政治相联系。1940年,毛泽东在《新民主主义论》这部名著中做出这样精辟的论述,他写道:

> 一定的文化(当作观念形态的文化)是一定的政治和经济的反映,又给予伟大影响和作用于一定社会的政治和经济;而经济是基础,政治则是经济的集中的表现。这是我们对于文化和政治、经济的关系及政治和经济的关系的基本观点。那末,一定形态的政治和经济是首先决定那一定形态的文化的;然后,那一定形态的文化又才给予影响和作用于一定形态的政治和经济。马克思说:"不是人们的意识决定人们的存在,而是人们的社会存在决定人们的意识。"他又说:"从来的哲学家只是各式各样地说明世界,但是重要的乃在于改造世界。"这是自有人类历史以来第一次正确地解决意

识和存在关系问题的科学的规定,而为后来列宁所深刻地发挥了的能动的革命的反映论之基本的观点。我们讨论中国文化问题,不能忘记这个基本观点。[1]

我们可以认为,上述论断,是20世纪中国历史上关于文化和政治、经济的关系以及文化的社会历史作用之第一次科学的说明。上述论点的精髓,是指出了文化同政治、经济间的辩证关系,即"一定形态的政治和经济是首先决定那一定形态的文化的;然后,那一定形态的文化才给予影响和作用于一定形态的政治和经济"。这一科学论断,对于我们认识文化和政治、经济的关系,以及政治和经济的关系,仍然具有指导意义,仍然是认识和处理它们在现代化建设中重大决策必须遵循的基本观点。

根据这一基本观点,在不同的历史时期,针对不同的社会实践发展情况,对于文化在社会生活中的位置,也会有一些具体的提法。1949年9月,在中华人民共和国成立前夕,毛泽东在中国人民政治协商会议第一届全体会议上的开幕词中讲:"随着经济建设的高潮的到来,不可避免地将要出现一个文化建设的高潮。中国人被人认为不文明的时代已经过去了,我们将以一个具有高度文化的民族出现于世界。"[2] 这里,有一点是特别值得注意的:毛泽东在指出"经济建设"这个任务的同时,提出了"文化建设"的任

---

[1] 毛泽东:《新民主主义论》,《毛泽东选集》第二卷,人民出版社,1991年,第663—664页。
[2] 毛泽东:《中国人民政协第一届会议上毛主席开幕词》,《人民日报》1949年9月22日。

务，认为经济建设、文化建设都是当时应当努力做好的"建设工作"的重要部分，认为"文化建设的高潮"的到来，标志着"中国人被人认为不文明的时代"的结束，中华民族"将以一个具有高度文化的民族出现于世界"；由此可以看出毛泽东对"文化建设"的地位和意义之重要性的战略估量。

历史表明，毛泽东的这些论述是正确的，50年代前期共和国的历史进程证明了这些结论的正确性；50年代后期以后的一些年代，由于"左"的思潮的泛滥，经济建设和文化建设的发展都受到了挫折，这是从反面说明了这些正确的结论也只有在正确的政治路线之下才能成为现实。这也进一步说明，文化和政治、经济的关系是何等密切。

历史是最好的教师。杰出的政治家最能洞察历史、理解历史。1983年，当中国的改革事业发动之初，邓小平就指出：

> 在社会主义国家，一个真正的马克思主义政党在执政以后，一定要致力于发展生产力，并在这个基础上逐步提高人民的生活水平。这就是建设物质文明。过去很长一段时间，我们忽视了发展生产力，所以现在我们要特别注意建设物质文明。与此同时，还要建设社会主义的精神文明，最根本的是要使广大人民有共产主义的理想，有道德，有文化，守纪律。国际主义、爱国主义都属于精神文明的范畴。[1]

---

1 邓小平：《邓小平文选》第三卷，人民出版社，1993年，第28页。

这里说的"建设物质文明"和"建设精神文明",是对于经济建设、文化建设所做的新的概括。值得注意的是,邓小平在强调"要特别注意建设物质文明"的时候,"与此同时,还要建设社会主义的精神文明"。从认识上看,这跟"随着经济建设的高潮的到来,不可避免地将要出现一个文化建设的高潮"还是有一定的区别的;这个区别在于,社会主义的经济建设和文化建设不是孰先孰后的问题,而是要同时进行的两个方面。从决策上看,其实践意义就更为重要了,它提醒人们不应轻视,更不应忽视建设精神文明的工作,以确保社会主义建设的正确方向和两个文明的协调发展。这是邓小平理论的一个重要组成部分。

根据马克思列宁主义、毛泽东思想、邓小平理论,根据现阶段中国社会主义现代化建设的实践,江泽民在中国共产党第十五次全国代表大会上的报告,对"有中国特色社会主义的文化建设"做了新的、全面的概括,即对当代中国文化建设的战略地位、历史与时代特征、整体格局等问题做了精辟的阐述。江泽民指出:"只有经济、政治、文化协调发展,只有两个文明都搞好,才是有中国特色社会主义。"江泽民进而指出:"有中国特色社会主义的文化,是凝聚和激励全国各族人民的重要力量,是综合国力的重要标志。"[1]这是对文化建设之战略地位的最本质的说明,是现阶段通观国内国际历史发展大势所得出的科学结论。

纵观历史,半个多世纪以来,从毛泽东、邓小平到江泽民对

---

1 江泽民:《江泽民文选》第二卷,人民出版社,2006年,第33页。

文化和文化建设的论述，其中既包含着一以贯之的思想体系，又反映出中国革命和建设不同发展阶段上的时代特点，具有丰富的内涵和指导的意义。由此我们可以得到这样的结论：有中国特色社会主义的文化建设之战略地位的确认，是20世纪中国历史发展的必然之势，是21世纪中国历史前途的客观要求。

当然，要真正落实文化建设的战略地位，就必须确立文化建设的全局观念，使之在认识上不断深化，在实践中得以贯彻。江泽民在论述"有中国特色社会主义的文化建设"时，对文化发展的历史联系、文化领域各部分的作用与地位、中外文化交流的重要性等问题，都有十分明确的论断，从而阐明了文化建设的整体格局和全局观念，在认识上和实践上为有中国特色社会主义的文化建设指明了方向。

关于文化领域各部分的作用和地位，是文化建设中的核心问题，所谓文化建设的整体格局和全局观念主要即指此而言。江泽民指出："在全社会形成共同理想和精神支柱，是有中国特色社会主义文化建设的根本"；"发展教育和科学，是文化建设的基础工程"；"发展文学艺术、新闻出版、广播影视等事业，是文化建设的重要内容"；"营造良好的文化环境，是提高社会文明程度、推进改革开放和现代化建设的重要条件"。[1]这里说的"根本""基础工程""重要内容""重要条件"等几个方面，其作用和地位有所不同，但它们是有机的整体，任何一个环节有所削弱，都会影响

1　江泽民：《江泽民文选》第二卷，人民出版社，2006年，第33—35页。

到文化建设的全局。因此，我们所说的文化建设中的全局观念，一方面是经济、政治、文化协调发展的全局观念，一方面是文化领域中各个方面的协调发展。只有坚持了这样的全局观念并在实践中加以贯彻，才能保证有中国特色社会主义文化建设的顺利发展。

历史的和现实的经验证明，在认识上和实践上真正确保文化建设的全局观念，必须防止全局失衡的可能性，既要处理好经济、政治、文化间的关系，又要处理好文化领域各部门间的关系。具体说来，经济工作者、政治工作者应当具有高度自觉的文化建设意识，即一方面主动地以经济、政治为动力去促进文化建设的发展，一方面也善于以文化建设的积极成果来为经济、政治的健康发展服务。反之亦然，文化工作者必须立足于经济、政治发展的现实去规划文化建设的蓝图，并自觉地以文化建设的积极成果去促进经济的发展和政治的进步。此其一。其二，文化领域的各个方面，不仅要明确自身这一方面的任务，还要明确自身以外其他方面的任务，尤其是明确各个方面相互间的关系，要做到立足本位，胸有全局，使文化领域的各个方面真正成为相互补充、相互协调、相互促进的关系，而不是相互排斥、相互抵消的关系。具体说，何谓"根本"，怎样确保这个根本；何谓"基础工程"，怎样实施这个基础工程；何谓"重要内容"，怎样贯彻这个重要内容；何谓"重要条件"，怎样创造这个重要条件；更重要的是，怎样创造出它们之间协调发展的运行机制，等等。这些问题，都是文化建设中极其重要的问题，只有对这些问题有整体意义上的深思熟虑，才能使文化领域各个方面的建设起到相互配合、相互促进的作用，收事半功倍之效。

以上这些道理，都不难理解。但是，在现实生活中，不符合这些道理的事例、现象以至倾向，却总是不断地滋生出来，有的甚至成为一种社会顽症。比如重视经济、轻视文化，或者先抓经济、后抓文化等，就是比较普遍存在的一种倾向；更严重的是，以损失文化为代价去换取所谓"经济效益"。这就是为什么经常在一些部门、一些地区出现"一手硬、一手软"的现象。又比如，在广义的文化领域，重理轻文的倾向，多年来一直困扰着人们，这种现象在许多高等学校也都严重地存在着。再比如，在哲学社会科学范围内，重视应用专业、轻视基础专业的倾向，也非常突出；尤其是历史学科，被人们轻视和误解，已经到了不能容忍的地步。如此等等，都阻碍着文化战略的真正实施。江泽民在2001年8月7日，2002年4月28日、5月31日、7月16日多次发表讲话，反复强调哲学社会科学的重要意义和崇高使命，这对于提高人们认识，改变上述倾向，一定会产生重大的作用。

综上所述，树立文化建设中的全局观念并不是一件容易做到的事情，而在文化建设的实践中贯彻这个全局观念就更不是一件容易的事情了。因此，不论是经济、政治、文化的协调发展，还是文化领域内各个方面的协调发展，首先都必须在认识上、理论上树立全局观念，避免这样那样的片面性；其次是要努力做到各项文化建设在决策上的科学性，以避免决策上的误区和种种不协调的现象。这是各级决策部门、主管部门应当密切关注的问题。

文化建设是一个伟大的系统工程，学术界、理论界的同仁在推进这个系统工程中可以大有作为：一方面是充分发挥自身的专业所长，在文化建设的某一方面贡献出自己的聪明才智、研究成果，为文化建设的大厦增添一砖一瓦；另一方面是自觉地关注文化建设的全局形势，研究新的问题，提出新的见解，以有助于文化建设在整体上的顺利发展。为此，必须坚持实事求是、严谨认真的学风，抵制浮夸、浮躁、轻率、偏激等不良学风，为有中国特色社会主义的文化建设做一个真正有所作为的人。

从当代中国社会发展来看，我们可以认为：树立文化建设的战略地位，正确认识并恰当处置文化建设中的全局观念及相应举措，乃是文化自觉之最重要的标志。

二 关于经济全球化形势下文化发展的决策与实践

经济全球化趋势，已成为新世纪的历史特点和主要话题之一。人类的经济社会和文化面貌，都要发生这样那样的变化。当然，经济全球化并不是全人类的"福音"，它在不同国家、不同地区产生的影响并不相同。因此，从世界范围来看，在实际生活中和理论探讨中，都不乏反对经济全球化的行为和论点。中国是一个发展中的国家，是一个实行改革开放的大国。面对经济全球化趋势，必须采取积极的姿态和相应的对策，趋利避害，以便赢得自我发展的时间和空间。这既是历史经验的启示，也是现实生活的要求。从这一基本认识出发来看待我们的文化发展战略，才可能采取清醒的、冷静的、积极的方针和步骤。换言之，在经济全球化形势下，如何确定文化发展的决策与实践，乃是文化自觉之积极反映的一个极其重要的方面。

从历史上看，就总体而言，各国、各民族间的经济文化交流从来没有中断过，只是持续时间的长短、进展程度的强弱由于种种原因而有所变化罢了。中国古代的汉唐文化，尤其是唐代文化，吸收了多种域外文化；而唐代文化又深深地影响了亚洲各国以至欧洲的文化。值得注意的是，中国古代的科学技术和思想文化，对欧洲的社会进步和文化发展所产生的积极作用，更是不可轻估的。近代以来至新中国成立以前，中国沦为半殖民地国家，西方文化的"输入"，往往是同强权外交相联系的，与此前的各国间的经济文化交流不可同日而语。可以这样说，殖民地文化的最大特点和本质所在，是国家主权的被损害和民族精神的被压抑。我以为，对于中国历史上中外文化交流的性质及影响，应当做具体的分析，这是我们不应当忽视的。

当今，在经济全球化趋势下，中国文化发展的国际环境和国内环境都增加了新的因素。从国际环境看，经济全球化趋势的加强，必然加快各国间文化的相互交流和相互影响，这是一个历史潮流。从国内环境看，改革开放的基本国策，也将继续推动中外文化交流，一方面是对外国文化的"引进"，一方面是对中国文化的向外传播，这也是一个历史潮流。在这种历史条件下，中国文化发展在认识上和实践上似应确立这样几条原则：

第一，经济与文化有密切的关系，但经济与文化又有本质的区别。经济全球化必然会促进各国文化的进一步联系,但这不等于是文化全球化。近代以来,西方文化发展了几百年,但各国仍然有自己的文化,这是一个历史事实。从现实来看,世界观和价值观的差别、民族文化传统的差别,这两点足以使文化的"全球化"在相当长的历史时期内不可能出现。正因为如此,我们不应简单地谈论"全球化"问题,也不应盲目地从"经济全球化"中推论出"文化全球化"观念。这不仅在学理上不能成立,而且在实践中十分有害。

第二,从唯物史观来看待历史发展,应当看到在21世纪,各国间的文化联系会比以往任何时间都更加密切。这种联系伴随着高科技的飞速发展而日益加强。面对汹涌澎湃而来的外来文化,我们所应持的恰当态度是:不拒绝,不照搬,择善而从。所谓"择善",当然是按照我们的国情和我们所持的世界观、价值观原则。联系,既是客观趋势;选择,亦非没有余地。这里存在着很大的空间,也检验着文化工作者的鉴别能力和向导作用。从"五四"以来,历史留给我们正反两个方面的经验教训,都极为丰富,极富于现实的启迪意义,证明这种鉴别能力和向导作用是极为重要的。

第三,发扬中华文化的民族特点,推进人类文化事业的更大进步。任何一种文化,一方面,都同一定的经济、政治、历史传统分不开。因此,世界文化是多样的,是五彩斑斓的。这种情况,在经济全球化形势下,不会有根本的改变。尽管人类沟通的渠道更多了,各种文化之间的衔接点也会不断增多,但人类分属于各个地区和国家，又各有自己的历史传统和民族特点，其文化面貌仍将是多样的、五彩斑斓的。从这个意义上说，中国文化在积极面对世界的同时，仍将坚持发扬自己的历史传统和民族特点。这是推进中国文化发展的必由之路，也是对世界文化发展继续做出贡献的正确途径。在这里，文化的民族性和世界性是辩证统一的。这是人们说得很久的一个话题了，只是今天我们可以更加理性、更加自信地来看待它。中国文化，因其悠久的历史、丰富的内涵、多姿多彩的表现形式，历来为世界各国有识之士所重视。中国文化，是中华民族的伟大创造，也是中华民族对人类文明和世界文化的伟大贡献。随着改革开放的深入发展，随着中外文化交往的日益密切，中国文化的价值和意义，必将在各国得到更多人的理解和认识。

总之，继承优秀文化遗产，创造新的文化成果，一方面使传统文化得到弘扬，一方面使现代文化保持民族特点，是当今文化工作者的神圣责任。

三 关于中华文化的优秀遗产之现实价值与全民族文化素质的提高

文化自觉不仅应当反映在人们对当前及未来世界历史发展趋势的理性认识上，反映在国家的文化战略和具体措施上，而且应当反映在全民族的文化素质的不断提高上。可以这样说，只有这几方面的配合，才能使文化自觉这一精神成果，转化为物质力量，在当代社会发展中发挥出巨大作用。

人类历史发展到今天，看一个民族的文化素质，就是要看这个民族的理性精神、自信精神和创造精神的整体面貌及其达到的境界。当今的世界，是一个充满着竞争机制的世界，同时又是一个张扬理性、鼓励贡献和创造的世界。从这个意义上讲，可以认为，理性、自信、创造，是时代对每一个民族提出的要求。

中华民族有古老的文明和优秀的遗产，如何使历史的财富同时代的要求结合起来，从而创造出新的文明，并以此丰富和推进当代世界文明的进程，是海内外每一个炎黄子孙面临的庄严历史使命。中华文化的优秀遗产，气象恢宏，内容丰富，形式多样，难以历数。本文这里所讲的主要是精神文化方面的优秀遗产。

上文讲到，作为观念形态的文化，它产生于一定的经济、政治条件，又反转过来作用于一定的经济、政治及人们的种种社会实践。中华民族的传统文化在其延续中，同样会反作用于今天的经济、政治及人们的种种实践。优秀传统文化中是否还存着今天仍有生命力的积极方面？如果有的话，这些方面是什么？

在优秀传统文化遗产中，我以为有这样的几个方面在今天仍具有强大的生命力和积极的社会作用。第一是民族精神。民族精神可以表现在许多方面，概括其要点，如"自强不息"的进取精神，"至大至刚"的"浩然之气"，"天下一家""千古同文"的凝聚意识以及爱国主义传统。第二是历史智慧。中国有个古训："君子以多识前言往行,以畜其德。"[1]这里说的"德",不只是德行,也包括智慧。历史智慧,首先是历史鉴戒的意识,对此,清人王夫之有段名言是:"故论(史之为)鉴者,于其得也,而必推其所以得,于其失也,而必推其所以失。其得也,必思易其迹而何以亦得;其失也,必思就其偏而何以救其失。乃可为治之资,而不仅如鉴之徒悬于室,无与照之者也。"[2]可见,鉴戒思想有很深刻的辩证道理,而历史可以为人们提供的这方面智慧是极为丰富的。历史智慧还包括对历史机遇和历史选择的认识;从更广泛的范围看,它也包含着人们对于自然领域和思维领域认识的积极成果。第三是人生哲学。重修身,讲诚信,以富国安民为己任和"先天下之忧而忧,后天下之乐而乐"的宏大抱负等,这些积极向上,不断完善自身,关心他人,具有社会责任意识,重视事功而以天下为己任的人生哲学,是优秀传统文化中极其重要的部分,是今天的炎黄子孙应当继承、发扬的。

民族精神的张扬,既有历史的渊源,又有现实的意义。对此,不用进行长篇大论的阐说,只需要举出一两个现实的事例就可以使人们洞若观火。那就是奥运会赛场和世界杯足球比赛。奥运精神,是超越国家、种族、民族的人类共同的追求,但对于奥运奖牌的争取,又切切实实地反映出强烈的国家意识和民族意识。人们对足球世界杯的争夺,也大致如此。这是历史与现实的

---

[1] 《周易·大畜》,阮元《十三经注疏》本,中华书局,1980年,第28页。
[2] 王夫之:《读通鉴论》卷末《叙论四》,中华书局,1975年,第1114页。

辩证统一。体育比赛尚且如此,何况更深层次的思想传统。

有一点是十分清楚的,即当今的张扬民族精神,绝不是提倡和鼓吹狭隘的民族主义。我们所说的张扬民族的精神,是历史意识同现代意识的结合,是民族意识同世界意识的结合,是建立在对国家、民族、世界相互关系的理性认识的基础上。具体说来,弘扬中华民族的民族精神,就是要看到几千年中华文明的辉煌成就及其对人类文明进程的伟大贡献,就是要看到近代中国历史上无数志士仁人为救亡图强、寻求救国之路的不屈不挠的斗争精神和革命志向,就是要看到新中国成立以来中国人民为改变落后面貌、复兴中华民族的宏伟抱负和坚实信念。至于优秀文化遗产中所蕴含的历史智慧和人生哲学,因其具有一定的真理性而保持新鲜的活力,至今仍对人们有教育、启迪的作用,这是得到许多人的共识的。

当然,继承和发扬优秀文化遗产的途径、内容、形式是多样的和丰富多彩的。其中,学习历史,进行历史教育应当是主要的途径、内容形式之一。这是因为,第一,中国历史(不论是客观的历史还是记载的历史)悠久而未曾中断,显示出中华民族的生生不息的伟大创造力和坚强的凝聚力,中华文明的这个特点不仅是人类文明史上的奇观,而且是对世界文明的贡献。第二,中国历史内容丰富,包罗万象,不论是汗牛充栋的历史典籍,还是层出不穷的历史文化遗存,都反映出浩淼博大的中华文明的恢宏气象。正如马克思、恩格斯所说的那样:"我们仅仅知道一门唯一的科学,即历史科学。"[1]这一方面表明历史科学的重要,另一方面也表明历史科学包罗万象。正是从这个意义上说明了历史教育具有的特殊性和重要性,它是全民族素质教育的基础。

从历史上看,历史教育具有多层次的特点,上至帝王、朝廷大臣,下至一般士人、平民百姓,直至蒙童少年,形成一个历史教育系统。《尚书》里的许多篇章,尤其是"周初八诰"[2],是西周最高统治集团自觉进行历史教育的名篇。刘邦命大臣陆贾撰《新语》,总结历史经验,亦属类似情况。[3]唐代史家吴兢所撰《贞观政要》一书,深刻地再现了唐太宗君臣曾广泛而持久地进行了这样的自觉历史教育。[4]西周、汉、唐出现"盛世",与此不无关系。魏晋南北朝隋唐以下,士大夫们多关注朝代的兴亡成败、社会的治乱盛衰,纷纷作"兴亡"之论[5],反映了他们所强调的历史教育的重心所在。这种情况,直到明末清初而达到极致。唐宋变文、宋元话本,是说话人的讲本,是他们对市井百姓进行历史教

---

1 马克思、恩格斯:《马克思恩格斯全集》第三卷,人民出版社,1960年,第20页注文。
2 "周初八诰"是《大诰》《康诰》《酒诰》《梓材》《召诰》《洛诰》《多士》《多方》(见白寿彝:《中国史学史》第一册,上海人民出版社,1986年,第203页)。
3 "高帝……乃谓陆生曰:'试为我著秦所以失天下,吾所以得之者何,及古成败之国。'陆生乃粗述存亡之征,凡十二篇。每奏一篇,高帝未尝不称善,左右呼万岁,号其书曰《新语》。"(见司马迁:《史记》卷九七《郦生陆贾列传》,中华书局,1959年,第2699页)
4 《贞观政要》凡十卷四十篇,是记唐太宗君臣论政之书。书中诸人发论,多征引史事,相互激励,彼此受到启迪和教育。
5 见《文苑英华》卷七五一至七五三《兴亡论》上、中、下。

育的又一种形式,在民间有广泛的影响。自唐以后,《蒙求》《三字经》《十七史蒙求》《幼学琼林》等,是蒙童少年的必读书,其内容则主要是历史知识和历史教育。而司马光撰写的《稽古录》,被朱熹称作对蒙童进行历史教育的绝好材料。[1]至于司马光主编的《资治通鉴》,更是被朱熹、王夫之称为关于国计民生、立身行事之书,是上至皇帝、下至士人不可不读之书。[2]这样一个多层次的、多样化的、认认真真进行的历史教育系统,很值得我们借鉴。

这里,我们有必要再次提到江泽民同志致白寿彝教授的信。在这封信中,江泽民讲到了学习中国历史的重要性,我们从中也可以看出历史教育是一个多层次的系统。他首先从总体上指出中国历史的重要价值和研究中国历史的重大意义。他说:

> 我国的历史,浩淼博大,蕴含着丰富的治国安邦的历史经验,也记载了先人们在追求社会进步中遭遇的种种曲折和苦痛。对这个历史宝库,我们应该运用历史唯物主义的观点不断加以发掘,在前人研究的基础上不断做出新的总结。这对我们推进今天祖国的建设事业,更好地迈向未来,具有重

---

[1]《朱子语类》:"温公之言如桑麻谷粟。且如《稽古录》,极好看,常思量教太子诸王。恐《通鉴》难看,且看一部《稽古录》。人家子弟若先看得此,便是一部古今在肚里了。"(见黎靖德编:《朱子语类》卷一三四《历代》,中华书局,1986年,第3207页)

[2] 王夫之论《资治通鉴》说:"其曰'通'者,何也?君道在焉,国是在焉,民情在焉,边防在焉,臣谊在焉,臣节在焉,士之行己以无辱者在焉,学之守正而不陂者在焉。"(见王夫之:《读通鉴论》卷末《叙论四》,中华书局,1975年,第1114页)在王夫之看来,《资治通鉴》可以说是历史教育的一部百科全书。

要的意义。

江泽民又进一步向全党全社会提出要求,他说:

> 中华民族的历史,是全民族的共同财富。全党全社会都应该重视对中国历史的学习,特别是要在青少年中普及中国历史的基本知识,以使他们学习掌握中华民族的优秀传统,牢固树立爱国主义精神和正确的人生观、价值观,激励他们为中华民族的伟大复兴而奉献力量。我一直强调,党和国家的各级领导干部要注重学习中国历史,高级干部尤其要带头这样做。领导干部应该读一读中国通史。这对于大家弄清楚我国历史的基本脉络和中华民族的发展历程,增强民族的自尊心、自信心和奋发图强的精神,增强唯物史观,丰富治国经验,都是很有好处的。同时,我们也要学习和借鉴外国历史。历史知识丰富了,能够"寂然凝虑,思接千载",眼界和胸襟就可以大为开阔,精神境界就可以大为提高。[1]

从这段讲话中,我们同样可以看出历史教育的多层次性。第一,"全党全民族都应该重视对中国历史的学习"。这就是说,这里不存在任何的例外。第二,"特别是要在青少年中普及中国历史的基本知识,以使他们学习掌握中华民族的优秀传统,牢固树立

---

[1] 江泽民:《中共中央总书记江泽民给白寿彝同志的贺信》,《史学史研究》1999年第3期。

爱国主义精神和正确的人生观、价值观，激励他们为中华民族的伟大复兴而奉献力量"。青少年是国家的未来，民族的希望，对他们的历史教育是重要的事情。第三，"党和国家的各领导干部要注重学习中国历史，高级干部尤其要带头这样做。领导干部应该读一读中国通史。这对于大家弄清楚我国的历史的基本脉络和中华民族的发展历程，增强民族自尊心、自信心和奋发图强的精神，增强唯物史观，丰富治国经验，都是很有好处的"。这里又区分一般干部和高级干部两个层次，如果说一般干部的历史教育是更重要的事情的话，那么高级干部的历史教育就是最重要的事情了，因为他们现在所从事的工作是关系到治国安邦、强国富民的工作，是国家大计、民族大计之所在。毫无疑问，江泽民的这些话，是有突出的针对性和现实性的。

中国正处在一个新的历史时期。中华民族要有英雄的气概和充分的信心实现民族的伟大复兴。广大青少年要有宏伟的抱负、脚踏实地的精神和崇高的历史使命感，在复兴中华民族的事业中贡献自己的力量，实现自己的报国之志。同时，我们还要有一大批具有国士之风的科学家、思想家、学者、艺术家、企业家，要有一大批高瞻远瞩、胸怀博大、清正廉洁、以治国安邦与富国安民为己任的政治家。这样，我们的宏伟目标，就可以计日程功。

综上，历史教育对于全民族素质的提高，其意义十分重大。我们甚至可以认为，这是文化自觉之最根本的标志。

从上述三个方面来看，文化自觉之影响于人们对当今世界的认识，以及由此而来的文化观念的变化与文化发展的决策及其实践，对于当代中国社会的发展，都有重大的作用和重要的意义。一言以蔽之，这关系到全民族的理性精神的张扬和社会实践的主动，关系到理想和实践的更加接近。

（原载《光明日报》2003年5月27日，有删节，今恢复全文）

弘扬中华民族优秀传统文化

20世纪还剩下五个年头。回顾20世纪的中国历史,传统文化曾几度成为人们密切关注的对象。从20世纪初的新文化运动直至80年代逐渐兴起的"文化热",虽然时代、影响并不相同,传统文化却都首当其冲。

不论是正面的经验,还是反面的教训,都明白无误地证明了这样一个基本事实:传统文化,作为中华民族的伟大创造,虽历经时代变迁、人间沧桑,却始终活在一代又一代人的心中,并以其雄伟、博大、深沉、辉煌的魅力,影响着人们的思想和行为。

世纪之交看传统文化

传统文化,在历史发展中不断地被提出来,这本身就表明它是同现实的文化运动相联系的,是同一定历史时期的经济、政治相联系的,也是同民族前途与国运盛衰相联系的。

五十四年前,毛泽东在《新民主主义论》中写道:"中国的长期封建社会中,创造了灿烂的古代文化。清理古代文化的发展过程,剔除其封建性的糟粕,吸收其民主性的精华,是发展民族新文化提高民族自信心的必要条件。"[1] 毛泽东在论述新民主主义革命的任务时,是把建设新民主主义文化作为重要问题来看待的;而他在论述新民主主义文化建设时,又是把正确对待传统文化作为重要问题提出来的。正确对待传统文化之所以如此重要,是因为优秀的传统文化至少具有两个方面的特殊价值:一是"发展民族新文化",一是"提高民族自信心"。毛泽东强调学习的重要性时,还把总结、继承历史遗产看作具有意义的工作。因为不懂得"历史的中国"便不能真正懂得"今天的中国",也难以对如何发展"今天的中国"做出正确的抉择;而总结、继承历史遗产正是人们认识"历史的中国"的必经之途。同时,只有认识了"历史的中国"和"今天的中国"才能全面地把握中国的特点,才能使马克思主义在中国具体化,使之在其每一表现中带着必须有的中国的特性,按照中国的特点去应用它。传统文化是历史遗产的一个重要方面,甚至可以说主要方面。

20世纪三四十年代,以鲁迅、郭沫若为代表的一批文化巨人,以及以他们为代表的文化新军,出色地执行了那个时代的时

---

[1] 毛泽东:《新民主主义论》,《毛泽东选集》第二卷,人民出版社,1991年,第707—708页。

代使命。举例来说,郭沫若是以研究古代社会著称的。他的甲骨文字研究和青铜器铭文研究,以及他对《周易》《诗》《书》的研究,奠定了中国古代史研究的科学基础。而这一研究的目的是"对于未来社会的待望"。鲁迅深刻地批判旧文化、旧传统中的糟粕,锋芒所向,莫不披靡;同时,他又从浩繁的历代正史中看到了"中国的脊梁",高度评价先进的中国人所拥有的"自信力"[1],显示了作为"这个文化新军的最伟大和最英勇的旗手"的器局。

现在,历史的进程已经走到了90年代,改革开放的中国正充满信心地走向世界;同时,世界也正以前所未有的兴致走向中国。在这种新的历史条件下,正确对待传统文化,继承和发扬传统文化中的优秀遗产,是当代中国文化工作者、理论工作者、学术工作者面临的新的使命。第一,文化发展在全球性发展中越来越占有重要的地位,国际间的文化交流越来越显示出前所未有的意义;弘扬中华民族优秀传统文化,将更加有利于世界了解中国,进一步扩大中国的世界影响。第二,中国作为发展中国家,从后进中崛起,一方面要有正确的路线、方针、目标,一方面还要有全民族的凝聚力和自强不息的精神;弘扬优秀的传统文化,将有助于增强这种凝聚力和奋斗精神。第三,在全世界科学技术日新月异的今天,提高全体国民的素质愈来愈重要。中华民族素质的提高,不能没有现代思维,不能没有现代科学文化知识,同时,也不能没有本民族几千年优秀传统文化的修养,这是中华民

---

1 鲁迅:《且介亭杂文》,《鲁迅全集》第六卷,人民文学出版社,2005年,第122页。

族自立于世界民族之林的重要保证。

美国未来学家奈斯比特、阿伯迪妮在其合著的《2000年大趋势》一书中认为:"人类越强烈地感到大家居住在同一个星球上,就越需要各种文化具有各自的传统特点。品尝别国的美味佳肴,穿穿牛仔裤,享受一些相同的娱乐,这些都是值得向往的。但是,如果那种外在的演变开始侵蚀深层的文化价值观,人们就会回过头来强调他们的特色,这是一种文化反弹现象。每一个国家的历史、语言和传统都独具特色。有趣的是,我们彼此越相似,就会越强调我们的独特性。"[1]一方面是"同一化"趋势,一方面是"文化民族化"趋势,这就是我们在世纪之交所面临的世界潮流。

珍视我们民族的瑰宝

中华民族的优秀传统文化,是中华民族几千年文明中所创造的宝贵财富,是一座丰富的宝藏。早在大约两千五百年前,孔子就已开始对文化成果进行整理。此后,《汉书·艺文志》《隋书·经籍志》《新唐书·艺文志》《宋史·艺文志》《通志·艺文略》《文献通考·经籍考》,直至《四库全书总目》,对文化成果的著录、整理绵延一千七百年,不曾中断。《隋书·经籍志》总序在讲到这些文化成果的作用和价值时说:"夫经籍也者,机神之妙旨,圣哲之能事,所以经天地,纬阴阳,正纲纪,弘道德,显

---

[1] 约翰·奈斯比特、帕特丽夏·阿伯迪妮:《2000年大趋势》,军事科学院外国军事研究部译,中共中央党校出版社,1990年,第184—185页。

仁足以利物，藏用足以独善，学之者将殖焉，不学者将落焉。大业崇之，则成钦明之德，匹夫克念，则有王公之重。其王者之所以树风声，流显号，美教化，移风俗，何莫由乎斯道？"[1]剥除其中的封建观念和神秘成分，从今天的认识来看，这段话不正是强调了文化成果对于社会、人生的重要性吗？乾隆三十七年（1772）关于搜访遗书、集文化成果的谕旨，认为这是"以彰千古同文之盛"[2]的大业。这话讲得好，它反映出我们中华民族传统文化的悠久和辉煌。

中国是多民族国家，中华民族是由许多兄弟民族结合而成的。这个历史，可以上溯到两三千年以前，而在今天则呈现出空前未有的生机和活力。我们讲优秀传统文化的丰富宝藏，包括了中国各兄弟民族的优秀文化遗产；我们讲弘扬优秀传统文化，包括了弘扬中国各兄弟民族的传统文化。根据我的肤浅认识，在丰富的优秀传统文化的宝库中，我们应当着重总结和阐扬这样几个方面的珍贵品格：

——民族精神。宋人王安石有一首《读史》诗，其中的两句是："糟粕所传非粹美，丹青难写是精神。"[3]这里说的"精神"，是指人们的心神、意志。对此，古往今来，贤人、哲人、学者、名家，莫不推重。孔子说："三军可夺帅也，匹夫不可夺志也。"[4]孟子

---

1 魏徵等：《隋书》卷三二《经籍志一》，中华书局，1973年，第903页。
2 永瑢等：《四库全书总目》，中华书局，1965年，第1页。
3 王安石：《王文公文集》卷七三《读史》，上海人民出版社，1974年，第780—781页。
4 《论语·子罕》，杨伯峻《论语译注》本，中华书局，1958年，第101页。

认为:"夫志,气之帅也;气,体之充也。"他强调人们应当培养"至大至刚"的"浩然之气"。[1]司马迁作为史学家,对此更有通达的认识。他指出:"古者富贵而名摩灭,不可胜记,唯俶傥非常之人称焉。盖西伯拘而演《周易》;仲尼厄而作《春秋》;屈原放逐,乃赋《离骚》;左丘失明,厥有《国语》;孙子膑脚,《兵法》修列;不韦迁蜀,世传《吕览》;韩非囚秦,《说难》《孤愤》;《诗》三百篇,大抵圣贤发愤之所为作也。"[2]这种努力不懈、奋力进取的精神,在世世代代中不断发扬光大,经过许多思想家、史学家、政治家的总结和提升,经过数千年的积淀,成为我们民族精神的集中表现。正如鲁迅所说:"我们从古以来,就有埋头苦干的人,有拼命硬干的人,有为民请命的人,有舍身求法的人……虽是等于为帝王将相作家谱的所谓'正史',也往往掩不住他们的光耀,这就是中国的脊梁。"[3]可以这样认为:自强不息,表明了中华民族的过去,也昭示着中华民族的未来。

从历史上看,从很早的时候起,中国就逐步发展为一个统一的多民族的国家。秦汉以后,历代促进民族间交往和联系的措施,以及由此而反映在人们思想上的凝聚意识,逐步发展为中华民族的凝聚精神。秦汉的"海内一统"局面,产生了《史记》《汉书》这两部反映多民族历史面貌及民族间交往的历史巨著。魏晋南北朝时期的民族大迁移,促进了民族间的大融合。两

---

[1] 《孟子·公孙丑上》,杨伯峻《孟子译注》本,中华书局,1960年,第62页。
[2] 班固:《汉书》卷六二《司马迁传》,中华书局,1962年,第2735页。
[3] 鲁迅:《且介亭杂文》,《鲁迅全集》第六卷,人民文学出版社,2005年,第122页。

宋、西夏、辽、金时期，一方面是军事上、政治上的纷争，一方面却是辽、金大量吸收汉唐文化促进社会的进步。元朝再建统一皇朝，并修撰了多民族的前朝"正史"。明、清两朝，在不同程度上继承了元朝事业并各有发展，至"康乾盛世"把统一的多民族国家推进到一个新的阶段。总之，中华民族的伟大凝聚力，是在社会的历史进程和思想发展中形成的。这种凝聚力在思想、观念、心理上的表现，也是中华民族之民族精神的重要方面。

爱国主义传统是中华民族之民族精神的突出表现。近代以来，中国人民的爱国主义传统的发扬、光大，在反对殖民主义、帝国主义的侵略和反对封建主义压迫的正义斗争中，发挥了巨大的作用。

——历史智慧。传统文化中蕴含着人们对于社会历史在认识上与实践上的丰富经验和智慧，其中有许多并没有因新的经验、智慧的出现而失去光辉。《周易·大畜·象传》称："君子以多识前言往行，以畜其德。"[1]这反映了前人极其重视从历史中汲取和积蓄德行、知识与智慧。史学家裴松之在援引此话时讲得很好："智周则万理自宾，鉴远则物无遗照。虽尽性穷微，深不可识，至于绪余所寄，则必接乎粗迹。是以体备之量，犹曰好察迩言；畜德之厚，在于多识往行。"[2]重视历史教育，从历史中汲取智慧，是中国传统文化的一个特点。这在史家的撰述旨趣上尤为突出，不论

---

1 《周易·大畜》，阮元《十三经注疏》本，中华书局，1980年，第40页。
2 裴松之：《上〈三国志注〉表》，见陈寿《三国志》，中华书局，1962年，第1471页。

是"述往事,思来者"[1]"总括前踪,贻诲来世"[2],还是"至于往昔是非,可为来今龟镜"[3]"鉴前世之兴衰,考当今之得失"[4]等,都认识到历史智慧之光,决不只是光照过去,它也照射现在和未来。

历史智慧不只是历史知识的积累和以史为鉴意识的培养,它还包含有对历史机遇和历史选择的认识。朱熹认为:"读史当观大伦理、大机会、大治乱得失。"[5]王夫之认为,人们从史书中获得历史知识,进而对于历史进程中有关得失的反复思考,可以大大增强历史主体根据实际情况进行历史选择的意识。他说:"故论(史之为)鉴者,于其得也,而必推其所以得,于其失也,而必推其所以失。其得也,必思易其迹而何以亦得;其失也,必思就其偏而何以救其失。乃可为治之资,而不仅如鉴之徒悬于室,无与炤之者也。"[6]历史智慧的生命力即在于此。

从广义上说,历史智慧也包含着传统文化中前人对于自然领域和思维领域认识的积极成果。这些成果,同人们对于社会历史的认识是有密切联系的。

——人生哲学。在中国传统文化中,包含着一些不完全相同甚至完全不相同的人生哲学。但是,积极向上,不断完善自身,关心他人,具有社会责任意识,重视事功,以天下为己任等却是

---

[1] 司马迁:《史记》卷一三〇《太史公自序》,中华书局,1959年,第3300页。
[2] 裴松之:《上〈三国志注〉表》,见陈寿《三国志》,中华书局,1962年,第1471页。
[3] 杜佑:《通典》书首《进〈通典〉表》,中华书局,1988年,第1页。
[4] 司马光:《资治通鉴》附录《进书表》,中华书局,1956年,第9608页。
[5] 黎靖德编:《朱子语类》卷一一,中华书局,1986年,第196页。
[6] 王夫之:《读通鉴论》卷末《叙论四》,中华书局,1975年,第1114页。

主流。这在儒家学派的言论和著作中表现得尤为突出。儒家极重修身，认为"修身则道立"[1]"修己以敬""修己以安人""修己以安百姓"[2]作为追求的目标。儒家讲修身，重在忠信。一部《论语》，讲忠信的地方很多，不是偶然的。仁，是儒学核心之一。仁的一个重要方面是"己所不欲，勿施于人"[3]。这是把仁作为人际关系中的一条准则看待的。正是这些基本的人生哲学观念，构筑了传统文化中积极的、上进的人生哲学体系。人们所熟悉的"先天下之忧而忧，后天下之乐而乐""人生自古谁无死，留取丹心照汗青""天下兴亡，匹夫有责"这些人生格言，就是这种人生哲学的集中体现。

——文学、艺术、科学。不论是诗词、散文、小说，还是音乐、舞蹈、戏曲、书法、绘画、雕塑、建筑，以及天文、历法、地理、农医等，传统文化中都凝结着它们的辉煌成就，显示出东方文化的无比魅力。

中国传统文化中的优秀遗产当然不只是这几个方面，但这几个方面的优秀遗产有更加突出的意义和价值，它们在当今依然具有巨大的魅力。

勇于继承　锐意创新

弘扬优秀传统文化同建设和发展现时代的民族新文化是息

---

[1] 《礼记·中庸》，阮元《十三经注疏》本，中华书局，1980年，第404页。
[2] 《论语·宪问》，杨伯峻《论语译注》本，中华书局，1958年，第166页。
[3] 《论语·颜渊》，杨伯峻《论语译注》本，中华书局，1958年，第130页。

息相关的。所谓"弘扬"包含着继承和创新两个方面。继承的目的,是为了创新;而真正的创新,又不能不包含着继承。这是历史运动的辩证法,也是文化发展的辩证法。江泽民同志在讲到宣传文化工作时精辟地指出:"要用科学的态度对待我们民族的传统文化和外来文化。我们民族历经沧桑,创造了人类发展史上灿烂的中华文明,形成了具有强大生命力的传统文化。我们要取其精华,去其糟粕,很好地继承这一珍贵的文化遗产。要认真研究和借鉴世界各国的文明成果,善于从其他国家和民族的文化中汲取营养,发展自己。我们讲继承、讲借鉴,目的是通过继承和借鉴,使民族传统文化、外来文化的精华,同我们党领导人民,在长期革命和建设中形成的优良传统和革命精神有机地结合在一起,并在新的实践基础上不断创新,建设和发展有中国特色的社会主义文化。"[1] 从弘扬优秀传统文化这一时代使命来看,这里提出了几个重要的理论问题和实践问题。

第一,关于科学的态度。我们对待民族传统文化也好,对待外来文化也好,都应当依据辩证唯物主义和历史唯物主义的理论与方法。脱离了这个理论和方法,就必将出现认识上的混乱和实践上的迷茫。当然,对于辩证唯物主义和历史唯物主义理论与方法的运用,也必须克服简单化的倾向,否则同样会出现认识上和实践上的偏颇。几十年来所积累的经验教训,已经使我们对于什

---

[1] 江泽民:《在全国宣传思想工作会议上的讲话(1994年1月24日)》,人民出版社,1994年,第15页。

么是"科学的态度"有了一个更科学、更全面的认识,这是新时期做好弘扬优秀传统文化工作的基础和保证。

第二,关于精华和糟粕。区别"民主性的精华"和"封建性的糟粕",是一项繁难的、审慎的科学工作。从大处来看,有的文化成果在历史上是进步的,在今天仍有生命力;有的在历史上是进步的,或是起了积极作用的,在今天已失去生命力,成为过时的、落后的东西;有的在历史上就不是进步的、积极的,甚至是落后的、腐朽的,同今天的社会生活、历史潮流、道德风尚更是背道而驰。就具体文化成果来看,往往是精华与糟粕共存,这就要求人们分清什么是主流,什么是支流。如《二十四史》,它们运用综合体的形式,全面地反映了中华民族连续不断的文明发展史,这是精华,是主流;但也有不少宣扬"天命"的观点、歌颂帝王将相的观点、诬蔑人民起义的观点,这是糟粕,是支流。对于科学文化工作者来说,不仅需要有科学的态度,还要有崇高的社会责任意识。当前的文化市场,比任何时候都更加鲜明地把这个问题提到了人们的面前。一些有社会责任心的西方学者,能够区分哪些文化产品(包括文化遗产)是可以投放市场,哪些是只能少量印制、收藏于各大图书馆供专业研究者使用的;在这方面,我们应当而且能够做得更好一些。"糟粕"是可以研究的,那是为了用以说明历史进程、文化现象;但若把"糟粕"倾注于市场,兜售给大众,那就大错特错了。迷信色情、封建意识等借助于各种传媒,恣意泛滥,这同社会主义文化市场是格格不入的。

第三，关于外来文化。从历史上看，雄汉盛唐的文化气象，都流淌着外来文化的血液。中华民族是一个敢于面向世界、敢于吸收外来文化的民族。鲁迅提倡"拿来主义"，就表现了这种宏大的民族气度。中国曾经有过二百多年闭关自守的时期，但那早已成为历史。今天的中国已进入一个空前开放的时期，吸收外来文化用以发展自己，是中国走向世界的需要。对于外来文化，犹如对待民族传统文化一样，应当取其精华，弃其糟粕。大力倡言"拿来主义"的鲁迅，同样大力倡言对外来文化的鉴别和不同处置："或使用，或存放，或毁灭。"倘不加以鉴别，兼收并蓄，"'拿来主义'怕未免有些危机"[1]。邓小平曾明确指出："我们要向资本主义发达国家学习先进的科学、技术、经营管理方法以及其他一切对我们有益的知识和文化，闭关自守、故步自封是愚蠢的。但是，属于文化领域的东西，一定要用马克思主义对它们的思想内容和表现方法进行分析、鉴别和批判。"[2]这是我们对待外来文化应当采取的科学态度。

第四，关于继承和创新。没有继承和借鉴，创新就缺乏坚实的基础；而不以创新为目标，继承和借鉴也就失去了现实的意义与时代的价值。弘扬优秀传统文化之所以是一项艰巨的工作，就在于要在继承的基础上进行新的创造，要反映出当代人对于传统文化认识所达到的高度，要取得传统文化研究的创造性成果。这

---

[1] 鲁迅:《拿来主义》,《鲁迅全集》第六卷，人民文学出版社，1981年，第40页。
[2] 邓小平:《邓小平文选》第三卷，人民出版社，1993年，第44页。

种创造性成果，既有提高的方面，也有普及的方面。提高，不是晦涩；普及，不是庸俗。提高和普及，都应当有自己独特的风格和品位。

弘扬优秀传统文化固然是很艰巨的工作，但是，时代的使命，崇高的意义，探索的兴味，创新的激情，却使人感到兴致盎然，勇于登攀。这里，我想引用一位思想研究者的认识与心声："中国的哲人留下了丰富的社会政治思想，其中贯注了珍贵的革新进取精神。人们拍打去其间凝聚着的灰尘，就会露出灿然的金光。对旧制度、旧思想的批评、抨击，对新事物、新世界的向往、寻求，这是中国古代哲人的精魂。要从腐朽看出神奇，要'舍其旧而新是谋'。这需要实事求是的科学态度，要排除主观臆断，又要剥肤见骨的辩证观点，摆脱形而上学的束缚。中国社会政治思想十分丰富，宝山在望，唯不辞辛苦的探险者能够不致空手而归。"[1]这里虽然是讲的中国古代社会政治思想，但其中所反映出来的认识和方法论原则，以及那种执着于总结和阐扬传统文化的精神，不是具有广泛的意义吗？

（原载《光明日报》1994年5月17日）

---

[1] 邱汉生：《中国哲学、社会政治学说的特色》，见白寿彝主编《中国通史》第一卷，上海人民出版社，1989年，第276页。

第二辑
历史评论

天人古今与时势理道
——中国古代历史观念的几个重要问题

天人关系、古今关系和时与势、理与道等几个概念或几个范畴,在中国古代历史观念中占有重要的位置。这些概念或范畴,在司马迁的《史记》中大多有所反映,有的还是司马迁的撰述宗旨,具有特别重要的意义,如"究天人之际,通古今之变"就把天人、古今的相关观念贯穿于全书之中。当然,《史记》中所反映出来的历史观念,前有源,后有流,既非一朝一夕之所能形成,也不是停留在这个阶段而没有新的发展。在中国古代历史观念的发展上,司马迁是一位卓越的总结者,也是一位伟大的创造者。

一 关于天人关系

所谓天人关系,本质是人们用以说明社会历史现象及其生成、变化原因的基本观念。殷周之际,"天命"主宰着人们的历史观念。商王盘庚迁殷,是以"恪谨天命"的名义。[1]武王伐纣,是"恭行天之罚"。[2]周公东征、分封等重大军事、政治活动,同样都是"上帝"之"命"的体现[3],等等。总之,社会生活中的所有现象,都是"天命"决定的。这是人们用"天命"来说明社会历史的时代。

从西周末年到春秋时期,出现了怨恨"天"、怀疑"天"的情绪和思想倾向,这在《诗经》有关篇章中多有反映,而在《国语·周语下》中更是赫然出现了与"天道"相对应的"人故"[4](即"人事"),进而又有"天道远,人道迩,非所及也,何以知之"[5]的说法。这表明,人们已不再囿于以"天命"来说明历史现象和社会现象了。在人们的历史观念中,在"天命"的对立面出现了"人事"这个被"发现"、被认识的事物。从历史观念来看,这是人们开始觉醒的时代。

从战国至西汉,是一些史学家摆脱"天命"的时代。一部《战国策》,反映的是人力、人谋的作用,"天命"变得苍白了。从刘向的《战国策书录》中可以看到,那是这样一个时代:"战国之时,君德浅薄,为之谋策者,不得不因势而为资,据时而

---

[1] 《尚书·盘庚》,王世舜《尚书译注》本,四川人民出版社,1982年,第82页。
[2] 《尚书·牧誓》,王世舜《尚书译注》本,四川人民出版社,1982年,第112页。
[3] 《尚书·大诰》,王世舜《尚书译注》本,四川人民出版社,1982年,第140页。
[4] 《国语·周语下》,上海古籍出版社,1978年,第90页。
[5] 《左传·昭公十八年》,杨伯峻《春秋左传注》本,中华书局,1981年,第1395页。

为。故其谋,扶急持倾,为一切之权,虽不可以临国教化,兵革救急之势也。皆高才秀士,度时君之所能行,出奇策异智,转危为安,运亡为存,亦可喜,皆可观。"[1]这哪里还有"天命"的影子呢?在关于天人关系的认识上,司马迁是一位伟大的怀疑者和变革者,他不仅明确地表明:"或曰:'天道无亲,常与善人。'"又说:"余甚惑焉,傥所谓天道,是邪非邪?"[2]更重要的是,司马迁的《史记》写出了大量的历史人物,从多方面说明了人在历史活动中的主体作用,从而奠定了中国古代史学在历史观念上的人本主义传统。从这个意义上说,司马迁开辟了天人关系说走向理性时代的道路。在《史记》以后的一些重要著作中,尽管还时时有称说"天命"的现象,但从主流上看,它们都不居于重要位置,甚至大多都不是有实质性的意义而成了对于"天命"的回忆和摆设。到了中唐时期,同史论、史评有密切关系的思想家柳宗元写出了《天说》一文,他的好友刘禹锡写出了《天论》三篇,于是"天"被认识为物质,并在自行运动着,而这种运动着的物质的"天"即"自然"与"人"各有其能,二者的相互影响,形成了社会生活的种种现象。[3]至此,天人关系说完成了它走向理性阶段的历程。

宋代以后,有所谓"天理"和"人欲"对立的说法,多是思

---

1 刘向辑录:《战国策》附录,上海古籍出版社,1978年,第1198页。
2 司马迁:《史记》卷六一《伯夷列传》,中华书局,1959年,第2124、2125页。
3 见柳宗元:《柳河东集》卷一六《天说》,上海人民出版社,1974年;刘禹锡:《刘禹锡集》卷五《天论》上、中、下,上海人民出版社,1975年。

想家们所谈论的命题。而这里的"天",则由上帝意志的"天"、物质与自然的"天",蜕变为绝对精神的"天"了。这同史学家所讨论的"天"有所不同。此外,在中国古代史学家的历史观念中,还有"天人感应"说和谶纬说的流行,但自司马迁以下,它们大多未占据过主流地位。

二 关于古今关系

所谓古今关系,大致包含这样几个方面,一是古今是否有联系,二是古今是否有变化以及怎样看待变化的轨迹,三是古今联系和变化是否可以划分为阶段等。古今联系的思想起源很早,这要追溯到传说时代。从文字记载来看,《诗经·大雅·荡》说:"殷鉴不远,在夏后之世。"[1] 这是强调历史鉴戒的重要,正表明古今是有联系的。孔子论夏、殷、周三代之"礼"的关系,同样表明了对于古今联系的关注。司马迁说:"居今之世,志古之道,所以自镜也"[2],同上引《诗经》是一个含义。班彪认为,联系古今观察问题,是史学家的传统,他说:"夫百家之书,犹可法也。若《左氏》《国语》《世本》《战国策》《楚汉春秋》《太史公书》,今之所以知古,后之所由观前,圣人之耳目也。"[3] 班彪指出的这个传统,在史学上影响很大,后人曾不断引用。这是中国古代历史观

---

[1] 《诗经·大雅·荡》,阮元《十三经注疏》本,中华书局,1980年,第554页。
[2] 司马迁:《史记》卷一八《高祖功臣侯者年表》序,中华书局,1959年,第878页。
[3] 范晔:《后汉书》卷四〇上《班彪列传上》,中华书局,1965年,第1326—1327页。

念中极珍贵的遗产。

至于说到古今联系中的变化，《左传》有"高岸为谷，深谷为陵，三后之姓，于今为庶"[1]的说法，这是讲自然和社会的变化，也是讲古今的变化。中国史学有悠久的古今变化的观念。按照章学诚"六经皆史"的说法，则这一观念较早而又较全面的阐述出于《周易·系辞下》："神农氏没，黄帝、尧、舜氏作，通其变，使民不倦，神而化之，使民宜之。《易》穷则变，变则通，通则久，是以自天祐之，吉无不利，黄帝、尧、舜，垂衣裳而天下治，盖取诸乾坤。"[2]尽管这里讲到了"天"，讲到了取法"乾""坤"二卦，但这里主要在讲历史，讲历史上的古今变化法则，即穷、变、通、久的道理。这段话在历史观念的发展上之所以重要，是因为它明确地指出了：第一，由于时代的递进，要求人们改变旧的文物制度，使人民不因拘守旧制而感到倦怠；第二，这种变化是在潜移默化中实现的，便于人民适应；第三，《易经》所总结的就是这个道理，事物发展到极致的程度，就要变化，变化才能通达，通达才能继续进步、保持长久。这几重含义，可以说是"通古今之变"思想的渊源。

所谓穷、变、通、久的思想传统，"变"和"通"是其核心。《周易·系辞上》对其反复解释："阖户谓之坤，辟户谓之乾；一阖一辟谓之变，往来不穷谓之通"；"化而裁之谓之变，推而行之

---

[1] 《左传·昭公三十二年》，杨伯峻《春秋左传注》本，中华书局，1981年，第1520页。
[2] 《周易·系辞下》，阮元《十三经注疏》本，中华书局，1980年，第86—87页。

谓之通"。[1]从这里我们可以看出，所谓"变""通"，都是在运动中进行或实现的。它反复称说，"刚柔相推而生变化"，"刚柔相推，变在其中矣"。[2]这就是《易经》的"以动者尚其变"的精神。它又进而解释"变通"和"通变"的含义："广大配天地，变通配四时"，"法象莫大乎天地，变通莫大乎四时"；"通变之谓事"。[3]总起来说，"变通""通变"是跟天时、人事相关联。而"变通"也正是包含有因时而变的意思，即："变通者，趣时者也。"[4]这同"观乎天文，以察时变；观乎人文，以化成天下"[5]的意思是一致的。

《易传》讲穷变通久，讲变通、通变，变化的思想十分丰富，对中国古代历史观念的发展，产生了深远而积极的影响。司马迁提出"通古今之变"作为历史撰述的宗旨之一，就是对上述历史观念的继承和发展。

《易经》《易传》和司马迁的通变思想对后世影响极大，如杜佑《通典》、司马光《资治通鉴》、郑樵《通志》、马端临《文献通考》等，都是这一影响的继承和发展。清代王夫之《读通鉴论·叙论四》中对"通"做了解说，章学诚《文史通义·释通》篇，进一步从理论上阐明了"通"的含义。

在古今联系中，古今之间是否有变化？《易传》强调穷、变、

---

1 《周易·系辞上》，阮元《十三经注疏》本，中华书局，1980年，第82、83页。
2 《周易·系辞上》《周易·系辞下》，阮元《十三经注疏》本，中华书局，1980年，第76、85页。
3 《周易·系辞上》，阮元《十三经注疏》本，中华书局，1980年，第79、82、78页。
4 《周易·系辞下》，阮元《十三经注疏》本，中华书局，1980年，第85页。
5 《周易·贲卦·彖传》，阮元《十三经注疏》本，中华书局，1980年，第37页。

通、久,"变"是核心问题。问题在于人们怎样看待"变"的方向。这也是古代历史观念中的一个根本问题。所谓"变"的方向和轨迹,无非是前进的、倒退的、循环的三种情况。其中又以循环的论点和前进的论点更具代表性。

历史循环论是战国时期的阴阳家提出来的。阴阳家接过了西周末年、春秋时期出现的阴阳五行说的形式,灌注了唯心主义的神秘的内容,把朴素的唯物主义的四时、五行说,蜕变为唯心主义的五德终始说。五德终始说不仅迎合各诸侯的政治需要,而且在秦皇朝统一后受到特别的推重。白寿彝先生指出,秦始皇为了证明自己是符合水德,乃尚黑,不惜使整个朝堂上黑压压一片。

五德终始说在历史观念的发展上,有一定的影响。司马迁对五德终始说是持批判态度的,但他还是受到了历史循环论思想的影响。他在讲到夏、殷、周三代主忠、主敬、主文的三统说时写道:"三王之道若循环,终而复始。"[1]尽管他批评"秦政不改",称道汉代"承敝易变",意在提倡历史中的"变",但在这个具体问题上的"变"是有很大的局限的,是"终而复始"的"变"。当然,这在司马迁的"通古今之变"的历史观念体系中,只是一个小小的不谐音。五德终始说的"凡帝王者之将兴也,天必先见祥乎下民"的说法,对董仲舒的"天人感应"说和东汉的谶纬思想,都有一定的影响,而班固撰《汉书》,反复申言"刘氏承尧之祚""唐据火德,而汉绍之""汉绍尧运,以建帝业"[2],则显然是

---

[1] 司马迁:《史记》卷八《高祖本纪》,中华书局,1959年,第393—394页。
[2] 班固:《汉书》卷一〇〇《叙传》,中华书局,1962年,第4208页。

接受了五德终始说的理论。其后，随着正闰论、正统论的兴起，它们也都可以溯源至五德终始说。

应当看到，在中国史学上，朴素的进化观点占有突出的地位，是中国史学之观念形态的优良传统之一。在"变"的观念上，它同循环论有一定的共同之处；但在"变"的性质和"变"的方向上，则不同于历史循环论，而是认为社会历史在变化中前进，在变化中发展。《周易·系辞上》："日新之谓盛德。"[1]《周易·杂卦传》："革去故也，鼎取新也。"[2] 这是较早的朴素进化观点。韩非子提出上古、中古、近古之说，提出"古今异俗，新故异备"之说[3]，是很明显的朴素进化思想。而司马迁的"通古今之变"的思想，则包含着丰富的朴素历史进化观点。再者，《春秋》公羊三世说的形成，把历史视为从据乱世到升平世再到太平世的演进过程，也是一种很有代表性的朴素进化观点，且与近代的进化论有比较密切的历史联系。

唐代以下的史家，在发展朴素进化观方面，有越来越突出的成就，这主要反映在三个问题上。第一，是关于人心风俗。史家吴兢记贞观初年唐太宗与群臣讨论治国方略，魏徵力主施行教化，指出："若圣哲施化，上下同心，人应如响，不疾而速，期月而可，信不为难，三年成功，犹谓其晚。"太宗以为然。封德彝等人反对魏徵的主张，认为："三代以后，人渐浇讹，故秦任法

---

[1] 《周易·系辞上》，阮元《十三经注疏》本，中华书局，1980年，第78页。
[2] 《周易·杂卦传》，阮元《十三经注疏》本，中华书局，1980年，第96页。
[3] 《韩非子·五蠹》，王先慎《韩非子集解》本，中华书局，1998年，第445页。

律，汉杂霸道，皆欲化而不能。岂能化而不欲？若信魏徵所说，恐败乱国家。"魏徵运用历史知识来反驳他们，指出：黄帝、颛顼、商汤、武王、成王在教化方面都取得了成功，"若言人渐浇讹，不及纯朴，至今应悉为鬼魅，宁可复得而教化耶？"[1]封德彝等人无以为对，但仍不同意推行教化政策。唯有唐太宗坚定地采纳魏徵意见，并在政治上取得了成功。王夫之说："魏徵之折封德彝曰：'若谓古人淳朴，渐至浇讹，则至于今日，当悉化为鬼魅矣。'伟哉其为通论已。"[2]第二，是关于"中华"与"夷狄"。史学家杜佑指出："古之中华，多类今之夷狄"[3]；"古之人朴质，中华与夷狄同"[4]。杜佑从地理环境上分析了"中华"进步的原因和"夷狄"未能进步的原因，表明他在民族问题上的进步思想和朴素进化观。第三，是关于"封建"。柳宗元著《封建论》，从"生人之初"，阐述到"天下会于一"[5]，描绘出了一幅社会历史不断进化的图景。这些，都极大地丰富了朴素的历史进化观。

明清之际的王夫之把朴素进化观推向更高的阶段，即以朴素的历史进化的观点解释历代的政治统治，尤其是历代的政治制度。他继承柳宗元对"封建"的认识，认为："封建之不可复也，

---

1 吴兢：《贞观政要》卷一《政体》，上海古籍出版社，1978年，第17—18页。
2 王夫之：《读通鉴论》卷二〇《太宗》，中华书局，1975年，第1576页。
3 杜佑：《通典》卷一八五《边防典》序，中华书局，1988年，第4979页。
4 杜佑：《通典》卷四八《礼典八·沿革八·吉礼七》后议，中华书局，1988年，第1355页。
5 柳宗元：《柳河东集》卷三《封建论》，上海人民出版社，1974年，第43—44页。

势也。""封建不可复行于后世,民力之所不堪,而势在必革也。"[1] 王夫之对历代制度有一个总的认识,就是:"以古之制,治古之天下,而未可概之今日者,君子不以立事;以今之宜,治今之天下,而非可必之后日者,君子不以垂法。"[2] 这就是"一代之治,各因其时"[3] 的原因。

朴素进化观在理论上没有发展到更加缜密的阶段,但它作为一种历史进化的观念,在中国史学上有古老的传统和广泛的影响。同时,它也是中国史学在历史观念上之接受近代进化论的一个思想基础。

在古今关系中,还有一个很重要的观念,即在古今的联系中,是否可以划分相互联系的不同的历史阶段?前引《韩非子》中说到的上古、中古、近古是这方面较早的说法,这是思想家从历史中得到的启示而提出的见解。司马迁著《史记》根据年代的远近、文献的详略和时代的特点,而于书中列《三代世表》《十二诸侯年表》《六国年表》,这是对三个历史阶段的划分,反映了司马迁的卓识,以至于今人还在用"三代""春秋时期""战国时期"等历史分期概念。

至于《春秋公羊传》的"三世说",《礼记·礼运》篇的"大同""小康"说,具有更多的社会思想的色彩,同司马迁的历史时代的划分有所不同。

---

[1] 王夫之:《读通鉴论》卷二《文帝》,中华书局,1975年,第42、47页。
[2] 王夫之:《读通鉴论》卷末《叙论四》,中华书局,1975年,第1112页。
[3] 王夫之:《读通鉴论》卷二一《高宗》,中华书局,1975年,第726页。

三 关于时与势

时与势这两个概念，在中国古代历史观念也是很重要的。《易经·贲》说："观乎天文，以察时变；观乎人文，以化成天下。"这表明"时"与"天文"有关。这里说的"时"，当是四季时序之意。《易经·恒》称："四时变化，而能久成"，意谓"四时"之"时"的变动性、恒久性及其对于天地万物的意义。《易经·革》又说："天地革而四时成，汤武革命，顺乎大而应乎人，革之时大矣哉！"这是把"时"与人事联系起来，指出"时"对于后者的重要。《易经·丰》又说："天地盈虚，与时消息，而况于人乎？况于鬼神乎？"这是进一步说明"时"对于人事的重要。史学家吸取了《易经》关于"时"的观念并运用于历史撰述、历史解释之中。司马迁《史记·太史公自序》称："扶义俶傥，不令己失时，立功名于天下，作七十列传。"他很看重人的活动与"时"的关系，意在赞颂那些"不失时"的历史人物。魏徵主编《隋书》并作史论，称赞隋初开国功臣李圆通、来护儿等人时指出："圆通、护儿之辈，定和、铁杖之伦，皆一时之壮士，困于贫贱。当其郁抑未遇，亦安知其有鸿鹄之志哉！终能振拔污泥之中，腾跃风云之上，符马革之愿，快生平之心，非遇其时，焉能至于此也！"[1]这就是说，杰出人物的出现，除了自身的条件外，"遇其时"乃是重要的客观条件。这些都表明，中国古代史学家

---

[1] 魏徵等：《隋书》卷六四后论，中华书局，1973年，第1522页。

在评论历史人物和历史事件时，十分关心具体的历史时机。

关于"势"，是司马迁经常使用的一个概念。司马迁在解释事物变化原因时写道："无异故云，事势之流，相激使然，曷足怪焉。"[1] 司马迁论范雎、蔡泽际遇与成就的变化，认为"固强弱之势异也"[2]。他说的"事势""势"是指事物的状态和形势，即考察历史时，不能不着眼于一定的社会环境，从而得到合理的说明。从"事势之流，相激使然"来看，司马迁认为"事势""势"不是静止的，而是运动的，其中自也包含有趋势之意。

自司马迁以下，不少史家都讲到过"势"，但真正赋予"势"以历史理论之明确含义的，是柳宗元的《封建论》。柳宗元用"势"来说明历史变化的动因，对后人产生了理论上的启示。宋人曾巩、范祖禹、苏轼和明清之际王夫之都各有阐发。曾巩撰《说势》[3] 一文，其历史见解是折中于"用秦法"与"用周制"之间。文中所说"力小而易使，势便而易治"的"势"，是指的一种综合的力以及这种力与力之间的对比，同柳宗元说的"势"的含义不尽相同。此文还批评"病封建者"与"病郡县者"二者"皆不得其理也"。章学诚说曾巩"具史学而不具史法"，由此可见一斑。范祖禹引用《礼记·礼器》说的"礼，时为大，顺次之"的话，进而阐发道："三代封国，后世郡县，时也"，"古之

1　司马迁:《史记》卷三〇《平准书》，中华书局，1959年，第1443页。
2　司马迁:《史记》卷七九《范雎蔡泽列传》后论，中华书局，1959年，第2425页。
3　见《曾巩集》卷五一，中华书局，1984年，第694—695页。

法不可用于今，犹今之法不可用于古也"[1]。范祖禹说的"时"，义颇近于柳宗元说的"势"。而苏轼对于"圣人"和"时"之辩证关系的阐发，则深得柳宗元论"势"的要指。苏轼认为："圣人不能为时，亦不失时。时非圣人所能为也，能不失时而已。"他说，"圣人"之"能"不在于"为时"而在于"不失时"。这是很机智地说明了"圣人"与"时"的关系。在他看来"时"是客观的，能够认识并利用它的人，也就可以称为"圣人"了。基于这种认识，苏轼认为秦置郡县，"理固当然，如冬裘夏葛，时之所宜，非人之私智独见也，所谓不失时者"[2]。这些论述，用来注释柳宗元说的"封建，非圣人意也，势也"，是很精彩的。苏轼自称"附益"柳说，自非虚辞。

王夫之在论述史学活动的重心时，也讲到了"时势"："智有所尚，谋有所详，人情有所必近，时势有所必因，以成与得为期，而败与失为戒。"[3]这里讲的"时势"，是指社会的形势或历史的趋势；"必因"，是说它跟过去的形势或趋势有沿袭和继承的关系。这就是说，时势既有连续性，但又不是一成不变的。王夫之认为，人们观察历史，应充分注意到"势异局迁"即时势的变化；而人们要从历史中获得"治之所资"的启示，则必须"设身于古之时势"。总之，认识历史，从历史中获得教益，应首先学会把握不同历史时期的时势。王夫之也提到"先王之理势"，但

---

[1] 范祖禹：《唐鉴》卷二《太宗》，上海古籍出版社，1984年，第42页。
[2] 苏轼：《东坡志林》卷五《秦废封建》，中华书局，1981年，第103页。
[3] 王夫之：《读通鉴论》卷末《叙论三》，中华书局，1975年，第1110页。

"先王"并不具有神圣的含义,他只是一定历史时期之"时势"的标志罢了。

从柳宗元到王夫之,是把"势""时势"作为历史变化动因看待的,这是古代历史评论和史学批评在理论上的重要贡献。然而王夫之并不仅仅停留在这里。他自谓著《读通鉴论》,是"刻志兢兢,求安于心,求顺于理,求适于用"[1]。所谓"求顺于理"的"理",是关于历史变化原因的另一历史理论范畴。在王夫之看来,所谓"理",就是"物之固然,事之所以然也"[2]。以今义释之,"理"是事物变化之内在的法则或规律。王夫之说的"物"与"事",不限于历史,但无疑包含了历史。因此,这种"事之所以然"亦即事理,是对于历史变化原因的更深层次的理论概括。柳宗元通过对人类"初始"社会的描述,提出"封建,非圣人意也,势也",说明"势""时势"是人们可以感受到、"捕捉"到的。而"理""事理"则不然,它是内在的和抽象的,但又不是不可认识的。王夫之说:"理本非一成可执之物,不可得而见也","只在势之必然处见理"。[3]"势"之必然之为"势"者,便是"理";"理"与"势"是一致的。从王夫之所解释的"势"同"理"的关系来看,"势"是"理"的外在形式,"理"是"势"的本质阐释。他以此来认识历史,来评论史家对于历史的认识,是认识历史和评论史学之理论与方法的新发展。

---

[1] 王夫之:《读通鉴论》卷末《叙论三》,中华书局,1975年,第1111页。
[2] 王夫之:《张子正蒙注》卷五《至当》,中华书局,1975年,第168页。
[3] 王夫之:《读四书大全说》卷九《孟子·离娄上》,中华书局,1975年,第601页。

四 关于理与道

上文讲时与势,已涉及"理"。所谓理在势中,"理"是"势"的本质阐发,即"理"是对于"势"的说明。换言之,"理"是说明或解释"势"的存在及表现的道理。

关于"道",在中国思想史上有多种含义:或是世界的本原,先天地而生;或是万物的载体,万事万物皆在"道"的包含之中;或是综合贯通万物之理,是一切道理的总汇;等等。在史学家的语汇与范畴体系中,"道"大致有三种含义:一是指原则、法度;二是指常理、法则;三是指道理或根本之理。这都是针对社会历史而言。其中,有与思想史上所说之"道"相近之处,有的则具有史学自身的针对性。

司马迁在《史记·历书》序中写道:"夏正以正月,殷正以十二月,周正以十一月。盖三王之正若循环,穷则反本。天下有道,则不失纪序;无道,则正朔不行于诸侯。"[1] 这里说的"道",当是指法度而言。他在《史记·货殖列传》序中这样说:"人各任其能,竭其力,以得所欲。故物贱之征贵,贵之征贱,各劝其业,乐其事,若水之趋下,日夜无休时,不召而自来,不求而民出之。岂非道之所符,而自然之验邪?"[2] 这里说的"道",似可近于作常理、法则的理解。

---

[1] 司马迁:《史记》卷二六《历书》,中华书局,1959年,第1258页。
[2] 司马迁:《史记》卷一二九《货殖列传》,中华书局,1959年,第3254页。

元初史家马端临指出:"《诗》《书》《春秋》之后,惟太史公号称良史,作为纪、传、书、表。纪、传以述理乱兴衰,八书以述典章经制。后之执笔操简牍者,率不易其体,然自班孟坚而后,断代为史,无会通因仍之道,读者病之。"[1] 所谓"会通因仍之道"的"道",一方面是指史家的历史撰述思想,另一方面也是更深层的方面,是指"理乱兴衰""典章经制"内在的联系,即其中的常理和法度。至于清人龚自珍说的名言"欲知大道,必先为史"[2],这个"道"当是指社会历史运动中的根本之理。

"理"与"道"本有相通之处,但也存在可以觉察、可以判断的差别。这个差别是否可以做这样的概括:"理"通常指具体史事之理,"道"通常指一般史事之理。当然,这个差别,也是相对而言,不是绝对的。

在史学家的语汇中,"道"又往往是指史家本人的信念、思想、志向、智慧而言。司马迁说:"昔西伯拘羑里,演《周易》;孔子厄陈蔡,作《春秋》;屈原放逐,著《离骚》;左丘失明,厥有《国语》;孙子膑脚,而论兵法;不韦迁蜀,世传《吕览》;韩非囚秦,《说难》《孤愤》;《诗》三百篇,大抵贤圣发愤之所为作也。此人皆意有所郁结,不得通其道也,故述往事,思来者。"[3] 这里说的"道",显然是指这些作者的思想、志向而言。刘知幾

---

1 马端临:《文献通考》自序,中华书局,2011年,第1页。
2 龚自珍:《龚自珍全集》第一辑《尊史》,上海古籍出版社,1975年,第81页。
3 司马迁:《史记》卷一三〇《太史公自序》,中华书局,1959年,第3300页。

自谓"虽任当其职,而吾道不行;见用于时,而美志不遂"[1],此处所言之"道",也是同样的含义。而刘知幾在《史通·曲笔》篇中所说"史氏有事涉君亲,必言多隐讳,虽直道不足,而名教存焉"[2],即是把"道"看作是一种信念和原则。这样的含义,也见于柳宗元的《与韩愈论史官书》。柳宗元认为,对于一个史官来说,"凡居其位,思直其道。道苟直,虽死不可回也;如回之,莫若亟去其位"[3]。清人黄宗羲论学说"学问之道,以各人自用得着为真"[4],此处之"道"是指治学的原则和目的。顾炎武说过与此大致相同的话,他指出:"君子之为学,以明道也,以救世也。"[5]"明道"之"道"当指道理、智慧,"救世"自是指经世致用,等等。以上这些,大多是关于史学家主体意识而言,同前面所举多指关于历史认识对象是有所区别的。

  天人关系是探讨社会历史的存在及其所发生的种种变化,是"天命"安排的,还是社会历史中的人和人事决定的,这是社会存在和社会意识的关系。古今关系是探讨社会不同阶段的联系及其运动轨迹,即社会历史的变化是前进的、循环的以至倒退的,这涉及对人类历史前途的认识。时与势,是探讨人们在历

---

1 刘知幾:《史通·自叙》,浦起龙《史通通释》本,上海古籍出版社,2009年,第270页。
2 刘知幾:《史通·曲笔》,浦起龙《史通通释》本,上海古籍出版社,2009年,第182—183页。
3 柳宗元:《柳河东集》卷三一,上海人民出版社,1974年,第499页。
4 黄宗羲:《明儒学案·凡例》,中华书局,2008年,第15页。
5 顾炎武:《顾亭林诗文集》卷四《与人书二十五》,中华书局,1959年,第98页。

活动中所经历的机遇和形势,即客观历史环境所提供的条件。理与道,是探讨纷繁复杂的历史活动之种种表现的原因、原理和规律。这些,都是中国古代历史观念中极重要的范畴和命题。关于这方面的深入研究,我们确有许多工作要做。我们应当认真清理和总结这一份珍贵的思想遗产,以推进历史学的理论建设。

(原载《史学史研究》2007年第2期)

中国古代史家的通识与智慧

从很早的时候起,中国先民在认识外部世界和认识自身时,就提出"通变""通识"的观念,这种观念在不同的事物上反映出来,都闪烁着先民智慧的光焰。

《周易·系辞下》说:"通其变,使民不倦。"又说:"穷则变,变则通,通则久。"可见,这种"通变"的思想,是来自对于社会和历史的观察和提炼。《礼记·经解》引孔子的话说:"疏通知远,《书》教也。"这可以看作是对《尚书》特点及其重要性的鲜明概括。《礼记·曲礼上》指出:"博闻强识而让,敦善行而不怠,谓之君子。"这是关于教导人们自我修养和做人的原则。唐初史家作《五代史志》即《隋书·经籍志》时,于史部大序起首写道:"夫史官者,必求博闻强识,疏通知远之士,使居其位,百官众职,咸所贰焉。是故前言往行,无不识也;天文地理,无不察也。人事之纪，无不达也。"[1]这是把《尚书》的"疏通知远"和古时君子之"博闻强识"的自我修养融合起来，可以看作是对史官学识与器局即通识的高度概括。这在古代史学家中有突出的表现并形成优良传统，使中国史学具有深邃的历史思想和丰富的历史智慧。

在这方面，首先要说到的是太史公司马迁。他在《史记·平准书》后论中写道：

> 太史公曰：农工商交易之路通，而龟贝金钱刀布之币兴焉。所从来久远，自高辛氏之前尚矣，靡得而记云。故《书》道唐虞之际，《诗》述殷周之世，安宁则长庠序，先本绌末，以礼义防于利；事变多故而亦反是。是以物盛则衰，时极而转，一质一文，终始之变也。[2]

这段话，前半部分是反映了司马迁重视"通"，从"高辛氏之前"说起，继而论到"唐虞之际""殷周之世"。后半部分是反映了司马迁重视"变"，他从考察历史中发现"事变多故而亦反是"的法则，以致"物盛则衰，时极而转，一质一文，终始之变也"。从这里看出，因为"通"而发现"变"。用今天的话来说，就是认识了事物的全过程，才能找到其中固有的规律。司马迁接着又

1　魏徵等：《隋书》卷三三《经籍志二》，中华书局，1973年，第992页。
2　司马迁：《史记》卷三〇《平准书》，中华书局，1959年，第1442页。

写道:"汤、武承弊易变,使民不倦,各兢兢所以为治,而稍陵迟衰微。"[1] 在司马迁看来,"变"是社会历史中的常态。社会要稳定,要发展,就必须做到"承弊易变,使民不倦",所以他在这篇史论最后得出这样的结论:"无异故云,事势之流,相激使然,曷足怪焉。"[2]

从《史记》全书来看,司马迁在《报任安书》中提出的"究天人之际,通古今之变,成一家之言"的撰述宗旨,渗透于《史记》全书,《平准书》后论只是显得尤为突出罢了。

思想家王充从认识论上分析古今关系,可以看作是对"通变"或"通识"的哲学思考。他批评有些儒生知古不知今或知今不知古,都是不可取的。他尖锐地指出:

> 夫儒生之业,《五经》也,南面为师,旦夕讲授章句,滑习义理,究备于《五经》,可也。《五经》之后,秦、汉之事,不能知者,短也。夫知古不知今,谓之陆沉,然则儒生,所谓陆沉者也。《五经》之前,至于天地始开、帝王初立者,主名为谁,儒生又不知也。夫知今不知古,谓之盲瞽。《五经》比于上古,犹为今也。徒能说经,不晓上古,然则儒生,所谓盲瞽者也。[3]

---

[1] 司马迁:《史记》卷三〇《平准书》,中华书局,1959年,第1442页。
[2] 同上,第1443页。
[3] 王充:《论衡》卷一二《谢短篇》,上海人民出版社,1974年,第196页。

这就是说，徒知在特定历史条件下产生的《五经》，而对《五经》之后之事或《五经》之前之事并不清楚，不是"陆沉"就是"盲瞽"，即无益于世之人。这是把知古知今与知今知古即通识的重要性提到很高的原则来看待了。

史学家范晔生活于南朝刘宋时期，他的通识着重于历史认识。他在撰写《后汉书》的过程中，同时考察了夏、殷、周、秦、西汉、东汉的历史，指出这几个朝代的衰落、灭亡各有具体原因，认为：

> 自古丧大业绝宗禋者，其所渐有由矣。三代以嬖色取祸，嬴氏以奢虐致灾，西京自外戚失祚，东都缘阉尹倾国。成败之来，先史商之久矣。至于衅起宦夫，其略犹或可言。何者？刑余之丑，理谢全生，声荣无晖于门阀，肌肤莫传于来体，推情未鉴其敝，即事易以取信，加渐染朝事，颇识典物，故少主凭谨旧之庸，女君资出内之命，顾访无猜惮之心，恩狎有可悦之色。亦有忠厚平端，怀术纠邪。或敏才给对，饰巧乱实；或借誉贞良，先时荐誉。非直苟恣凶德，止于暴横而已。然真邪并行，情貌相越，故能回惑昏幼，迷瞀视听，盖亦有其理焉。诈利既滋，朋徒日广，直臣抗议，必漏先言之间，至戚发愤，方启专夺之隙，斯忠贤所以智屈，社稷故其为墟。《易》曰："履霜坚冰至。"云所从来久矣。今迹其所以，亦岂一朝一夕哉。[1]

---

[1] 范晔：《后汉书》卷七八《宦者列传》后论，中华书局，1965年，第2537—2538页。

显然，范晔是经过对这几个朝代做了比较之后，才得出这个结论的。这个结论或许并不十分全面，但他从比较中凸显出它们灭亡的具体原因有所不同，反映了他从"通"的视野提出认识的方法论。《后汉书》的帝纪史论以及《儒林传》等，也都反映出范晔在通识上的这一特点，前者清晰地写出了东汉兴衰的几个阶段，后者则写出了东汉一朝经学发展的历史。可见，史家的通识是在宏观把握史事的基础上，善于揭示史事演变的路径及其内在的法则。

当然，史学家因通识而产生智慧，不仅是为了说明历史，而且还在于启示后人，以至于使这种智慧运用于社会。范晔曾说他的《后汉书》将撰写十篇志，并在志中发论，"以正一代得失"[1]，尽管他最终没有实现撰写十志的计划，但他以史学家的智慧影响社会的理念是非常明确的。从史学与社会的关系来看，范晔的这一撰述理念，为在他之后的一些史学家所继承并大大发展了。唐初的魏徵、唐中叶的杜佑和北宋的司马光便是这方面的几位有重要影响的史学家。

魏徵是一位政治家，也是一位史学家，他作为唐太宗统治集团中的核心人物之一，在政治和史学两个方面都做出了重要的贡献。在政治方面，魏徵以审时度势、忧患意识和敢于直谏而享誉当世，被唐太宗称为他的"三镜"[2]之一。这一比喻，深刻地

---

[1] 沈约:《宋书》卷六九《范晔传》，中华书局，1974年，第1831页。
[2] 吴兢:《贞观政要》卷二《任贤》，上海古籍出版社，1978年，第33页。

反映了魏徵在当时政治生活中的重要地位。在史学方面,魏徵参与主持了"五代史"(即梁、陈、北齐、北周、隋五朝历史)撰述,并撰写了《梁书》《陈书》《北齐书》的帝纪总论以及《隋书》纪传的全部史论,表明他对他所处时代的"近代史"的洞察和见识。不仅如此,魏徵更是深刻地提出了以隋朝之兴亡与秦朝之兴亡相比较的论点,认为"隋之得失存亡,大较与秦相类"[1],这是把隋朝兴亡的历史放到唐以前的整个历史进程中去加以考察而得出的一个重要的历史结论。由于秦朝是第一个建立统一政治局面的盛大皇朝,其何以兴,何以亡,在历史上产生了极大的震撼力,也给人们(尤其是政治家、史学家、思想家)留下了很多值得深思的问题。魏徵尖锐地提出这个问题,对于唐初的统治者来说,自是具有特殊的借鉴意义。值得注意的是,魏徵还进一步指出:隋朝的灭亡是一个不断演变的过程:"迹其衰怠之源,稽其乱亡之兆,起自高祖,成于炀帝,所由来远矣,非一朝一夕。"[2]这一认识显然是要提醒当时的统治者应当具有兢兢业业、防微杜渐的意识。总之,可以认为,魏徵的通识所凝聚的智慧,在唐太宗贞观年间,是产生了非常重要的政治影响的,并受到后人的一再称颂。

魏徵的通识与智慧之所以能在政治活动中产生积极作用,除了上述他的主观因素外,还有其客观原因:一是他生活在唐初创

---

[1] 魏徵等:《隋书》卷七〇《杨玄感传》后论,中华书局,1973年,第1636页。
[2] 魏徵等:《隋书》卷二《高祖纪》后论,中华书局,1973年,第56页。

业时期，统治集团十分重视历史上的经验教训的借鉴作用；二是他本身正处于这个统治集团之中，并有参与最高决策的机会；三是他遇到了一个比较开明的君主唐太宗，能够虚心纳谏。从这个意义上来说，正是一定的历史条件造就了魏徵这一历史人物。

在通识与智慧方面与魏徵相近甚至超过魏徵的史学家、政治家杜佑，因没有具备如同魏徵所具备的历史条件，其价值与影响是以另一种形式表现出来。杜佑在其约六十年的政治生涯中，有三件事是值得后人关注的，一是他作为封疆大吏，以淮南节度使的身份，镇守淮南十四年；二是他在唐宪宗时居相位十年，受到朝野的敬重；三是他在为官期间，以三十六年时间撰成《通典》巨帙，凡九门二百卷，传播于当时及后世，影响深远。

《通典》的通识，一是贯通历代典籍制度，自传说中的黄帝直至唐玄宗天宝年间（个别史事下限写至唐德宗贞元十三年[797]，其上书为贞元十七年[801]）；二是贯通历代"群士论议"，这可视为兼容历史上各种见解的"通论"；三是杜佑本人的融会贯通之论。尤其是后者，充分显示出杜佑在通识的基础上所提炼出来的对于历史经验的总结与历史智慧的凝聚。《通典》的史论，有序、论、说、议、评。序，有全书之序，有门类之序，还有篇章之序。论，有前论和后论。至于说、议、评之间的区别，杜佑在《通典·礼二·沿革二·吉礼一》的一首"说曰"的文末自注说："凡义有经典文字其理深奥者，则于其后说之以发明，皆云'说曰'。凡义有先儒各执其理，并有通据而未明者，则议之，皆云'议曰'。凡先儒各执其义，所引据理有优劣者,则评之,皆云'评曰'。他皆同此。"[1]这一段话对于理解《通典》史论的含义,理解杜佑的所谓"说""议""评"的真谛,具有至关重要的意义。从这段引文的本义来看,杜佑所谓"说""议""评"是属于三个层次的史论:说,是阐说"经典"的深奥;议,是议先儒的"未明"之义;评,是评"先儒"所据之理的优劣。概括说来,这三个层次就是经典、义、理的区别,故分别用说、议、评表示出来。这里除了反映出作者在三者之间所把握的极鲜明分寸感之外,还有对前人思想遗产的极谨慎的态度。[2]

杜佑的通识与智慧因所处历史条件及最高统治集团的群体素质均不能与魏徵相比拟,故其在当时的政治实践中并未产生与之相适应的重大作用。尽管如此,因《通典》一书作为贯通的制度史专书及其丰富的史论,它反映了作者对当时社会结构和国家职能的认识,在当时已经受到政治家们的高度重视。与杜佑同时代的人评论《通典》说:"施于文学,可为通儒;施于政事,可建皇极"[3];"诞章闳议,错综古今,经代(世)立言之旨备焉"[4]。清代乾隆皇帝从治国安邦的角度高度评价《通典》说:"观其分门起例,由食货以讫边防,先养而后教,先礼而后刑,设官以治民,安内以驭外,本末次第,具有条理,亦恢恢乎经国之良模矣。"[5]我们从

---

[1] 杜佑:《通典》卷二《礼典》,中华书局,1988年,第1167页。
[2] 见瞿林东:《中国史学史纲》,北京出版社,1999年,第340—346页。
[3] 李翰:《〈通典〉序》,见杜佑《通典》书首,中华书局,1988年,第2页。
[4] 权德舆:《岐国公杜公墓志铭并序》,见姚铉编《唐文粹》卷六八,浙江人民出版社,1986年,第895页。
[5] 清高宗:《御制重刻通典序》,见杜佑《通典》附录一,中华书局,1988年,第5513页。

这些评价来看,《通典》一书在"经邦""致用"方面所蕴含的历史智慧是非常丰富的。

杜佑以下,司马光作《资治通鉴》,而司马光的通识则主要反映在他提出了史学与政治之关系的至关重要的问题,这就是他在《进资治通鉴表》中所强调指出的:"删削冗长,举撮机要,专取关国家盛衰,系生民休戚,善可为法,恶可为戒者,为编年一书。"[1] 哪些史事"关国家盛衰"？哪些举措"系生民休戚"？这是司马光向自己提出的大问题,也是他留给后人阅读《资治通鉴》时应当着重思考的大问题,而智慧就蕴含在这些大问题之中。郑樵的《通志》总序中对"会通之旨""会通之道"的阐发,以及他对《通志二十略》的论述与撰写,表明他在理论上和知识结构上的通识,其中自亦包含着学术思想上的渊博与睿智。马端临在《文献通考序》中提出了"理乱兴衰,不相因者也""典章经制,实相因者也"[2] 两个历史命题,正是他的"通识"的一种反映,如无贯通的思考与见识,是不可能提出这样重大的历史命题的。那么,何以"不相因"？何以"实相因"？切切实实回答这两个命题,或者这对两个命题做合理的辨析,正是提炼历史智慧的过程。

清代史家王夫之在解释他所理解的《资治通鉴》的"通"的内涵时写道:"其曰通者,何也？君道在焉,国是在焉,民情在

---

[1] 司马光:《资治通鉴》附录《进书表》,中华书局,1956年,第9607页。
[2] 马端临:《文献通考》自序,中华书局,2011年,第1页。

焉，边防在焉，臣谊在焉，臣节在焉，士之行己以无辱者在焉，学之守正而不陂者在焉。虽扼穷独处，而可以自淑，可以诲人，可以知道而乐，故曰'通'也。"[1] 在王夫之看来所谓"通"，包含着治国、治民、治军、治身、治学及人生价值观等，我们也可以把它理解为通识，自亦包含着与此有关的见识与智慧。

通识是通向智慧的路径，中国古代史学家多倡导通识，反映了他们重视历史经验的总结和重视历史智慧的凝练，以及这些经验与智慧在现实历史运动中的价值。不论是从学理上看，还是从实践上看，这都是中国史学史研究者发掘、梳理和阐释中国古代历史理论的重要任务。

（原载《史学史研究》2012年第3期）

---

[1] 王夫之:《读通鉴论》卷末《叙论四》，中华书局，1975年，第1114页。

中国古代史学家思想的几个特点
——再论古代史学家与中国思想史

几年前，我曾打算写一篇《古代史学家与中国思想史》的文章，以文会友，参加南京大学思想家研究中心举办的一次学术研讨会。后因故未能赴会，文章未及成篇，只是列出了一个简要的提纲，其要点是：第一，先秦史书与"百家争鸣"；第二，历代史家的思想空间；第三，古代史学家与中国思想史。这份提纲后被收入《思想家》第一辑，即《杰出人物与中国思想史》一书[1]。本文拟就中国古代史学家思想的几个特点，讲一点肤浅的认识，作为上述那份提纲的续篇，以就教于学术界同行。

一 贯穿古今社会历史的"通变"历史观

中国古代史家讲求"通变"和"会通"，司马迁是杰出代表。

---

[1] 见徐雁、陈效鸿、巩本栋主编：《杰出人物与中国思想史》，江苏教育出版社，2000年，第57—58页。

他撰写《史记》的宗旨是"究天人之际,通古今之变,成一家之言",这三句话对后世影响甚大,而"通古今之变"可以说是对后世史学家都有影响,成为史学家们共同追求的目标。

司马迁"通古今之变"的思想具有丰富的内涵,它远远不只是关于时间上的古今联系,而是包含了社会历史的多方面内容,这见于他在《太史公自序》中所写的这一段话:

> 网罗天下放失旧闻,王迹所兴,原始察终,见盛观衰,论考之行事,略推三代,录秦汉,上记轩辕,下至于兹,著十二本纪,既科条之矣。并时异世,年差不明,作十表。礼乐损益,律历改易,兵权山川鬼神,天人之际,承敝通变,作八书。二十八宿环北辰,三十辐共一毂,运行无穷,辅拂股肱之臣配焉,忠信行道,以奉主上,作三十世家。扶义俶傥,不令己失时,立功名于天下,作七十列传。凡百三十篇,五十二万六千五百字,为太史公书。序略,以拾遗补艺,成一家之言,厥协六经异传,整齐百家杂语,藏之名山,副在京师,俟后世圣人君子。[1]

这一段话,可以看作是对"通古今之变"思想的具体解说。其中"本纪"和"表",是讲朝代兴衰和年代排比;"书",是讲制度的"承弊通变";"世家"是关于社会机制的"运行无穷";"列传",

---

[1] 司马迁:《史记》卷一三〇《太史公自序》,中华书局,1959年,第3319—3320页。

是反映各阶层代表人物的活动；至于"厥协《六经》异传，整齐百家杂语"，则表明文献方面的会通。由此可见，司马迁的"通古今之变"的思想实质上是关于社会历史进程的思想，而朝代兴亡、制度演变、人物活动、文化典籍等，都是社会历史进程中的重要内容。《史记》奠定了中国古代史学的坚实基础，开辟了中国古代史学的恢宏视野，正是司马迁"通古今之变"思想在历史撰述上的反映。

存在决定意识。司马迁"通古今之变"的思想，首先来源于社会历史变动本身。从司马迁父亲司马谈的临终遗言中，可以看出社会历史变动对于史学家思想的深刻影响。司马谈临终前对司马迁做了这样的嘱咐：

> 太史公执迁手而泣曰："余先周室之太史也。自上世尝显功名于虞夏，典天官事。后世中衰，绝于予乎？汝复为太史，则续吾祖矣。今天子接千岁之统，封泰山，而余不得从行，是命也夫，命也夫！余死，汝必为太史；为太史，无忘吾所欲论著矣。且夫孝始于事亲，中于事君，终于立身。扬名于后世，以显父母，此孝之大者。夫天下称诵周公，言其能论歌文武之德，宣周邵之风，达太王王季之思虑，爰及公刘，以尊后稷也。幽厉之后，王道缺，礼乐衰，孔子修旧起废，论《诗》《书》，作《春秋》，则学者至今则之。自获麟以来四百有余岁，而诸侯相兼，史记放绝。今汉兴，海内一统，明主贤君忠臣死义之士，余为太史而弗论载，废天下之

史文，余甚惧焉，汝其念哉！"迁俯首流涕曰："小子不敏，请悉论先人所次旧闻，弗敢阙。"[1]

从这个嘱咐中，可以看到司马谈对于历史变化的认识，以及对孔子整理文献、撰写《春秋》的尊崇，最后落实到"汉兴"这一历史转折性事件，史学家必当有所记述。可以认为，司马谈、司马迁父子是他们那个时代最具有历史感的思想家。

司马迁"通古今之变"的思想，还有思想文化传承上的渊源。除了上文所引中有"承弊通变"的说法以外，司马迁在讲到作《礼书》时，提出"略协古今之变"；讲到作《律书》时，提出"切近世，极人变"；还讲到"作《平准书》以观事变"[2]"事变多故而亦反是，是以物盛则衰，时极而转，一质一文，终始之变也""汤、武承弊易变，使民不倦"等[3]。司马迁这样强调"变""通变"的思想，无疑是受到了《周易》及其系辞的影响。如《周易·贲》卦："观乎天文，以察时变；观乎人文，以化成天下。"《恒》卦："日月得天，而能久照，四时变化，而能久成。"又如《周易·系辞上》中"刚柔相推而生变化""变化者，进退之象也""动则观其变""通变之谓事""广大配天地，变通配四时""拟之而后言，议者而后动，拟议以成其变化""一阖一辟谓之变，往来不实谓之通""化而裁之谓之变，推而纠之谓之通"；

---

[1] 司马迁：《史记》卷一三〇《太史公自序》，中华书局，1959年，第3295页。
[2] 同上，第3304、3305、3306页。
[3] 司马迁：《史记》卷三〇《平准书》序，中华书局，1959年，第1442页。

其《系辞下》中"神农氏没，黄帝、尧、舜氏作，通其变，使民不倦，神而化之，使民宜之。《易》穷则变，变则通，通则久"等。这对于"厥协《六经》异传，整齐百家杂语"的司马迁来说，自是非常熟悉并深受其影响的。

这一影响之最突出的事例是，司马迁从变化的观点出发，充分认识到秦统一在中国历史上的重大意义。他指出：

> 秦既得意，烧天下《诗》《书》，诸侯史记尤甚，为其有所刺讥也。《诗》《书》所以复见者，多藏人家，而史记独藏周室，以故灭。惜哉，惜哉！独有《秦记》，又不载日月，其文略不具。然战国之权变亦有可颇采者，何必上古。秦取天下多暴，然世异变，成功大。传曰"法后王"，何也？以其近己而俗变相类，议卑而易行也。学者牵于所闻，见秦在帝位日浅，不察其终始，因举而笑之，不敢道，此与以耳食无异。悲夫！[1]

司马迁一方面指出了秦始皇的暴政及其对文化采取的错误政策，一方面从"世异变，成功大"这一历史发展的总趋势上肯定秦朝的重要历史地位，同时也批评了"以耳食无异"的"学者"，反映出了司马迁对历史进程之大势的卓越见识。

其后，班固断代为史，著《汉书》，然其"综其行事，旁贯

---

[1] 司马迁:《史记》卷一五《六国年表》序，中华书局，1959年，第686页。

《五经》，上下洽通"的撰述宗旨，仍是继承了《史记》的传统。班固写道："凡《汉书》，叙帝皇，列官司，建侯王。准天地，统阴阳，阐元极，步三光。分州域，物土疆，穷人理，该万方。纬《六经》，缀道纲，总百氏，赞篇章。函雅故，通古今，正文字，惟学林。"[1] 由于《汉书》只记西汉一朝史事，故不可能如同《史记》记三千年史事那样，可以写出较多时代的变化，后人说《汉书》"守绳墨"[2]，其实这在一定程度上也是撰述内容所决定的。尽管如此，我们还是可从班固的上述概括中，看到司马迁"通古今之变"的思想对《汉书》的撰述有深刻的影响。

至于南朝梁武帝命史官吴均等著《通史》[3]，以及唐代史家丰富的通史撰述[4]，也都在不同程度上效法司马迁《史记》"通古今之变"的撰述思想。而在理论上对司马迁"通古今之变"思想做进一步阐述的史家，是南宋的郑樵。郑樵以"会通"这一观念概括司马迁《史记》的撰述思想及其成就，他写道：

> 百川异趋，必会于海，然后九州无浸淫之患；万国殊途，必通诸夏，然后八荒无壅滞之忧；会通之义大矣哉！
>
> 自书契以来，立言者虽多，惟仲尼以天纵之圣，故总

---

[1] 班固：《汉书》卷一〇〇《叙传》，中华书局，1962年，第4271页。
[2] 章学诚：《文史通义·书教下》，叶瑛《文史通义校注》本，中华书局，1985年，第49页。
[3] 姚思廉：《梁书》卷四九《文学上·吴均传》，中华书局，1973年，第698—699页。
[4] 见瞿林东：《唐代史家的通史撰述》，《唐代史学论稿》，北京师范大学出版社，1989年。

《诗》《书》《礼》《乐》而会于一手,然后能同天下之文;贯二帝、三王而通为一家,然后能极古今之变;是以其道光明百世之上,百世之下不能及。

仲尼既没,百家诸子兴焉,各效《论语》,以空言著书,至于历代实迹,无所纪系。迨汉建元、元封之后,司马氏父子出焉。司马氏世司典籍,工于制作,故能上稽仲尼之意,会《诗》《书》《左传》《国语》《世本》《战国策》《楚汉春秋》之言,通黄帝、尧、舜至于秦、汉之世,勒成一书,分为五体;本纪纪年,世家传代,表以正历,书以类事,传以著人,使百代而下,史官不能易其法,学者不能舍其书。六经之后,惟有此作。故谓"周公五百岁而有孔子,孔子五百岁而在兹乎"!是其所以自待者已不浅。[1]

"会通"的观念,见于《周易·系辞下》:"圣人有以见天下之动,而观其会通,以行其典礼。"在这里,"会通"是对于社会历史运动之总相的概括。郑樵用"百川异趋,必会于海""万国殊途,必通诸夏"来形容"会通"的趋势和恢宏。他正是本着这种认识来理解和说明孔子与司马迁的撰述思想,并对《史记》的各部分内容做了诠释。值得注意的是,郑樵从孔子、司马迁那里得到启示,从而把历史撰述中的"相因之义"和"会通之道"联系起来,反映出了他关于历史发展之连续性的思想。

---

[1] 郑樵:《通志》总序,《通志二十略》,中华书局,1995年,第1页。

继之而起的元初史家马端临进一步指出:"理乱兴衰,不相因者也","典章经制,实相因者也",从而发展了郑樵所说的历史进程中的"相因之义",把社会历史进程看作"实相因"和"不相因"相结合的统一体。马端临的这个认识,本质上是触及了历史发展中的辩证性问题。尽管他只是从典章制度和治乱盛衰这两个方面来区别,但其所包含的真理性认识的因素,却是值得重视的。

清代史学家章学诚在谈到中国史学的"通"的传统时这样写道:

> 总古今之学术,而纪传一规乎史迁,郑樵《通志》作焉。统前史之书志,而撰述取法乎官《礼》,杜佑《通典》作焉。合纪传之互文,而编次总括乎荀、袁,司马光《资治通鉴》作焉。汇公私之述作,而铨录略仿乎孔、萧,裴潾《太和通选》作焉。此四子者,或存正史之规,或正编年之的,或以典故为纪纲,或以词章存文献,史部之通,于斯为极盛也。[1]

对章学诚的这段话,我们往往认为是对中国古代史家"通古今之变"思想的总结,其实章学诚在这里所讲的只是从"通"的角度概括了中国历史编纂在体裁方面的辩证发展的特点,这跟

---

[1] 章学诚:《文史通义·释通》,叶瑛《文史通义校注》本,中华书局,1985年,第373页。

"通古今之变"的思想或"会通"的思想有所不同,后者是指史家对客观历史进程的总相与趋势的把握,前者是指史家关于上述总相或其部分与趋势在撰述形式上的演变。

二 关注治国安邦的社会思想

中国古代史家在历史撰述中大多关注治国安邦之道、治乱盛衰之故,从而形成了他们在这方面的独具特色的社会思想。

其特色之一,是十分注重从历史进程、朝代更迭中总结经验教训,以启示后人。司马迁著《史记》,把"网罗天下放失旧闻,王迹所兴,原始察终,见盛观衰,论考之行事"[1]作为撰述宗旨之一,并把这一宗旨贯穿于全书之中。如他在《秦始皇本纪》后论中,引用贾谊《过秦论》,对秦的兴衰成败做了深入的分析[2],于《孝文本纪》后论,称赞"汉兴,至孝文四十有余载,德至盛也"[3];于《孝景本纪》后论,概括吴楚七国之乱事件前前后后得出结论说,"安危之机,岂以不谋哉"[4];于《封禅书》后论,批评汉武帝"用事于鬼神"[5];于《汉兴以来诸侯王年表》序,强调"谨记高祖以来至太初诸侯,谱其下益损之时,令后世得览。形势虽

---

1 司马迁:《史记》卷一三〇《太史公自序》,中华书局,1959年,第3319页。
2 司马迁:《史记》卷六《秦始皇本纪》,中华书局,1959年,第276—293页。
3 司马迁:《史记》卷一〇《孝文本纪》,中华书局,1959年,第437页。
4 司马迁:《史记》卷一一《孝景本纪》,中华书局,1959年,第449页。
5 司马迁:《史记》卷二八《封禅书》,中华书局,1959年,第1404页。

强，要之以仁义为本"[1]；等等，其意都在总结历史经验教训。值得注意的是，司马迁并不局限于对具体的历史经验的重视，而是进一步提出了从具体的历史经验中获得普遍性认识及相应做法的重要，他写道：

> 居今之世，志古之道，所以自镜也，未必尽同。帝王者各殊礼而异务，要以成功为统纪，岂可绲乎？观所以得尊宠及所以废辱，亦当世得失之林也，何必旧闻？于是谨其终始，表其文，颇有所不尽本末；著其明，疑者阙之。后有君子，欲推而列之，得以览焉。[2]

所谓"居今之世，志古之道，所以自镜也，未必尽同"，这是对于历史与现实之关系的深刻理解：历史可以作为现实的一面镜子，但并不是提倡现实去模仿历史。他还进一步强调，考察"当世得失之林"，也可以看到"尊宠"和"废辱"的来龙去脉，表明现实的经验和历史的经验本有相通之处。

在司马迁之后的许多史家，都继承了这一撰述思想。如范晔著《后汉书》，意在于书志部分，"欲因事就卷内发论，以正一代得失"[3]。他称赞光武帝勤于政事的精神，这样写道："虽身济大业，兢兢如不及，故能明慎政体，总揽权纲，量时度力，举无过

1　司马迁：《史记》卷一七《汉兴以来诸侯王年表》序，中华书局，1959年，第803页。
2　司马迁：《史记》卷一八《高祖功臣侯者年表》序，中华书局，1959年，第878页。
3　范晔：《后汉书》书末《狱中与诸甥侄书》，中华书局，1965年。

事。退功臣而进文吏,戢弓矢而散马牛,虽道未方古,斯亦止戈之武焉。"[1] 其中所谓"退功臣而进文吏"[2],正是范晔充分肯定的东汉初年政治的重要历史经验。他总结自三代以下的历史教训,指出:"自古丧大业绝宗禋者,其所渐有由矣。三代以婴色取祸,嬴氏以奢虐致灾,西京自外戚失祚,东都缘阉尹倾国。"[3] 这表明他对于历代兴亡成败之故有比较系统的、深刻的思考和认识。他在《党锢传》《儒林传》等类传中,也提出了具有全局性的历史经验教训的见解。陈寿撰《三国志》,一方面显示出他有总揽全局的器识,总三国历史为一书;另一方面也反映了他对于魏、蜀、吴的政治结局及其经验教训的总结,指出曹操"运筹演谋,鞭挞宇内"的气度、刘备"机权干略,不逮魏武"的局限、孙权"性多嫌忌,果于杀戮"的弱点[4],在一定程度上影响到魏、蜀、吴三国历史的不同结局。魏徵等撰《隋书》,深刻地总结了隋朝灭亡的原因,指出:"迹其衰怠之源,稽其乱亡之兆,起自高祖,成于炀帝,所由来远矣,非一朝一夕。其不祀忽诸,未为不幸也。"[5] 这种善于从源头和征兆上看问题的方法,反映出魏徵等人的历史见解是很高明的。此外,魏徵等还以隋朝的兴亡同秦朝的兴亡做了比

---

[1] 范晔:《后汉书》卷一《光武帝纪》,中华书局,1965年,第85页。
[2] "中兴二十八将论",见范晔《后汉书》卷二二《朱景王杜马刘傅坚马列传》后论,中华书局,1965年,第787页。
[3] 范晔:《后汉书》卷七八《宦者列传》后论,中华书局,1965年,第2573页。
[4] 见陈寿:《三国志》卷一《魏书·武帝纪》后论、卷三二《蜀书·先主传》后论、卷四七《吴书·吴主传》后论,中华书局,1962年,第55、892、1149页。
[5] 魏徵等:《隋书》卷二《高祖纪》,中华书局,1973年,第56页。

较，并得到这样的结论：

> 其隋之得失存亡，大较与秦相类。始皇并吞六国，高祖统一九州，二世虐用威刑，炀帝肆行猜毒，皆祸起于群盗，而身殒于匹夫。原始要终，若合符契矣。[1]

这一比较，不仅把隋朝的得失存亡之故说得更加明白，也加深了人们对秦朝兴亡历史的认识。

这种情况，在以少数民族贵族为主的统治集团中也是存在的。如辽圣宗即位后，很留心于唐朝的统治经验，并阅读《唐书》中的高祖、太宗、玄宗三本纪。辽大臣马得臣"乃录其行事可法者进之"。后来他看到辽圣宗"击鞠无度"，乃上书圣宗，从"亲亲之道"讲起，然后讲到如何"以隆文治"、致"二帝之治"，最后是谏"以毬马为乐"有"三不宜"。这样的陈述，可能更便于接受，所以辽圣宗读到这篇上书后，"嘉叹良久"[2]。辽朝君臣以唐太宗君臣为榜样，探讨致治之道，这说明唐代历史的影响之久远，也说明史学是政治生活中不可缺少的教材。

综上，可见总结历史上的兴亡成败的历史经验教训，为后人提供借鉴，是古代史家社会思想的一个重要方面。

总结历史经验教训，为现实的政治统治提供参考，是古代史

---

1 魏徵等：《隋书》卷七〇《杨玄感传》后论，中华书局，1973年，第1636页。
2 脱脱等：《辽史》卷八〇《马得臣传》，中华书局，1974年，第1279—1280页。

家社会思想的特色之二。唐人吴兢撰《贞观政要》，目的在于总结唐太宗君臣讨论治国安邦大计的过程和主要问题，向唐玄宗提供政治上的参考。他在《贞观政要》序文中写道：

> 太宗时政化，良足可观，振古而来，未之有也。至于垂世立教之美，典谟谏奏之词，可以弘阐大猷，增崇至道者，爰命不才，备加甄录，体制大略，咸发成规。于是缀集所闻，参详旧史，撮其指要，举其宏纲，词兼质文，义在惩劝，人伦之纪备矣，军国之政存焉。凡一帙一十卷，合四十篇，名曰《贞观政要》。庶乎有国有家者克遵前轨，择善而从，则可久之业益彰矣，可大之功尤著矣，岂必祖述尧、舜，宪章文、武而已哉！[1]

所谓"人伦之纪""军国之政"，都是治国安邦的大事。他在上书表中更进一步说明自己撰写《贞观政要》的意图，他说："仍以《贞观政要》为目，谨随表奉进。望纡天鉴，择善而行，引而伸之，触类而长之。……伏愿行之而有恒，思之而不倦，则贞观巍巍之化可得而致矣！"[2] 当然，历史的发展并不像吴兢看得那么简单，玄宗后期，唐朝统治已从巅峰上滑了下来，虽有后来唐宪宗、唐宣宗的努力振作，但终究不能挽回皇朝的颓势进而走向

---

[1] 吴兢：《贞观政要》序，上海古籍出版社，1978年，第1页。
[2] 董诰等编：《全唐文》卷二九八《上〈贞观政要〉表》，中华书局，1983年，第3023页。

衰亡。尽管如此，《贞观政要》一书却产生了深远的影响，受到历代帝王和政治家们的重视。金熙宗对臣下说："朕每阅《贞观政要》，见其君臣议论，大可规法。"[1] 明宪宗为其重刻本作序，称"其论治乱兴亡，利害得失，明白切要，可为鉴戒"。清高宗亦曾序其书曰：

> 史臣吴兢纂辑其书，名之曰《贞观政要》，后之求治者，或列之屏风，或取以进讲。元至顺间，戈直又刊其书，以行于世。余尝读其书、想其时，未尝不三复而叹曰：贞观之治盛矣！……书中分目，目中有条，条之末，引先儒之言而论断之，其有望于后王也深矣！人君当上法尧舜，远接汤武，固不当以三代以下自画，然观尔日君臣之所以持盈保泰，行仁义，薄法术，太宗之虚己受言，诸臣之论思启沃，亦庶几乎都俞吁咈之风矣。[2]

乾隆帝说的"读其书、想其时，未尝不三复而叹""其有望于后王也深矣"等语，既反映了吴兢的撰述思想，却又超出了吴兢撰述活动所期待的社会影响。

同吴兢的撰述思想和撰述宗旨相类而在社会影响方面又超出《贞观政要》的是司马光及其所主编的《资治通鉴》。司马光《资

---

[1] 脱脱等：《金史》卷四《熙宗本纪》，中华书局，1975年，第74页。
[2] 清高宗：《清高宗序》，见吴兢《贞观政要》书首，岳麓书社，2000年，第2页。

治通鉴》的撰述旨趣是："欲删削冗长，举撮机要，专取关国家盛衰，系生民休戚，善可为法，恶可为戒者，为编年一书，使先后有伦，精粗不杂。"这是司马光的撰述旨趣，也是《资治通鉴》的主要内容。而司马光的撰述目的，是希望为当时皇帝宋神宗提供治国安邦的参考，故司马光在《进书表》中坦然地写道："臣之精力，尽于此书。伏望陛下宽其妄作之诛，察其愿忠之意，以清间之宴，时赐省览，监前世之兴衰，考当今之得失，嘉善矜恶，取是舍非，足以懋稽古之盛德，跻无前之至治，俾四海群生，咸蒙其福！则臣虽委骨九泉，志愿永毕矣。"[1]所谓"臣之精力，尽于此书"，反映了一个史学家为了实现自己的撰述宗旨、阐发自己的社会思想、表现对历史前途的信心而执着追求的精神。自南宋以后，《资治通鉴》的影响不断扩大，以致改撰者有之，续作者有之，注释者有之，讲授者有之，评论者有之，形成了为人们所关注的"《通鉴》学"，影响所及，直至于今。

以总结历史经验为宗旨，向当朝最高统治者提供治国安邦的参考，《贞观政要》和《资治通鉴》是此类历史著作中最具有代表性的名著。

特色之三，把对于具体的历史经验教训的总结提升到具有普遍意义的理论认识，以丰富人们的历史智慧，更好地参与当前的历史运动。明清之际的王夫之所著的《读通鉴论》《宋论》，突出

---

[1] 以上所引均见司马光:《资治通鉴》附录《进书表》，中华书局，1956年，第9607、9608页。

地反映了作者在这方面的自觉意识和在古代史学中所达到的最高成就。他对于历史经验教训在"资治"方面的作用和意义，做了这样的理论概括：

> 然则治之所资者，一心而已矣。以心驭政，则凡政皆可以宜民，莫匪治之资；而善取资者，变通以成乎可久。设身于古之时势，为己之所躬逢；研虑于古之谋为，为己之所身任。取古人宗社之安危，代为之忧患，而己之去危以即安者在矣；取古昔民情之利病，代为之斟酌，而今之兴利以除害者在矣。得可资，失亦可资也；同可资，异亦可资也。故治之所资，惟在一心，而史特其鉴也。[1]

王夫之的这些认识，至少给予人们如下一些启示：首先，对于历史经验教训是否有"资治"的作用和价值，必须在这方面有自觉的意识即所谓"惟在一心"；换言之，人们如果没有这种自觉意识，以致拒绝以任何历史经验教训作为参考，那就谈不上什么"资治"的作用和价值了。其次，要善于设身处地去思考问题，即当今所说的历史主义地去思考问题，设想如果本人处在当时的历史条件下，如何做才可以"得"，如何做才可以"安"，于是从中得到借鉴；如果一味强调古今历史条件不同，不能设身处地去思考问题，那就割断了古今的联系，以至于否定历史经验教训的

---

[1] 王夫之：《读通鉴论》卷末《叙论四》，中华书局，1975年，第1114页。

作用和价值，那就不可能从历史经验教训中获得启示和智慧。再次，要能够辩证地看待历史经验教训，即经验可给人以启示，教训亦如此；情况相近或相同的条件可给人以启发，情况相异者亦如此。这样来看待历史经验教训，那么在任何条件下，历史都是现实的一面镜子，给人以启示和智慧，而不是一件摆设或装饰。

由以上论述可知，中国古代史家之所以关注历史经验教训，是为了关注现实的社会和未来的社会。正因为如此，他们的社会思想重在务实，不尚空谈；是从历史实际出发，不是从朦胧的理想出发；他们的批判精神不是一般的是是非非，而是希望社会在趋利避害和就安去危中不断进步。这正是古代史学家社会思想的价值所在。

三 积累厚重的忧患意识

中国古代史家历来有一种深沉的忧患意识。这种忧患意识同他们的社会思想是紧密联系在一起的，主要表现为对于朝代、国家的兴亡盛衰的关注，以及对于社会治乱、人民生活的关注。当然，这同史学的本质与功能也是密切相关的。因为史学家对于历史的认识，往往是和对于现实的认识联系起来，故而从史学家对于历史和现实的认识来看，常常反映出他们对于社会的前途、命运的忧患意识，这在很大程度上成为他们决心致力于历史撰述的一个思想基础。

孟子说："世衰道微，邪说暴行有作，臣弑其君者有之，子弑其父者有之。孔子惧，作《春秋》。"[1]这反映了孔子作《春秋》时的一种忧患意识。司马迁父子撰述《史记》的最初动机，是出于对史职的忠诚和执着。然而，当司马迁进入具体撰述之中的时候，他的思想已不只是集中在"史文"问题上了，他对汉武帝统治下的社会前途表现出深深的忧虑。读《史记·平准书》可以看到在司马迁的史笔之下，极盛时期的汉武帝统治面临着许多新的问题，显示出作者的忧患意识是多么的深沉。司马迁秉承父亲的遗志，着重写出汉兴以来的"明主贤君"，可是当他考察了汉武帝统治时期的社会历史时，他就不能只是赞扬和称颂了，他的严肃的史学家的批判之笔不能不时时触及汉武帝本人。这同巴尔扎克所写的《人间喜剧》有一定的相似之处："当他让他所深切同情的那些贵族男女行动的时候，恰恰是这个时候，他的嘲笑空前尖刻，他的讽刺空前辛辣。"[2]我们读《史记·封禅书》，就会感到司马迁的嘲笑和讽刺是何等的尖刻和辛辣。这种嘲笑和讽刺正是针对"宗室有土公卿大夫以下，争于奢侈，室庐舆服僭于上，无限度"[3]的时尚而发。

前文提到的吴兢也有大致相仿的经历。吴兢生活在唐代武则天至唐玄宗时期，他目睹了唐代盛世即"开元盛世"，同时也敏感地察觉到唐玄宗开元后期滋生起来的政治上的颓势。于是，他写出了著名的《贞观政要》一书。吴兢从玄宗时大臣源乾曜、张

---

1 《孟子·滕文公下》，杨伯峻《孟子译注》本，中华书局，1960年，第155页。
2 马克思、恩格斯：《马克思恩格斯选集》第四卷，人民出版社，1995年，第684页。
3 司马迁：《史记》卷三〇《平准书》，中华书局，1959年，第1420页。

嘉贞任相职时"虑四维之不张，每克己励精，缅怀故实，未尝有乏"的做法中得到启发，认为唐太宗时期的"政化""良足可观，振古而来，未之有也"，所以决心写一本反映唐太宗贞观年间政治统治面貌的专书。他的这种现实的态度，既是对唐太宗时"政化"的仰慕，又是出于对唐玄宗开元后期李林甫、杨国忠辈当政的忧虑。此书以《君道》开篇，以《慎终》结束，也反映出这位被当时人誉为董狐式的史学家的忧患意识。

两宋史家的忧患意识尤为突出，这既有史家忧患意识传统的影响，又有时代情势的激发。北宋立国积贫积弱，士大夫阶层的忧患意识显得格外凝重。范仲淹在《岳阳楼记》中写出了这种忧患意识的深沉的境界，他写道：

> 嗟夫！予尝求古仁人之心，或异二者之为，何哉？不以物喜，不以己悲。居庙堂之高，则忧其民；处江湖之远，则忧其君。是进亦忧，退亦忧；然则何时而乐耶？其必曰"先天下之忧而忧，后天下之乐而乐"乎！[1]

这种"进亦忧，退亦忧""先天下之忧而忧，后天下之乐而乐"的意识与境界，在当时和后世都有很大的影响，《岳阳楼记》因此而成为千古不朽的名篇。王安石是继范仲淹之后的又一位改革家，他在推行变法之前的《上皇帝万言书》中，分析了当时种种

---

[1] 范仲淹：《范文正公集》卷七《岳阳楼记》，中国书店出版社，2018年，第288页。

社会矛盾，披露了他的重重忧虑。《万言书》提出的社会问题是："顾内则不能无以社稷为忧，外则不能无惧于夷狄，天下之财力日以困穷，而风俗日以衰坏，四方有志之士，諰諰然常恐天下之久不安。此其故何也？患在不知法度故也。"[1]值得注意的是，王安石在这里道出了"四方有志之士"的忧患意识，这种忧患意识已超出了个人的思想与器局，而具有一定的社会意义。

北宋史家的忧患意识正是在这样的条件下生成和发展的。同政治家比较起来，史学家的忧患意识具有更加深刻的历史感，司马光《历年图序》全面地反映了这种历史感，他写道：

> 言治乱之道，古今一贯；历年之期，惟德是视而已。臣性愚学浅，不足以知国家之大体，然窃以简策所载前世之迹占之，辄敢冒死妄陈一二。……
>
> 夫道有失得，故政有治乱；德有高下，故功有小大；才有美恶，故世有兴衰。上自生民之初，下逮天地之末，有国家者，虽变化万端，不外是矣。三王之前，见于《诗》《书》《春秋》，愚臣不敢复言。今采战国以来，至周之显德，凡小大之国所以治乱兴衰之迹，举其大要，集以为图，……凡一千三百六十有二年，离为五卷，命曰《历年图》。敢再拜稽首，上陈于黼扆之前；庶几观听不劳，而闻见甚博，善可为法，恶可为戒，知自古以来，治世至寡，乱世至多，得之甚

---

[1] 王安石：《王文公文集》卷一《上皇帝万言书》，上海人民出版社，1974年，第1页。

难，失之甚易也。……《易》曰："君子安不忘危，存不忘亡，治不忘乱。"《周书》曰："制治于未乱，保邦于未危。"今人有十金之产者，犹知爱之；况为天下富庶治安之主，以承祖宗光大完美之业，呜呼，可不戒哉！可不慎哉！[1]

这是司马光在撰写《资治通鉴》之前所撰写的一段文字，从中可以看出，史学家同政治家对世事的忧患是相通的。司马光同王安石政见不合，而在忧患意识方面，却并无二致。宋神宗一方面任用王安石变法，一方面又慨然为司马光主编的史书作序，并赐名为《资治通鉴》，正可表明其间的相通之处。

北宋史家的忧患意识，同样也包含着强烈的时代感。史学家范祖禹是司马光撰《资治通鉴》的助手之一，著有《唐鉴》一书。他在此书序文中讲到唐代历史的经验教训和他撰写此书的目的时指出：

> 由昔隋氏穷兵暴敛，害虐生民。其民不忍，共起而亡之。唐高祖以一旅之众，取关中，不半岁而有天下，其成功如此之速者，因隋大坏故也。以治易乱，以宽易暴，天下之人归往而安息之。方其君明臣忠，外包四荒，下遂万物，此其所由兴也。其子孙忘前人之勤劳，天厌于上，人离于下，

---

[1] 司马光:《稽古录》卷一六《历年图序》，中国友谊出版公司，1987年，第649、652—653页。

宇内圮裂，尺地不保，此其所由废也。其治未尝不由君子，其乱未尝不由小人，皆布在方策，显不可掩。然则今所宜监（鉴），莫近于唐。[1]

范祖禹认为唐皇朝的兴废治乱之迹，是对于北宋皇朝来说是最切近的事情，所以提出"今所宜监，莫近于唐"的认识。这跟上述吴兢认识历史的方法有相似之处。范祖禹又略述北宋开国后百余年的历史，并不无深意地说："夫唐事已如彼，祖宗之成效如此。然则今当何监，不在唐乎！今当何法，不在祖宗乎！夫惟取监于唐，取法于祖宗，则永世保民之道也。"[2] 其忧患意识正寓于这深意之中。

南宋时期，因朝代更迭、政治形势骤变而激发了史学家的忧患意识，他们受着"伤时感事，忠愤所激"的政治、文化氛围的影响，矢志著书，以存信史，以寄忧思，以警后人。史学家李焘撰《续资治通鉴长编》九百八十卷（今存五百二十卷），徐梦莘撰《三朝北盟会编》二百五十卷，李心传撰《建炎以来系年要录》二百卷，都是属于两宋之际的本朝史，都是"忧世""泣血"之作。史载李心传曾向宋理宗谏言，分析政治措施与社会治乱的关系，指出：

陛下愿治，七年于此，灾祥饥馑，史不绝书，其故何哉？朝令夕改，靡有常规，则政不节矣；行赍居送，略无罢

---

[1] 范祖禹：《唐鉴》序，上海古籍出版社，1984年，第1—3页。
[2] 范祖禹：《唐鉴》卷一二，上海古籍出版社，1984年，第349页。

日，则使民疾矣；陪都园庙，工作甚殷，则土木营矣；潜邸女冠，声焰兹炽，则女谒盛矣；珍玩之献，罕闻却绝，则包苴行矣；鲠切之言，类多厌弃，则谀夫昌矣。此六事者一或有焉，犹足以致旱。愿亟降罪己之诏，修六事以回天心。群臣之中有献聚敛剽窃之论以求进者，必重黜之，俾不得以上诬圣德，则旱虽烈，犹可弭也。然民怨于内，敌逼于外，事穷势迫，何所不至！陛下虽谋臣如云，猛将如雨，亦不知所以为策矣。[1]

李心传曾先后两次因言而被罢官，联系上述引文，可以想见其为人。唯其如此，"有史才，通故实"的李心传，在他的历史著作中自然蕴含着深刻的忧患意识。

这个时期的另一位史学家袁枢，把编年体的《资治通鉴》创造性地改撰成纪事本末体的《通鉴纪事本末》，书中也寄寓了他的"爱君忧国之心，愤世疾邪之志"。故当时的诗人杨万里说："今读子袁子此书，如生乎其时，亲见乎其事，使人喜，使人悲，使人鼓舞。未既，而继之以叹且泣也！"[2] 这个评论反映出史书所能产生的社会影响，也折射出史学家的忧患意识的感染力。

如果说历史运动是两宋史家历史撰述的客观动因的话，那么，史家的忧患意识可以看作两宋史家历史撰述的主观动因；当

---

[1] 脱脱等：《宋史》卷四三八《儒林传·李心传传》，中华书局，1977年，第12985页。
[2] 袁枢：《通鉴纪事本末》序，中华书局，1964年，第1页。

然，史家的主观动因，归根结底还是受到时代的激励和历史传统的影响。

宋代学人还从一般的意义上对史家之忧做进一步思考，从而拓展了关于这个问题的理论空间。苏辙曾说："父兄之学，皆以古今成败得失为议论之要。"[1] 苏洵、苏轼、苏辙号称"三苏"，以文学名于世，但他们确与史学有密切关系。苏洵撰有《史论》三篇，他在上篇写道：

> 史何为而作乎？其有忧也。何忧乎？忧小人也。何由知之？以其名知之。楚之史曰《梼杌》，梼杌，四凶之一也。君子不待褒而劝，不待贬而惩，然则史之所惩劝者独小人耳。仲尼之志大，故其忧愈大。忧愈大，故其作愈大。是以因史修经，卒之论其效者，必曰"乱臣贼子惧"。由是知史与经皆忧小人而作，其义一也。[2]

通观全篇，苏洵主要是阐述他对经与史的关系的见解，但他起首便讲到了史家之忧及忧之所在的问题。

苏洵把史家作史的原因归结为"其有忧"，把忧之所在归结为"忧小人"的见解，显然是过于狭隘了。从司马迁父子作史的

---

[1] 苏辙：《历代论一》，见郭英德主编《唐宋八大家散文总集》卷八，河北人民出版社，2013年，第6886页。

[2] 苏洵：《史论上》，见郭英德主编《唐宋八大家散文总集》卷四，河北人民出版社，2013年，第2652页。

旨趣来看，他们的境界之高、视野之广，与苏洵所论确有天壤之别。尽管如此，苏洵提出了史家之忧的问题还是有意义的。苏洵在《论衡·远虑》一文中论君臣关系和"社稷之忧"，从另一个方面透露出了他的忧患之心。他写道：

> 近世之君抗然于上，而使宰相眇然于下。上下不接，而其志不通矣。臣视君如天之辽然而不可亲，而君亦如天之视人，泊然无爱之之心也。是以社稷之忧，彼不以为忧；社稷之喜，彼不以为喜。君忧不辱，君辱不死。一人誉之则用之，一人毁之则舍之。宰相避嫌畏讥且不暇，何暇尽心以忧社稷？数迁数易，视相府如传舍。百官泛泛于下，而天子茕茕于上。一旦有卒然之忧，吾未见其不颠沛而殒越也。[1]

显然，这种君臣关系和用人原则，令人担忧，而且的确是属于"社稷之忧"的范围。

曾巩与宋代史学关系十分密切，并担任过史馆修撰之职。曾巩之忧当是史家之忧的一种反映，他在《治之难》一文中指出："治世非无小人也，其信正人也，固其相参非庸者也，虽有，正人弗病也。"反之，情况就不一样了："可得天下国家之安乎？"他根据汉代正反两个方面的经验，认为："呜呼！治之难也。以此视

---

1 苏洵：《论衡·远虑》，见郭英德主编《唐宋八大家散文总集》卷四，河北人民出版社，2013年，第2616页。

天下者，不观小人、正人、贵贱、升黜，观其用否如何耳，则治乱审矣。"[1]从这些话来看，曾巩所论与苏洵有所不同，苏洵是"忧小人"，曾巩认为"小人""正人"总是会有的，而所当忧的是"用否如何"，这就比较切合实际了。

诚然，同曾巩比较起来，欧阳修的忧患意识也是史家之忧的突出反映。欧阳修曾撰《原弊》一文，指出：

> 昔者用常有余而今常不足，何也？其为术相反而然也。昔者知务农又知节用，今以不勤之农赡无节之用故也。非徒不勤农，又为众弊以耗之；非徒不量民力以为节，又直不量天力之所任也。[2]

昔者"常有余"、今者"常不足"的差别，是不同的政策所造成的；而造成"今"与"昔"政策上变化的具体根源又在于"众弊"的存在。"何为众弊？有诱民之弊，有兼并之弊，有力役之弊。"但是，弊端还不止于此。欧阳修进一步指出：

> 夫此三弊，是其大端。又有奇邪之民去为浮巧之工，与夫兼并商贾之人为僭侈之费，又有贪吏之诛求，赋敛之

---

[1] 曾巩：《治之难》，见郭英德主编《唐宋八大家散文总集》卷五，河北人民出版社，2013年，第2848页。
[2] 欧阳修：《原弊》，见郭英德主编《唐宋八大家散文总集》卷二，河北人民出版社，2013年，第1026页。

无名，其弊不可以尽举也。既不劝之使勤，又为众弊以耗之。……天下几何其不乏也！[1]

众弊丛生，天下匮乏，这不能不说是十分严重的"社稷之忧""天下之忧"。他在文末写道："今士大夫方共修太平之基，颇推务本以兴农，故辄原其弊而列之，以俟兴利除害者采于有司也。"这反映了史家之忧的积极意向。

综上，可以做以下几点概括：第一，古代史家之忧，充分说明史家都关注现实社会的前途命运；第二，古代史家之忧，说到底是以社会之忧为忧，以天下之忧为忧，以长久之忧为忧；第三，古代史家之忧，多以深厚的历史积累为基础，非仅指眼前而言，反映了史家的时代感与历史感的天然结合，故其所言具有更大的震撼力。

清人龚自珍有一句名言："智者受三千年史氏之书，则能以良史之忧忧天下。"[2]生活在清代中叶社会大变动前夜的龚自珍发出这样的感慨、这样的呼吁，充分表明中国古代史家之忧患意识具有极其重要的社会意义。

四　简短的结语

中国古代史家在关于人在历史进程中的主导作用的思想，关

---

[1] 欧阳修：《原弊》，见郭英德主编《唐宋八大家散文总集》卷二，河北人民出版社，2013年，第1027—1028页。
[2] 龚自珍：《龚自珍全集》第一辑《乙丙之际箸议第九》，上海古籍出版社，1975年，第7页。

于地理条件与社会发展的关系的思想，关于社会风俗对历史进程的影响的思想，关于民族关系与政治大一统的思想等，都各具有鲜明的特点，它们同本文所提到的几个方面，都是中国思想史上的重要内容。

应当强调的是，中国古代史学家的思想成果，一般说来，都与他们阐述历史进程、社会变化相联系。正因为如此，古代史学家的思想往往深藏于丰富的历史事实的背后，不易被人发觉，以致被人所忽视。但是，人们从古代史学家所描述的历史画卷的背后，却不难发现古代史学家思想发展的波澜，这对于进一步丰富中国思想史的研究和撰述，具有重要的意义。匡亚明先生主编的《中国思想家评传丛书》收入了近三十位古代史学家作为评传传主，从而为古代史学家的思想进入中国思想史领域拓宽了道路，为中国思想史研究开辟了广阔的空间。这对于中国史学史研究和中国思想史研究都大有裨益。

（原载《中州学刊》2007年第1期）

司马迁留给后人的启示

中国历史悠久，史籍浩如烟海，历史内容丰富多彩，历史人物万千风姿。我们中华民族有一部令子子孙孙为之骄傲、为之神往的历史。

当然，任何事物都有两面性。对于每一个人来说，面对这悠久而丰富的历史，究竟怎样去了解它、认识它并从中获得教益，受到启迪与鼓舞？这就不是一个简单的问题了。看来，怎样读史，确实值得认真思考、认真研究。依我的肤浅看法，首先是了解和认识最基本的历史事实和历史过程，其次是着眼于从历史中获得思想上的启示。这种启示，一是可以通过对历史事实和历史过程的认识而获得，一是可以从历代史学家对历史和史学的评论中去发掘。这两个方面都很重要，而对于后一个方面我们似乎还有许多事可做，还有许多问题需要进一步去深入思考。

中国历史上每一个有责任感的、有成就的史学家，都会以他们的心血凝聚起来的思想,留给后人许多有益的启示。对此,我首先想到的自然是太史公司马迁。司马迁写的《太史公书》——后人称作《史记》——一方面展示了到他那时的一段辉煌的中国历史,一方面凝聚了他对史学和历史的深刻的理解与认识。两千多年来,赞叹它、研究它的人不可胜数,证明它有巨大的魅力和不朽的地位。对于这样一部宏伟的历史著作所展示的历史长卷来说,在历史运动中的个人,都扮演着怎样的角色呢?这些角色和他们所活动的历史舞台及其背景,对今天的人们有些什么样的重要启示呢?对于这样的问题,不同时代的人都会有他那个时代的思想范围内的一些认识,而从不同角度看问题的人也会有属于他那个领域或视角范围内的一些认识,这是一部说不尽的"史家之绝唱"。尽管如此,在太史公的深邃的思想领域中,必有一些最根本的、对不同时代的不同的人来说都是十分重要的思想观念。

比方说,人们为什么要学习历史?人们应该用什么方法或态度对待历史和现实的关系?这是有关社会公众同历史学之关系的最根本的问题,直至今天,还不断有人提出类似的问题来。其实,关于这个问题,太史公早已给出了精辟的回答。他写道:"居今之世,志古之道,所以自镜也,未必尽同。帝王者各殊礼而异务,要以成功为统纪,岂可绲乎?"[1]这几句话是非常深刻、非常重要的。第一,他指出现实中的人们之所以要了解历史、认识历史,是把历史作为现实的一面镜子来看待,加以对照,作为借

---

1 司马迁:《史记》卷一八《高祖功臣侯者年表》序,中华书局,1959年,第878页。

鉴，既不是把历史与现实等同起来，也不是要现实去模仿历史，二者是不应当混同的。这是明确地指出了古今的联系和区别：因有联系，故可"自镜"；因有区别，故"未必尽同"。第二，他指出了以往帝王"各殊礼而异务"，他们的制度、政策往往是不同的，但都是要达到治理国家的根本目的。可见"自镜"决不是混同古今。这两点，很辩证地阐明了"居今之士"何以要"志古之道"。可见，拒绝历史经验，是愚昧的；生搬硬套历史经验，也是不高明的。

又如，人类社会历史的发展是否有自身的法则（即今天我们所说的规律）？如果有的话，人们认识这种法则有什么意义？这是人们学习历史、研究历史一个带根本性质的问题，而首先是认识历史之本质属性的一个带根本性质的问题。应当坦率地承认，这也是千百年来人们为之争论不休的问题之一。这个问题，太史公司马迁也触及到了。他从对社会经济生活的考察中，得到了如下的认识："……故待农而食之，虞而出之，工而成之，商而通之。此宁有政教发征期会哉？人各任其能，竭其力，以得所欲。故物贱之征贵，贵之征贱，各劝其业，乐其事，若水之趋下，日夜无休时，不召而自来，不求而民出之。岂非道之所符，而自然之验邪？"[1]这是把耕种、开采、加工、交换，以及交换中的贵贱变化等人们的分工及相互关系，视为符合于"道"的自然现象。太史公在讲到类似的经济现象时还说："事变多故而亦反是。是以

---

[1] 司马迁：《史记》卷一二九《货殖列传》序，中华书局，1959年，第3254页。

物盛则衰,时极而转,一质一文,终始之变也。"又说:"无异故云,事势之流,相激使然,曷足怪焉。"[1]他认识到:事物发展到极盛就会转向衰落,有利的客观形势发展到了顶头也会转向不利的方面,这是各种事物之间的相互影响、冲突而造成的,是没有什么值得奇怪的。显然,人们能够认识到这一点,其重要意义不仅在于对过往历史有一个大致正确的看法,而且还在于对现实的历史运动和未来的历史前景,会有比较清醒的认识和比较客观的态度。

再如,历史运动主要是由人的活动组成的;离开了人的活动也无从讨论人类社会历史运动的各种问题。那么,作为一个个体的人,究竟应当在历史活动中扮演什么角色呢?这不仅涉及人对自身生命价值的认识,还涉及作为个体的人在社会生活、历史运动中所具有的价值。历史上的思想家、教育家们对此有种种说法,都给人以有益的启迪。他们所论,大多是理性的阐说,这无疑能够提高人们的认识,丰富人们的精神世界。在这方面,太史公从史学家的角度,冷静地观察那些经过历史潮流汹涌澎湃冲刷之后(如大浪淘沙之后),仍然没有逝去的历史人物,并对他们的精神世界、社会活动进行分析和综合,从而提出了撰写历史人物的基本原则;这原则,既是太史公评价历史人物的标准,又是他告诫后人如何做人的准则。太史公在综论他为《史记》作人物列传时是这样说的:"扶义俶傥,不令己失时,立功名于天下,作

---

[1] 司马迁:《史记》卷三〇《平准书》后论,中华书局,1959年,第1443页。

七十列传。"[1]"扶义俶傥",主要是讲德行、风采;"不令己失时",是讲善于把握时机、机遇;"立功名于天下",是讲以天下为己任的事功目标。显然,在太史公看来,他所要写进《史记》的历史人物,一般都是属于这种类型的人。然而,太史公却又并不是用绝对的观点来对待这个准则的;他的史笔之下,也活画出一些世侩小人,而正因为有这些人的存在,才更衬托出那些写入历史书的杰出人物的真正本色。从这里,我们也可以看到,所谓"扶义俶傥"等,这正是太史公所希望于后人的,后人应以为"自镜",做一个正派的、适乎历史潮流的、有益于天下的人。

太史公司马迁的《史记》一书,留给后人许多启示;这些启示大多同具体的历史事件、历史人物结合在一起,这是《史记》之所以受到后人传诵、崇敬的主要原因。这里所举出的三个方面的启示,着重于人们为什么要重视历史、认识历史、记住历史上的经验教训,历史演进的法则何在,在历史演进中人应当有什么作为等问题。这些问题,不仅在司马迁时代,在历史上任何时候,都是带有根本性质的问题;就是在当今,也仍然是带有根本性质的问题。总起来说,任何时代的人,在认识与处理历史与现实的关系上,在对待史学与社会及人生的关系上,都可以从《史记》中得到必要的启示。

(原载《光明日报》2000年2月18日)

---

1 司马迁:《史记》卷一三〇《太史公自序》,中华书局,1959年,第3319页。

"公事之闲，宜寻典籍"
——关于唐太宗与李大亮及荀悦《汉纪》

作为本文主标题的这句话，见于《旧唐书·李大亮传》。这是唐太宗"下书"李大亮时提出的一个希望，反映了他们君臣之间的密切关系和在政治上的追求。由这句话，联系到有关的人、事和书，颇有一些发人深省之处。

唐太宗贞观元年（627），李大亮从越州都督任上，转任交州都督。不久，又出任凉州都督。此时，京中有使者来凉州，见凉州产有名鹰，乃暗示李大亮以名鹰贡献太宗。表面看这使者是为李大亮着想，其实是他自己要在太宗面前邀功。大亮不听，并上表太宗说："陛下久绝畋猎，而使者求鹰。若是陛下之意，深乖昔旨；如其自擅，便是使非其人。"[1] 这些话讲得很尖锐，不论是哪一种情况，唐太宗都处在没有道理和被批评的地位。唐太宗接读此

---

[1] 刘昫等：《旧唐书》卷六二《李大亮传》，中华书局，1975年，第2387页。

表后,很诚恳地下书曰:

> 以卿兼资文武,志怀贞确,故委藩牧,当兹重寄。比在州镇,声绩远彰,念此忠勤,无忘寤寐。使遣献鹰,遂不曲顺,论今引古,远献直言。披露腹心,非常恳到,览用嘉叹,不能便已。有臣若此,朕复何忧!宜守此诚,终始若一。……古人称一言之重,侔于千金,卿之此言,深足贵矣。今赐卿胡瓶一枚,虽无千镒之重,是朕自用之物。[1]

贞观初年,唐太宗励精图治,求贤若渴,知人善任,从谏如流,对于奠定"贞观之治"的局面,发挥了很大的作用。他对李大亮讲的这番话,绝非官样文章,而是至诚之言。比如他称赞李大亮"兼资文武,志怀贞确""比在州镇,声绩远彰",那是确有其事的。本传称,李大亮"少有文武才干",武德以来,历任文武之职,居官则"以惠政闻",领军则出奇制胜。唐太宗称赞他"论今引古,远献直言",说明李大亮奏事表章,内容丰富,敢于直言,非就事论事之作。本传说他"在越州写书百卷",可见他是一位好学深思、有独立见解的正直官员。至于唐太宗在"下书"中所表达的自己的感受和认识,从贞观初年唐太宗和他的大臣们的关系中(吴兢《贞观政要》一书有详尽记载),可以得到多方印证,就不多说了。

---

1 刘昫等:《旧唐书》卷六二《李大亮传》,中华书局,1975年,第2387—2388页。

就在上面所说的下书、赐物后不久，唐太宗又赐给李大亮荀悦所著《汉纪》一部，并再次下书曰：

> 卿立志方直，竭节至公，处职当官，每副所委，方大任使，以申重寄。公事之闲，宜寻典籍。此书叙致既明，论议深博，极为治之体，尽君臣之义，今以赐卿，宜加寻阅也。[1]

在中国古代帝王当中，重视历史经验，重视史学功用，无出于唐太宗之右者。他建议李大亮"公事之闲，宜寻典籍"，并推荐荀悦《汉纪》一书，令其研读，只是其中一例而已。

唐太宗为什么要向李大亮推荐《汉纪》？这一点，他讲得很清楚，也很扼要，那就是他认为此书"叙致既明，论议深博，极为治之体，尽君臣之义"。这是对《汉纪》的叙事、史论和旨趣所做的极其概括的评价，反映出了唐太宗在评论历史文献方面的卓识。

那么，《汉纪》究竟是怎样一部书呢？

《汉纪》三十卷，是一部编年体西汉皇朝史，也是我国史学上最早的编年体皇朝史。

《汉纪》著者荀悦（148—209）字仲豫，东汉末年颍川颍阴（今河南许昌）人。汉献帝时官至侍中。《后汉书·荀椒传》载：献帝"好典籍，常以班固《汉书》文繁难省，乃令悦依《左氏

---

[1] 刘昫等：《旧唐书》卷六二《李大亮传》，中华书局，1975年，第2388页。

传》体以为《汉纪》三十篇","辞约事详，论辨多美"。[1]《汉纪》记事起于刘邦之兴，迄于王莽之败，而以班彪著《王命论》、班固撰《汉书》事为殿，以明本书主旨及其之所由来。荀悦在《汉纪》卷一开宗明义说明撰述此书原则和方法是："谨约撰旧书，通而叙之，总为帝纪，列其年月，比其时事，撮要举凡，存其大体。"他又在书末指出："于是乃作考旧，通连体要，以述《汉纪》。"[2] 这里着重交代了两点：一是改纪传体为编年体（"列其年月，比其时事"），一是意在综合凝练（"撮要举凡，存其大体"）。其总的要求是"通而叙之""通连体要""以副本书"。

荀悦也有自己的历史编纂思想，认为撰写史书有五个原则："一曰达道义，二曰彰法式，三曰通古今，四曰著功勋，五曰表贤能。"[3] 荀悦《汉纪》一方面是忠实于班固《汉书》的思想，如采撰的严谨，全文引用《汉书》帝纪赞语，等等。另一方面，荀悦也在编撰中阐发了自己的历史见解，这突出地反映在他为《汉纪》撰写的三十多首史论（即"荀悦曰"）中。荀悦说的"达道义"，是以儒家"三纲"为核心的，认为"仁义之大体在于三纲六纪"，"施之当时则为道德，垂之后世则为典经"。他说的"彰法式"，是要维护汉皇朝成规，中心是维护皇权。如认为汉废分封之制"以为县治民"，本是为"强干弱枝，一统于上，使权柄

---

1 范晔：《后汉书》卷六二《荀淑列传》，中华书局，1965年，第2062页。
2 分别见荀悦：《汉纪》卷一《高祖皇帝纪》、卷三〇《孝平皇帝纪》，中华书局，2002年，第1、547页。
3 荀悦：《汉纪》卷一《高祖皇帝纪》，中华书局，2002年，第1页。

不分于下也",可是现今"州牧号为万里,总郡国,威尊势重",这是"近于战国之迹,而无治民之实"。他说的"通古今",一个重要的方面是着意考察西汉皇朝政治统治的得失。他论述了"自汉兴以来至于兹,祖宗之治迹可得而观也"的见解,历数高祖、文帝、武帝、宣帝、元帝几朝朝政的利弊,进而阐发了教化和刑法的关系是"通于天人之理,达于变化之数,故能达于道","然后用于正矣"。他还提出了"六主""六臣"的看法,"六主"是王主、治主、存主、衰主、危主、亡主,"六臣"是王臣、良臣、直臣、具臣、嬖臣、佞臣;认为"六主之有轻重,六臣之有简易,其存亡成败之机在于是矣,可不尽而深览乎!"[1] 以上是荀悦在《成帝纪》《哀帝纪》《元帝纪》《昭帝纪》中发表的评论,这显然是暗示君臣们各自"对号入座",在汉献帝被挟至许昌的当时,发如此议论是要有相当的胆识的。

荀悦结合秦汉之际历史,分析"立策决胜之术"有三条:形、势、情。他认为:"形者,言其大体得失之数也;势者,言其临时之宜也,进退之机也;情者,言其心志可否之意也。"[2] 这是把客观形势同人们的见识、心理、志向结合起来考察"立策决胜之术",是看到了主客观因素对历史活动的影响,等等。从荀悦的这些史论来看,它们有两个共同的特点。第一,表明作者对于政治统治和历史经验之密切关系十分重视;第二,表明作者对于历

---

[1] 以上见荀悦:《汉纪》,中华书局,2002年,第437、492、406—408、287—289页。
[2] 荀悦:《汉纪》卷二《高祖皇帝纪二》,中华书局,2002年,第26页。

史的见解具有鲜明的时代性。因此，荀悦的史论不同于班固史论的空泛说教，而上承司马迁史论"稽其成败兴坏之理"的遗风。《后汉书》作者范晔称颂《汉纪》"辞约事详，论辨多美"[1]，应是中肯的评价。

荀悦在《汉纪》书末总论《汉纪》一书时写道："《易》称：'多识前言往行以畜其德。'《诗》云：'古训是式。'中兴已（以）前，一时之事，明主贤臣，规模法则，得失之轨，亦足以鉴矣！"[2] 这是强调了历史同现实的联系、历史经验对于现实政治的重要，进而说明《汉纪》一书的主旨所在。

史学名著具有永久的魅力。这就是为什么在荀悦之后大约四百年，唐太宗如此重视它的缘故。李大亮后来官至左卫大将军，兼领太子右卫率，兼工部尚书，"身居三职，宿卫两宫，甚为亲信"。尤为难得的是，他"激浊扬清，甚获当时之誉"，"虽位望通显，而居处卑陋，衣服俭率"。名相房玄龄推重他，"每称大亮有王陵、周勃之节，可以当大位"[3]。贞观十八年（644），李大亮遇疾而终，时年五十九。"死之日，家无珠玉可以为含，唯有米五石、布三十端。"其清廉如此。

今天，时代不同了，人们对历史的认识也会有所变化、有所发展。但是，我们从唐太宗向李大亮推荐《汉纪》，以及《汉纪》一书的历史价值中，仍然可以得到两点宝贵的启示：一是，历史

---

1 范晔：《后汉书》卷六二《荀淑列传》附《荀悦传》，中华书局，1965年，第2062页。
2 荀悦：《汉纪》卷三〇《孝平皇帝纪》，中华书局，2002年，第547页。
3 刘昫等：《旧唐书》卷六二《李大亮传》，中华书局，1975年，第2389、2390页。

是现实的一面镜子,即以古鉴今,这个道理永远不会过时;二是,凡"处职当官"者,"公事之闲,宜寻典籍",多懂得一些历史经验,于治国、安民、律己总是会有裨益的。

(原载《群言》2001年第6期)

怎样看待古代史官的作用
——略说刘知幾《史通》的史官论

唐代史家刘知幾的《史通·史官建置》篇,是中国史学上最早的和最完备的一篇关于史官建置的专文,也是史官自我价值认识的突出反映。《史通》其他一些篇章,也多有评论史官的精辟论断,形成了对古代史官评论的整体认识。事实表明,只有当史学发展到较高程度时,史学家才有可能萌发这种自觉性,才有可能写出这样的评论。其涉及的范围包括史官价值的评论、史官制度史的评论和史官素质优劣及社会职责的评论。

一　论史官的价值

《史通·史官建置》篇起首提出一个问题:对于现实中的人来说,"何者而称不朽乎?"当然,不是现实中的人都在思考如何才能"不朽"的问题,刘知幾本意当是举出一个人们都可理解的说法，以便进一步展开说理。刘知幾写道：

> 夫人寓形天地，其生也若蜉蝣之在世，如白驹之过隙，犹且耻当年而功不立，疾没世而名不闻。上起帝王，下穷匹庶，近则朝廷之士，远则山林之客，谅其于功也名也，莫不汲汲焉孜孜焉。夫如是者何哉？皆以图不朽之事也。何者而称不朽乎？盖书名竹帛而已。[1]

对于这段话，清代注家浦起龙在"如白驹之过隙"一句下注了"发端庸浅"四字，意谓刘知幾在这个问题上，显得庸俗、浅陋了。这显然是不妥当的，因为从后文来看，刘知幾要讲的核心问题，是史学的功用问题。

那么，怎样才能"不朽"呢？刘知幾回答得很简单："书名竹帛而已。"其实，唐代早已用纸，这里也只是模仿古人的用语罢了。这就是说，史官通过文字和书写工具把当时人们的言行记载下来，使后人借此得以知晓前人所作所为；而后人获得这种记载，便可了解前人的思想与活动。扩而大之，社会的人便可一代代借此保存"历史的记忆"。而那些留在"历史记忆"中的人们的"功也名也"，便是"不朽"的标志，可见史官（当然也包括不是史官的史家）的价值非常重要。

---

[1] 刘知幾：《史通·史官建置》，浦起龙《史通通释》本，上海古籍出版社，2009年，第280页。

重要的是，史官们的价值还在于：他们所提供的"历史的记忆"中的每一个个体，都可能是善或恶的承载者，而这种善与恶对后人是有教育意义的。刘知幾这样写道：

> 苟史官不绝，竹帛长存，则其人已亡，杳成空寂，而其事如在，皎同星汉。用使后之学者，坐披囊箧，而神交万古，不出户庭，而穷览千载，见贤而思齐，见不贤而内自省。……由斯而言，则史之为用，其利甚博，乃生人之急务，为国家之要道。有国有家者，其可缺之哉！[1]

在这段文字中，刘知幾把史官的记事、载言同史书的劝善惩恶，以及"乃生人之急务，为国家之要道"紧密地结合起来，进一步彰显了史官的作用。这里，当是接触到了史学的本质了，那就是史学与社会的关系。在公元8世纪初，中国史学家在史学批评中，以自己的语言和方式阐述了史官、史家的真正价值。

二 论史官的历史

《史通·史官建置》篇评论史官的历史，大致包含两个部分，一是概述战国时期以前史官之设立及其早期发展情况，二是略说

---

[1] 刘知幾：《史通·史官建置》，浦起龙《史通通释》本，上海古籍出版社，2009年，第280页。

此后各时期史官任职兼评其素养高下。

刘知幾写道:"史之建官,其来尚矣。"他从传说中轩辕氏的仓颉、沮诵讲起,又据《周官》《礼记》所载,周有太史、小史、内史、外史、左史、右史等名目,进而得出结论:"斯则史官之作,肇自黄帝,备于周室,名目既多,职务咸异。至于诸侯列国亦各有史官,求其位号,一同王者。"[1] 史官早期的历史,大致如此。

刘知幾关于历代史官任职情况及其素养高下的评论,颇有系统,下面略举数例,以见其旨。

——他论夏殷至战国的史官:"孔甲、尹逸,名重夏、殷";"史佚、倚相,誉高周、楚"。战国时期,晋国的大夫赵鞅"有直臣书过",齐国的公子田文也有史官"侍史记于屏风"[2],反映出史官设置自天子、诸侯、大夫逐渐下移的趋势。

——他论魏晋南北朝的史官,其特点是:"有才堪撰述,学综文史,虽居他官,或兼领著作。亦有虽为秘书监,而仍领著作郎者。"并举出华峤、陈寿、干宝、孙盛、沈约、裴子野等,称他们是"史官之尤美,著作之妙选"[3]。这一段话,把魏晋南北朝的史官(著作官)都评论到了,这是史官建置中的一个重大变化。

——他论十六国的史官:"至若偏隅僭国,夷狄伪朝,求其

---

1 刘知幾:《史通·史官建置》,浦起龙《史通通释》本,上海古籍出版社,2009年,第281页。
2 同上,第281—282页。
3 同上,第287—288页。

史官，亦有可言者"，他们或"撰其国君臣纪传"，或"撰其国书"，或"撰录时事"等。[1]这段记述在讲了三国时期史官建置后，继而讲到十六国时期的一些内容，如"伪汉""前凉""蜀李""南凉""前赵""后燕"等。这是作者刘知幾的难能可贵之处，在他看来：十六国时期的这些小朝廷本是与中原历史相联系的一部分；十六国时所置史官自是所应论述史官建置的一部分，这都显示出历史文化认同的思想意识。

——他论唐初史官："暨皇家之建国也，乃别置史馆，通籍禁门。……馆宇华丽，酒馔丰厚，得厕其流者，实一时之美事。"他论唐高祖至武则天时的史官，"其间若李仁实以直辞见惮，敬播以叙事推工，许敬宗之矫妄，牛凤及之狂惑，此其善恶尤著者也。"又论："高祖、太宗时，有令狐德棻、吕才、萧钧、褚遂良、上官仪；高宗、则天时，有李安期、顾胤、高智周、张太素、凌季友。斯并当时得名，朝廷所属者也。"[2]前者是突出"善恶尤著者"，后者是突出"朝廷所属者也"。这是对唐初的史官做了评述，所言当得自亲身感受。

在《史官建置》篇的结尾处，刘知幾做了几点小结：一是历史上有些史家如春秋时期孔子修《春秋》、公羊高作《传》，汉魏南北朝之陆贾、鱼豢、张璠、范晔等，"虽身非史职，而私撰国

---

[1] 刘知幾：《史通·史官建置》，浦起龙《史通通释》本，上海古籍出版社，2009年，第288页。
[2] 同上，第294、295、297页。

书","若斯人者，有异于是。故不复详而录之"。[1]这表明，刘知幾明确地区分了官修和私撰的两条治史路径，后人即有以此作为研究领域者。

二是指出"为史之道，其流有二"："书事记言，出自当时之简；勒成删定，归于后来之笔。……必论其事业，前后不同。然相须而成，其归一揆。"[2]这表明，历史撰述本是由两部分人共同完成的，二者缺一不可。这一认识对于提升史官、史家的自觉意识，有重要意义。

三是对于修史中的不良风气予以尖锐的抨击，如：汉、魏以来的"多窃虚号，有声无实"的现象，用今天的话说，就是"挂名"而已。作者进而指出：

> 而近代趋竞之士，尤喜居于史职，至于措辞下笔者，十无一二焉。既而书成缮写，则署名同献；爵赏既行，则攘袂争受。遂使是非无准，真伪相杂，生则厚诬当时，死则致惑来代。而书之谱传，借为美谈；载之碑碣，增其壮观。昔魏帝有言："舜、禹之事，吾知之矣"。此其效欤![3]

刘知幾的这些话，在他以后的年代里，治史者读了都会得到启示而自警自励。

---

[1] 刘知幾：《史通·史官建置》，浦起龙《史通通释》本，上海古籍出版社，2009年，第301页。
[2] 同上。
[3] 同上，第302页。

三　论史官的品德、职责与社会贡献

史官、史家是史学活动中的主体，在刘知幾的史学构成思想中，关于史学主体的论述散见于《史通》的一些专篇。其中，除以《史官建置》篇为主，还见于《直书》《曲笔》《覈才》《辨职》《品藻》《人物》等篇。前面论史学功用时，已经讲到有无史官是有无"竹帛"（史书）的关键，而有无"竹帛"是有无"史之为用"的前提。由此可知，在史学活动中，作为主体的史官、史家处于十分重要的地位。而考察其品德、职责与社会贡献是必不可少的内容。

关于史官、史家的品德。刘知幾认为，优秀的史官、史家应当"能成其良直，擅名今古"。他说："盖烈士徇名，壮夫重气，宁为兰摧玉折，不作瓦砾长存。若南、董之仗气直书，不避强御；韦、崔之肆情奋笔，无所阿容。虽周身之防有所不足，而遗芳余烈，人到于今称之。"[1] 这是讲史书编著的原则，也是讲史官、史家的职守和道德。所谓"成其良直""仗气直书"，并以春秋时南史与董狐、三国时韦昭、北魏时崔浩为榜样，无疑是强调史官、史家的道德操守。

关于史官、史家的职责。刘知幾在史馆修史长达二十年之久，对于史官的职责自有深刻认识，他在《史通》一书中反复讲

1　刘知幾：《史通·直书》，浦起龙《史通通释》本，上海古籍出版社，2009年，第179—180页。

到史官职责，是极其自然的。如《人物》篇写道："夫人之生也，有贤不肖焉。若乃其恶可以诫世，其善可以示后，而死之日，名无得而闻焉，是谁之过欤？盖史官之责也。"[1] 前人的大善大恶有"诫世"和"示后"的作用、价值和意义，是史学社会功能的一个重要方面，能否真正发挥史学在这方面的功能，既与史官的知识积累有关，更与史官的价值判断、是非标准有关。刘知幾强调史官在这方面的职责，是出于对史学功能的重视，有重要意义。

此外，刘知幾认为，史书编著中有关历史人物传记的分合及历史人物的善恶分辨，史官也承担着重要责任。他指出："亦有厥类众夥，宜为流别，而不能定其同科，申其异品，用使兰艾相杂，朱紫不分，是谁之过欤？盖史官之责也。"[2] 在刘知幾看来，史官对历史人物的"流别""异品"处理是否恰当，是史官鉴识高下的标准之一，这直接关涉史官的职责。他又进而指出：对于不同类型的人物，"而作者存诸简牍，不能使善恶区分，故曰谁之过欤？史官之责也。夫能申藻镜，别流品，使小人君子臭味得朋，上智中庸等差有叙，则惩恶劝善，永肃将来，激浊扬清，郁为不朽者矣。"[3] 这里，刘知幾再次强调了史官的职责，同时也指出了具体的处置方法，使著史者有所参考。从中还可以看到，刘知

---

[1] 刘知幾：《史通·人物》，浦起龙《史通通释》本，上海古籍出版社，2009年，第220—221页。

[2] 刘知幾：《史通·品藻》，浦起龙《史通通释》本，上海古籍出版社，2009年，第172—173页。

[3] 同上，第175页。

幾对史学的社会功能尤其是树立良好的社会风气的作用，充满着真诚的、崇高的期待之情。

关于史官、史家之社会贡献的评价。从刘知幾评论史官、史家的职责来看，可见他对史官、史家之社会贡献持有正面的、积极的认识。他在纵观古今史官、史家之后，便以其提出的标准，对古往今来史官、史家之不同层面的社会贡献做了这样的概括：

> 史之为务，厥途有三焉。何则？彰善贬恶，不避强御，若晋之董狐，齐之南史，此其上也。编次勒成，郁为不朽，若鲁之丘明，汉之子长，此其次也。高才博学，名重一时，若周之史佚，楚之倚相，此其下也。苟三者并阙，复何为者哉？[1]

刘知幾认为："彰善贬恶，不避强御，若晋之董狐，齐之南史，此其上也。"董狐事迹载《左传·宣公二年》，南史事迹载《左传·襄公二十五年》，都是史学上的重大事件，即不惜一死而坚持"书法无隐"的原则，从而对后世史官、史家产生极大影响，成为中国古代史学优良传统的源头之一。

刘知幾赞扬那些"编次勒成，郁为不朽"的史官、史家，并举左丘明、司马迁为例。《左传》一书对后世影响极大，相传为

---

1 刘知幾：《史通·辨职》，浦起龙《史通通释》本，上海古籍出版社，2009年，第261—262页。

"左丘明"所作[1]。加之刘知幾酷爱《左传》一书，他称道"左丘明"是合乎情理的。至于刘知幾称赞司马迁，也是着眼于《史记》历史影响之深远。

刘知幾赞扬的第三个层面的史官是"周之史佚，楚之倚相"，称他们是"高才博学，名重一时"。史佚是周代史官，《左传》《礼记》载其有关事迹，表明他在当时和后世都有很大影响。倚相，即左史倚相，《国语·楚语下》突出地记述了他的事迹：楚国大夫王孙圉回答晋国大夫赵简子询问楚国所存宝玉的情况，说："未尝为宝。楚之所宝者……又有左史倚相，能道训典，以叙百物，以朝夕献善败于寡君，使寡君无忘先王之业。"[2]左史倚相的机敏、胆识，使刘知幾把他同"周之史佚"并列起来而加赞扬。

通观刘知幾在《史通·辨职》篇中所论，反映了他的史官、史家之品德、职责、社会贡献的思想，可以看作是他对史学活动之主体的深入思考。

值得重视的是，从刘知幾《史通》的史官论，人们可以联想到他的"史才三长"说，从而更为全面地认识刘知幾关于史学主体的理论。《旧唐书·刘子玄传》记：

> 子玄掌知国史，首尾二十余年，多所撰述，甚为当时所

---

[1] 顾炎武认为："《左氏》之书，成之者非一人，录之者非一世。"这一看法，多为今人认可。见《日知录》卷四"春秋阙疑之书"，黄汝成《日知录集释》本，上海古籍出版社，2006年，第182页。

[2] 《国语·楚语下》，上海古籍出版社，1978年，第580页。

称。礼部尚书郑惟忠尝问子玄曰:"自古已来,文士多而史才少,何也?"对曰:"史才须有三长,世无其人,故史才少也。三长:谓才也,学也,识也。……脱苟非其才,不可叨居史任。自夐古已来,能应斯目者,罕见其人。"时人以为知言。[1]

这一论述,即使从今天来看,也还是有其重要的理论价值的。如果说,刘知幾《史通》的史官论,是从某些具体方面入手,论证史学主体的重要性的话,那么,他的"史才三长"论,就是从理论概括上阐明史学主体的重要性。二者结合,可谓之刘知幾的史学主体论。

(原载《文史知识》2019年第12期)

---

[1] 刘昫等:《旧唐书》卷一〇二《刘子玄传》,中华书局,1975年,第3173页。

阮元的为政、为学、为人
——读陈康祺《郎潜纪闻》书后

清代阮元（1764—1849）历仕乾、嘉、道三朝，在为政和治学两个方面皆名声显赫。他殁后谥文达，世称文达先生或文达公。道光十三年（1833），阮元七十岁时，他在诗作中有一首《和香山知非篇》，其中有几句这样吟道："回思数十载，浙粤到黔滇。筹海及镇夷，万结如云烟。役志在书史，刻书卷三千。"[1]这是从政治和学术两个方面概括了他此前数十年的生涯。

笔者在二十多年前曾写过一篇《阮元和历史文献学》的文章，收在白寿彝先生主编的《清史国际学术讨论会论文集》（辽宁人民出版社，1990年）中，对阮元治学有了一点肤浅的认识。近读稍晚于阮元的清人陈康祺（1840—？）《郎潜纪闻初笔　二笔　三笔》及《四笔》（《郎潜纪闻初笔　二笔　三笔》，晋石点

1　阮元：《揅经室续集》卷一〇《和香山知非篇》，中华书局，1993年，第286页。

校，中华书局，1984年；《郎潜纪闻四笔》，褚家伟、张文玲点校，中华书局，1990年），书中多有记述有关阮元之事者，不免多了几分关注、几分兴趣，于是撰此小文，也算是温故而知新吧。这个"新"，主要在于阮元为政的智慧，兼及其为学与为人的修养和风采。

一

《郎潜纪闻》一书所记阮元为政之风，在关注民情和处事睿智两个方面甚为突出，如他改变某地溺女婴之举，读来令人感慨不已。文不长，照录如下：

> 金华贫家多溺女，阮文达抚浙时，捐清俸若干，贫户生女者，许携报郡学，学官注册，给喜银一两，以为乳哺之资，仍令一月后按籍稽查，违者惩治。盖一月后顾养情深，不忍杀矣，此拯婴第一法。[1]

这里，最要紧的一句话是"贫家多溺女"。对于此种风气，阮元不是采取严令禁止的办法，而是采取资助和引导的办法。当然，一两银子不能从根本上解决"贫"的问题，但却促成了"顾养情深，不忍杀矣"，因而被陈康祺称为"拯婴第一法"。阮元用心可谓良苦。

---

1 陈康祺：《郎潜纪闻初笔》卷四《阮文达公拯婴法》，中华书局，1984年，第87页。

又一件事是阮元关于"普济堂章程"。顾名思义,"普济"是关系扶贫济危之举,涉及贫、困、病、丧等诸多方面,如施茶水、姜汤、丸药膏片、粥厂、恤嫠会、收瘗局、施舍棺木,直至"设钱江义渡",都是"筹赀付绅士经理",是官民合作的一种形式。这些"普济"之举,直到陈康祺作此书时,尚称"至今赖之"。他着意说明:"此事无关掌故,特录之以为外吏劝。"[1]陈康祺是希望有更多的"外吏"效法阮元,这在当时自然是难以做到的,然作者苦心,却也跃然纸上。

阮元处理政事,机智而有效,他的拯婴之举是其一例,而他处理饥民同漕运的冲突,更可以反映他为政的智慧。陈康祺所记此事,颇值得一读,兹照录如下:

> 嘉庆十九年(1814),江北旱灾,流民充斥道路。阮文达公方为漕帅,由淮安催漕至袁浦,中途有饥民万余,拦舆乞食,势颇汹汹。时漕艘衔尾而北,水浅船迟,公立发令箭,传谕押运文武官,每船添雇纤夫二十人,以利挽运。适江南十余帮在境,恰有五百余艘,俄顷之间,万余饥民皆得食,欢声雷动。盖此令一出,漕船得速行,饥民得裹腹,而又分帮安插,弭变无形,诚一举而三善备也。文达以大儒为名臣,故经纶优裕如此。[2]

---

1 陈康祺:《郎潜纪闻初笔》卷一〇《阮文达普济堂章程》,中华书局,1984年,第218页。
2 陈康祺:《郎潜纪闻四笔》卷八《阮文一举而三善备》,中华书局,1984年,第139页。

作者称阮元"以大儒名臣，故经纶优裕如此"，正是中肯地道出了学问家和政治家之间本有密切的联系，关键在于是否真正能够学以致用。从阮元来看，他在学问上的造诣以及他对人才的爱惜，恰是他在政治上成功的原因之一，而他在政治上的威望，也使他的学术组织工作多能获得辉煌成就。清人龚自珍称赞阮元说："其在汉也，譬以伏、孔居邠、魏。其在唐也，譬以韩、李兼房、杜。"[1]这个评价或许有些夸张，但也并非阿谀奉承之辞，还是有一定的根据的。记得先师白寿彝先生曾在谈话中说"清代有二元（沅），但毕沅不如阮元，因为阮元本人就是大学问家，毕沅则主要是依靠幕僚支持为学"，这话反映出寿彝先生对阮元也有很高的评价。

二

阮元一生在这方面的成就和贡献甚多，陈康祺所记述的，只是一鳞半爪而已，但却也反映出作者对阮元的崇敬之心。他讲到阮刊刻十三经及作校勘记时，强调了阮元"属诂经精舍高才生分撰成书"的具体情况。这件浩大的文献整理工程，虽如陈康祺所言，"惜南昌刊版时，原校诸君大半星散，公亦移节河南。刊者意在速成，遂不免小有舛误"[2]，但其一百七八十年以来，嘉惠学

---

[1] 龚自珍：《龚自珍全集》第三辑《阮尚书年谱第一序》，上海古籍出版社，1975年，第227—228页。
[2] 陈康祺：《郎潜纪闻初笔》卷九《阮刻十三经校勘记》，中华书局，1984年，第196—197页。

林,功亦大矣。陈康祺在"稽古斋钟鼎款识"一则记述中,对此评价甚高,认为"阮文达精心金石文字,能以彝觯篹鼎诸器,通仓籀之学,其所辑《稽古斋钟鼎款识》,离奇炫耀,贯串坟典,嗜古者家置一编矣。"又说:"是书考义释文,远驾欧、薛。"作者还十分肯定阮元门生朱为弼"皆当代荩臣硕学",在这方面"拥篲清尘,功不可没"。[1]《稽古斋钟鼎款识》是否如陈康祺所评价的那样,另当别论,但其书在当时的影响,却是非同寻常。

此外,作者还记述了阮元重建曝书亭一事,写道:"秀水朱氏曝书亭,久废为桑田,南北坨种桑皆满,亭址无片甓瓦,独严藕渔太史所书匾无恙。而荷锄犯此地者,其人辄病,或竹坨先生魂魄犹恋此土耶?嘉庆间,阮仪徵视学按临,醵赀重建。"[2]陈康祺所记,包含着一些离奇的传闻,或另有其他原因,不足为信,但阮元重建曝书亭之事,同阮元一贯重视讲学、书院、藏书、整理典籍等文化事业是相关的。作者在阮元推重经学时,讲到毛西河、胡朏明的著作,因阮元的推重而受到学人的重视,这是一件颇使人产生当代联想的故事。作者是这样表述的:"萧山毛西河、德清胡朏明所著书,初时鲜过问者。自阮文达来督浙学,为作序推重之,坊间遂多流传。时苏州书贾语人:'许氏《说文》贩脱,皆向浙江去矣。'文达闻之,谓幕中友人曰:'此好消息也。'"[3]其实,作者与其说阮元"推重经学",毋宁说阮元是"经学名家声望",

---

[1] 陈康祺:《郎潜纪闻二笔》卷一三《稽古斋钟鼎款识》,中华书局,1984年,第571页。
[2] 陈康祺:《郎潜纪闻二笔》卷一六《阮文达重建曝书亭》,中华书局,1984年,第632页。
[3] 陈康祺:《郎潜纪闻二笔》卷一六《阮文达推重经学》,中华书局,1984年,第633页。

有了名家的推荐,毛、胡二人之书于是走俏一时。当然阮元说"此好消息也",自非今日"书商"之言可比,乃是学人出自内心的喜悦。

阮元是经学大家,他推重经学是理所当然的。同时,阮元也深知史学的重要,认为史学对于认识历史经验、有益于治道是大有帮助的。陈康祺记阮元所言阅读"二通"之事,非常深刻地揭示了这个道理。作者是这样写的:

> 阮文达公尝言:少年科甲,往往目无今人,胸无古人,最是误事。但既登馆阁,又不能重入家塾,为枕经胙史之功计,惟留意"二通",庶知千百年来理乱之原,政事之迹,可备他日出为世用。"二通"者,《资治通鉴》《文献通考》也。文达早岁巍科,体用优备,其立言乃平易浅近至此。然果如公言,亦可令名始终,免备官未闻之诮已。[1]

这一记述有两点深意:一是阮元确有自知之明,认为年少得志之人,"往往目无今人,胸无古人,最是误事"。这句话又包含两层意思,因为"目无今人,胸无古人",老子天下第一,是一层意思;"最是误事"是第二层意思。前者为因,后者为果。此话真可谓至理名言。二是阮元强调阅读"二通"可以认识到"千百年来理乱之原,政事之迹,可备他日出为世用",这就是现今我们常

---

[1] 陈康祺:《郎潜纪闻四笔》卷二《阮元言"二通"》,中华书局,1990年,第35页。

说的史学的社会功能的一个重要方面。至于阮元说的"二通"即《资治通鉴》《文献通考》，前者为记事之通史，后者为制度之通史，说明他在史书的选择上是有自己的见识的。以记事与制度相配合，对历史经验的理解会变得更为深刻一些。这一点，也很值得今人的参考。

三

这是阮元为人的风格。陈康祺记阮元提拔谭莹一事甚详，并带有传奇色彩。原来阮元在"生辰日避客"，以免拜贺、受礼之俗，每于当日往来山寺，见青年士子谭莹"题壁诗文，大喜之，询寺僧，乃知南海文童（谭莹），现应县考者"。作者这样写道：

> 相传文达节制两粤，以生辰日避客，屏驺从往来山寺，见舍人（谭莹）题壁诗文，大奇之。询寺僧，始知南海文童，现应县考者。翼日，南海令来谒，公谕之曰："汝治下有博学童子，我不能告汝姓名，近于夺令长之权，代人关说，汝自扪索可耳。"令归，加意物色，首拔舍人，自此文望日起矣。康祺按：文达抚浙，创诂经精舍，督粤，创学海堂，提唱隽流，扇扬雅道，余韵流风，到今未沫。[1]

这件事生动地表明：阮元避客拜贺"生辰日"，此为一善；于寺

---

[1] 陈康祺：《郎潜纪闻初笔》卷一四《阮文达识拔谭莹》，中华书局，1984年，第298页。

中见题壁诗文，发现人才，此为二善；知才而不明示，谕县令自察，县令"加意物色，自此文望日起"，此为三善。这件事所产生的影响正如作者所说："余韵流风，到今未沫。"

作者在另一处又盛赞阮元爱才。其所举之例，一为蒋山，称：蒋山"治经史小学，兼通象纬，著述甚精，诗文才力雄富，无所不有。弱冠游浙江，阮文达公一见倾倒，留之学使署，约为兄弟之交。公复序其《经学斋诗》，谓'研精覃思，梦见孔、郑、贾弼、许时，不失颜、谢山水怀抱也'"[1]。二为阮元"视学浙西"时，赞赏吴曾贯用"八庚全韵"为诗，誉为"吴八庚"。三为"试杭州时"，赏识诸生陈云伯"赋诗最佳"，赠以团扇鼓励，故人称"陈团扇"。陈康祺感叹地写道："文达久官吾浙，甚识拔寒畯，怜才雅举，不胜书。"阮元为官，所到一处，以办学、讲学为务，诂经精舍和学海堂书院培养了大批人才，陈康祺所记，以生动、具体的事实，使读者一窥阮元在这方面的作为。

四

陈康祺的《郎潜纪闻》所记阮元事，多系赞美、颂扬之辞，从不同的侧面反映了阮元为官、为学、为人的风貌，把它们联系起来，再现了这位封疆大吏和学界领袖的风采。陈康祺是浙江鄞县人，故对阮元在浙江为官时的政绩有较多的关注，这是情理中

1　陈康祺：《郎潜纪闻二笔》卷一六《阮文达爱才二则》，中华书局，1984年，第620页。

的事。但陈康祺却也做到了不为贤者讳。他就阮元致仕之后所书写的一对门联发表一些看法，认为阮元"好事"。事情是这样的："《浪迹丛谈》称阮文达退归后，初署门联曰：'三朝阁老，一代伟人'；下句盖敬录天语，非自夸也。然公终恐涉于炫耀，遂改对语为'九省疆臣'。康祺窃谓名德如文达，午桥绿野，谁不钦迟，自撰门联，仍嫌好事。"[1] 当然，所谓"三朝阁老""九省疆臣"都不是夸张的语言，但地位、声名、修养如阮元者，作这样的门联，的确多此一举，陈康祺的批评无疑是中肯的。可以看出，作者在叙说这件事情时，是带着惋惜之情的。当然，还是俗话说得好：金无赤金，人无完人。人们倒也不必对阮元撰写门联的内容太多计较，还是要着重看到他为政、为学、为人的业绩和风采。

陈康祺还记述了毕沅与阮元相互为媒，与孔府"乃同缔姻"。作者赞美此事是："二公表章经籍，笃古崇儒，至求淑相攸，必属之东鲁圣人之裔，诚不愧儒雅风流矣。"[2] 诚然，这在当时，确是一件"盛事"，但今天看来，显赫之时的"毕阮二公"亦不免难脱庸俗之嫌。而阮元的"筹海"和"镇夷"，更是反映了他在政治上对外、对内的积极和消极的两面性，这就不是本文所要详论的了。

（原载《读书》2009年第4期）

---

1 陈康祺：《郎潜纪闻二笔》卷七《阮文达门联》，中华书局，1984年，第455页。
2 陈康祺：《郎潜纪闻初笔》卷七《毕阮二公缔姻孔氏》，中华书局，1984年，第139页。

让后人懂得什么是历史

《钟敬文全集》有很高的历史地位，不仅在中国学术界，在世界上也一定会产生重大影响。为什么这样说？这要从钟敬文先生创立的中国民俗学派与中国历史的关系去看。我们是中华民族，很多优秀传统我们要继承下来；同时，也还要有理性，要考虑哪些是合理的，哪些在今天看来是不合理的。这要甄别，需要情感与理性的统一。在这方面，钟先生的学说留给后人很多启示。

钟敬文在多学科领域都取得了卓越的成就。这需要有多大的创造精神，有多深的理论修养，才能留下这样丰厚的精神财富？钟敬文先生的创造精神和理论建树，来自他对中国历史的深刻理解。他强调既要懂得中国，也要懂得外国，但首先要懂得中国，懂得中国历史。记得他非常严肃地讲："如果对于中国的历史典籍还没有读，那就不是中国学者。"现在要创造具有中国特色的学科体系、学术体系、话语体系，钟先生的这个思想是尤其要发扬的。在今天的世界环境中怎样治学？钟先生的这个观点具有现实指导意义。

钟先生讲理论又能深入浅出，这是很了不起的。在《钟敬文全集》中，钟先生很清楚、很智慧地告诉我们，在中国历史典籍里面，哪些是事实，哪些地方融入了民俗资料。这不仅使我们能够发掘到中国各种史书里面所包含的民俗现象和民俗资料，而且能使历史学研究者更加全面地认识中国的史学遗产，尤其是那些史学巨著，要全面地去考量它、分析它，然后再去解释什么是中国历史。我想，钟先生有很高的理论修养，才能把这样复杂的中国传统历史遗产问题讲得十分明白，让人能够接受。他讲到对于民俗史和民俗志的继承，也是从这个角度讲的。

中国历史的内涵极为丰富，但怎样进行学科建设，这也是我们需要思考的问题。我读他的书，经常感到很震撼。比如说，对"学"和"史"的关系，他就讲得非常概括。他讲，"学"是逻辑，是理论；"史"是事实，是现象，两者有密切的关系。"史"和"志"的关系，不也是同样的道理吗？"史"是前人写的，"志"是现代人写的，这样讲就很好理解了。他是民俗学大家，对民俗学史和民俗史之间的关系做出了这样的界定，进行了大量的研究，还留下了很多著作。我从事中国史学史的研究，也遇到过什么是"史"、什么是"志"的问题，钟先生深入浅出的讲解，让我们这个学科也很受启发。

作为一个史学工作者，我对钟先生对中国历史的理解，深感敬佩。他说，历史是什么？历史不仅仅是知识，还是一种教养，一种义务，一种道德。我认为，这是对于历史的最精辟的理解和阐述。这里面包含着理性的因素，也有情感的因素，这是钟先生作为一个学者、一个教育家、一个思想家，在其重大理论成就和长期社会实践中，所提炼出来的思想精品，这种精辟的历史观渗透在《钟敬文全集》中。我希望钟先生这样的经典语言能够在社会上广为流传，让我们的子子孙孙都懂得什么是历史。

（原载《光明日报》2019年3月16日）

第三辑
史学评论

成就、反思与新的前景
——新中国史学七十年发展大势

1949年10月1日，中华人民共和国成立，揭开了中国历史的新纪元。今年是新中国成立七十周年。七十年来，中国史学在马克思主义理论指导下，在理论认识的深化、研究领域的开拓、学术成果的积累、专业队伍的壮大、国际影响力的提升等诸多方面，取得了辉煌的成就。本文试就七十年来中国史学发展大势讲一点粗浅的认识。

马克思主义史学的新成就

中国马克思主义史学产生于20世纪二三十年代，并在三四十年代得到初步发展。这主要表现在：第一，在理论上和研究成果上为中国马克思主义史学奠定了基础，开辟了以唯物史观认识中国历史的道路。第二，在民族危难关头，中国马克思主义史学成为唤起民众、坚定民族自信心、坚决抗击侵略者的思想武器。第三，涌现出中国第一代马克思主义史学家群体，他们的著作所产生的影响，成为20世纪前半期最有生命力的史学思潮。

新中国的成立，为马克思主义史学在中国大地上广泛传播和取得新的成就创造了条件，20世纪50年代至60年代中期的十七年间，中国马克思主义史学在广泛传播中得到进一步发展，其成就的主要标志是：

从思想上和理论上看，史学界掀起了学习马克思列宁主义、毛泽东思想的高潮。从20世纪50年代初到60年代初，《毛泽东选集》第一至第四卷陆续出版，马克思恩格斯著作和列宁、斯大林著作的翻译、出版，以及新型报刊的评介、马克思主义学者纷纷撰文对马克思主义的阐释等，使史学家们如沐春风，感受到新思想带来的激动和力量。1981年白寿彝先生在一篇文章中写道："建国初期，我在学校里工作，是做教师的。许多教师，在解放前没有机会学习马克思主义。这个时候，在解放后不久，规模广泛的学习马克思主义的活动开展起来了。不少教师参加了学习，而且是很认真的。一些教师在课堂上能够运用毛泽东同志的话，很受同学的欢迎。教师本人，对自己能够运用毛泽东的话和马克思的话来检查世界观，能够运用马克思主义的历史理论去对照一些问题，深感这是发生了很大的变化，有了很大的进步。"[1]这些实实在

---

[1] 白寿彝：《从六十年来史学发展说到对青年的教育问题》，《白寿彝文集》第六卷，河南大学出版社，2000年，第48页。

在的话语，生动反映出那个时代中国史学的风貌和生机。

从研究问题的深度上看，推动了对历史上一些重大问题的讨论、辩难，提高了史学界的学术水平，提升了史学工作者对马克思主义历史理论的理解和运用能力。这些重大问题是：中国古代史分期问题、中国封建社会内部分期问题、汉民族形成问题、中国封建社会中农民战争问题、封建社会土地所有制形式问题、中国资本主义萌芽问题、中国封建社会"长期延续"问题、中国近代史分期问题，以及历史人物评价标准问题、阶级观点与历史主义关系问题等。重要的是，这些讨论、辩难所得积累起来的成果，以及众多学术专著中对这些所得的种种不同的反映和表述，成为人们深入认识中国历史的依据与参考，从而在整体上提高了中国历史研究的科学水平。

从史学队伍的壮大来看，培养和锻炼了一大批年轻一代的马克思主义史学工作者，显示出中国马克思主义史学的勃勃生机和广阔前景。一般说来，学术中的讨论、商榷、辩难，不仅能推进学术的发展，而且也是培养、锻炼新生力量的机会和路径。这批年轻学者在20世纪80年代以后所显示出的学养和造诣，同他们直接参与上述有关重大问题的讨论是有密切关系的。

当然，新中国成立后十七年的史学发展，也走过一些弯路，即"左"的政治思潮和对待马克思主义的教条主义、形式主义态度，对史学发展产生了不利的影响。这是要在实践中予以克服和纠正的。

反思与进取的双重特征

1978年10月,党的十一届三中全会确立了解放思想、实事求是的思想路线,广大史学工作者在思想上获得解放,焕发出新的学术生命力。不论是为了继续已有的研究,还是锐意开拓新的研究,中国史学界面临的任务是:在总结成绩的基础上,纠正"左"的思潮在史学领域造成的危害,以明确新的进取方向。这个新的任务,可概括为反思与进取。

这样一个严肃的、生动活泼的历史局面,是以1978年党的十一届三中全会为其起点,因为它唤起了史学工作者的自尊、真诚、信念和热情。这种历史氛围中的反思与进取有几个特点:一是具有广泛的社会性,可以看作是学术群体的反思;二是以重新学习和准确完整地理解和运用马克思列宁主义、毛泽东思想为目标;三是要回答中国马克思主义史学如何进一步发展的问题。许多史学家如侯外庐、尹达、刘大年、白寿彝、尚钺等老一辈学者都发表了自己的见解。

首先,关于总结经验教训问题。在这方面,最重要的是要正确地、全面地理解和坚持、运用马克思主义唯物史观指导历史研究。尹达强调指出:"马克思主义唯物史观是一个完整的科学体系,是统一的、有机的整体。""我们不要为一时的现象所迷惑,一定要学会完整地掌握和运用马克思主义的唯物史观,在自己的实际工作中加以消化,变成自己的思想、方法。这样,才能避免左右摇摆,保证我们的史学研究坚持正确的方向,取得科学成果。"[1]

其次,关于怎样进一步发展中国史学问题。侯外庐指出:"注意马克思主义历史科学的'民族化'。所谓'民族化',就是要把中国丰富的历史资料,和马克思主义历史科学关于人类社会发展的规律,做统一的研究,从中总结出中国社会发展的规律和历史特点。"[2] 刘大年认为:"只要以往事实证明马克思主义历史学与中国革命实践相结合,是表现出了巨大生命力的,那么,现在和今后,按照新的条件,坚持这种结合,马克思主义历史学就是长青的。"[3]

再次,关于在当代讲求史德问题。白寿彝强调说:"史德问题,今天在我们史学界来说,首先是一个实事求是的问题。写历史,要求有德,这在中国是有古老传统的。……今天,我们应该在新的高度上讲史德,就是要实事求是,反对主观主义。反对形而上学,更反对不负责的随便说。""史德中还有一条,就是要求放眼世界,关心全国。这是很重要的德。你用功埋头搞,不管时代的要求,不管当前的发展形势,说你没有德,不好说,至少是风格不够高。应当看得远些,努力使我们的史学在世界范围里成为最先进的。这是完全应该的。毛泽东思想的故乡,毛主席领导下建立的中华人民共和国嘛,完全应该,有责任放眼世界,要求

---

[1] 尹达:《关于历史研究的几个问题——在郑州大学历史系的学术报告》,《尹达史学论著选集》,人民出版社,1989年,第384页。
[2] 侯外庐:《侯外庐史学论文选集》自序,人民出版社,1987年,第18页。
[3] 刘大年:《刘大年集》,中国社会科学出版社,2000年,第302页。

自己的史学成就成为世界最先进的。不能自馁,不能自卑,要有这个信心。"[1]

上面所举的这些论述,作为20世纪80年代中国史学反思的标志,反映了史学的时代特征:反思与进取。经过深刻的反思,中国史学更加明确了方向,沿着马克思主义指引的方向继续前进:视野开阔了,研究领域拓展了,中外史学交流日益加强了,新问题、新材料、新成果不断涌现出来。自20世纪90年代至21世纪最初十几年中,是新中国成立以来,史学成果出版最多的时期。尤其是21世纪初启动的"马克思主义理论研究和建设工程",对提升历史学的理论研究和学术水平发挥了积极作用。

这个时期,有大量的外国历史著作、不同史学流派的观点被引进国门,对活跃中外史学交流、借鉴外国史学的有益成果,发挥了重要作用。当然,在这个过程中,也提出了一个严峻的问题:中国史学怎样显示出自身的特点?怎样在中外史学交流中显示出自身的话语权?这是需要史学工作者深长思之并做出实际回答的。

新时代与中国史学的新前景

党的十八大以来,中国在建设社会主义事业道路上进入了新时代。新时代中国史学面临着许多新任务,这样几项任务是比较重要的:

---

[1] 白寿彝:《关于史学工作的几个问题》,《中国史学史论集》,中华书局,1999年,第360—361页。

第一，对丰富的史学遗产做创造性的转化和创新性的发展，加快中国马克思主义史学的历史进程，吸收外国史学的有益成果，融汇各方面的积极因素，逐步建立中国特色历史学的学科体系、学术体系和话语体系。在这方面，一是认真地清理史学遗产，继承其中优秀部分，并按一定的类例做细致的梳理。二是对史学遗产中这一部分做实事求是的分析，发掘那些可以与当代马克思主义史学结合、融汇的部分，使古今有所关联。

第二，新时代中国史学以更加理性的观点对待外国史学，应认真总结以往的经验教训，既不排斥，也不盲从。"解决好民族性问题，就有更强能力去解决世界性问题；把中国实践总结好，就有更强能力为解决世界性问题提供思路和办法。这是由特殊性到普遍性的发展规律。"[1]这样，中国史学同外国史学的关系，可以逐步做到"中中有外，外在中中"。这是中国史学前景的一个重要方面。

第三，建立以人民为中心的历史观。中国自古有"民惟邦本，本固邦宁"的观念，民为国本的思想在不同的时代均有所表现。中国社会主义事业进入新时代，应当明确地坚信"人民是历史的创造者，是决定党和国家前途命运的根本力量。必须坚持人民主体地位……依靠人民创造历史伟业""必须坚持以人民为中心的发展思想"。[2]这是马克思主义人民观在现时代的表述，是新

---

[1] 习近平：《在哲学社会科学工作座谈会上的讲话》，《人民日报》2016年5月19日。
[2] 习近平：《在中国共产党第十九次全国代表大会上的报告》，《人民日报》2017年10月28日。

时代中国特色历史学基本理论的核心之一。

第四,进一步确立以史学服务于社会的史学观。中国史学具有经世致用的优良传统,这一传统在新时代有了新的发展。习近平在致中国社会科学院中国历史研究院成立的贺信中指出:"希望中国历史研究院团结凝聚全国广大历史研究工作者,坚持历史唯物主义立场、观点、方法,立足中国、放眼世界,立时代之潮头,通古今之变化,发思想之先声,推出一批有思想穿透力的精品力作,培养一批学贯中西的历史学家,充分发挥知古鉴今、资政育人作用,为推动中国历史研究发展、加强中国史学研究国际交流合作作出贡献。"[1] 这对新时代中国史学历史观、方法论以及学科建设、社会作用和人才培养等,提出了明确的目标,也是对新时代中国史学新前景的憧憬,全国史学工作者将为此努力奋斗。

(原载《光明日报》2019年8月14日)

---

[1] 习近平:《致中国社会科学院中国历史研究院成立的贺信》,《人民日报》2019年1月4日。

历史学和民俗学的理论互补与学科建设[*]

我不是研究民俗学的,只是偶尔也读一点这方面的书。但是,我对于钟先生的人格和他的学问都很崇敬,在20世纪80年代的时候,我记得,白寿彝先生曾跟钟先生商量,北京师范大学史学研究所可以设几个研究室,其中有一个是民俗学研究室,还有民族学研究室、方志学研究室等。后来史学研究所受到规模的限制,只设立了史学史研究室和中国通史研究室。我还记得,好像第一次全国民俗研讨会,就是白寿彝先生请史学研究所副所长刘淑娟老师协助钟老筹备举办的。这些往事都说明,我们的老一辈学者在思想上、在学术见解上,彼此都非常了解,能够做到互相支持,这对我们这些晚辈是很大的教育。

---

[*] 此文据作者于2013年6月29日在"纪念钟敬文先生110周年诞辰暨钟敬文高等教育思想和学术文化著述出版座谈会"上的讲话速记稿整理而成,发表时已做了修订和补充。

我今天到这里开会，主要是学习。钟先生虽然离开了我们，但是对他的学问，从感情上讲，从理性上讲，我觉得反而是越来越近了，越来越亲切了。当然，即将出版的二十卷的《钟敬文全集》还没有看到，但读着现在钟老有关的书，我已经受到很多启发和教育。

我想讲两个问题：

第一个问题，是理论修养和学科建设问题。我的专业是史学理论与史学史，主要是研究中国史学史。钟先生有关文章和著作使我深深感到，要想在学术发展上，特别是在学科建设上有所作为、有所前进，是需要理论修养的。如果没有理论修养，想要向前推进学科建设，其实是很难的。我读了中华书局出版的《钟敬文文选》，前面有一个序言，是董晓萍教授撰写的。这篇序言对钟先生的学术和学术思想做了全面的、深入的论述，我从中学到了许多东西，对民俗学也有了进一步的认识。尤其是我读了钟先生的《建立中国民俗学派》《关于民俗学结构体系的设想》等几篇宏文，受到很大启发，思想上产生了震撼。钟先生提出的互相联系的一些概念：如"民俗""民俗史""民俗学""民俗学史"等，把它们换位到历史学领域中来，也是可以借鉴的。历史学界有一些同行对这类问题弄不清楚，但是，读钟先生的书，读他的文章，他深入浅出地阐述了这些概念，讲得非常清楚。这使我进一步认识到：某一种学科建设，只有学术带头人具有很高的理论修养，很宽阔的视野，能够把一些基本概念提炼出来，加以区别，同时也建立联系，而且让后学晚辈都能够了解他的思想，他的学术和理论就能推广到学科建设中去。我想，这是一个学科得以建立起来，并且能够不断发展的一个很重要的思想基础。

关于学科建设的体系，不能不具体说到"民俗"与"民俗学"的概念。在中国的史学遗产里面，在《诗经》《史记》等历史典籍里面，包含了大量的民俗的文献资料。我想特别提到唐代史家杜佑撰写的宏伟的典制体通史《通典》一书，它也是记录民俗的宝库。《通典》讲到州郡的时候，每一个地方都有关于民俗的记载，都有专门的篇章、段落记述民俗，这些史料都非常重要。显然，民俗是史书中一个很重要的内容。历史学研究历史，无疑也要关注民俗，从这个意义上讲，民俗学与历史学是交叉的，是互相包容的。有人甚至认为，根据《风俗通义》一书，可以另写一部东汉史。这或许有些夸张，但至少表明《风俗通义》的特殊重要性。明末清初著名思想家和史学家顾炎武很重视民俗，他对"周末风俗""两汉风俗""宋世风俗"都有所论述。他还引用他人的话说："风俗者，天下之大事。"[1]当然，他讲的是广义的风俗，包括各方面的社会风气。钟先生提出的用民俗学研究民俗，这是一种现代科学的理论和方法。他从这个高度，肯定历史文献的价值，提出"民俗史"和"民俗学史"的概念，并提出和建设起"历史民俗学"。我对于钟先生的学问，对于钟先生的这些高屋建瓴的看法，觉得越来越近，也越来越亲切了。我还要好

---

[1] 顾炎武:《日知录》卷一三"廉耻"，黄汝成《日知录集释》本，上海古籍出版社，2006年，第773页。

好地读书，同时要读钟先生的书，因为钟先生的书跟中国史学史有很多相通之处。我们要用学术前辈的成果来推进历史学的学科建设。

第二个问题，是老一辈学者所提出的建设某一个研究领域的中国学派。钟先生提出要建立中国民俗学派，并在这个方面付出了巨大的努力。从我们历史学来讲，也是这样。在老一辈学者中间，像侯外庐先生、尹达先生、白寿彝先生，他们都提出过这个问题，而且都做了努力。1993年，白寿彝先生在陕西师范大学做了《关于建设有中国民族特点的马克思主义史学的几个问题》的演讲，论述了关于历史资料的重新估价、史学遗产的重要性、对外国史学的借鉴、历史教育的重大意义、历史理论和历史现实、史学队伍的智力结构问题等重要内容，反映了他对于建设马克思主义史学中国学派的一些思考，产生了很大的影响。这反映了什么气势？我想，这里面有一种学术上高度的自觉和自信，这在今天尤其重要。

反思我国历史学的发展，近些年来，大概有二十年，受外国历史学的理论和方法的启发很大，获益不少，但冲击也很大，比如后现代理论、后现代叙事学等。就以所谓"叙事"来说，在中国，最有资格讲叙事的，就是史学。中国史学不仅有重视叙事的优良传统，而且有阐述"叙事"的理论，刘知幾《史通》中就专设《叙事》篇，章学诚《文史通义》中也有一些论述叙事的名篇。但我们为什么没有树立自己的旗帜？这就同我们建立中国学派的自觉性和自信心不够有很大的关系。我在一些场合呼吁这个问题，就是中国有史学叙事的优良传统，我们要写这方面的文章和专门著作。我的想法是，只有把中国的史学传统概括出来，把其中的好的地方、有价值的地方讲清楚了，才能够和别人有一个交流的前提。总之，钟先生所提出的建立中国民俗学派问题，意义非常重大。不论你在哪个领域里治学，都要具有建立中国学派的意识、勇气和信心，从而反映我们中国学术文化的特点，展现中国的风格。

在今天的会上，看到几个国家级出版社为钟先生出了这么多书，包括《钟敬文全集》这样的巨帙，感触很深。我知道钟先生笔耕一生，非常勤奋，但没想到会有这么多著作留下来。这是一种巨大的精神财富，是一份巨大的文化遗产，将来我们都应该好好地研读，从中汲取在治学的理论和方法论方面的营养。

我不是研究民俗学的，讲的可能有一些外行话，但我还是感觉到，北京师范大学的民俗学国家重点学科在继承钟先生的学术遗产方面做了很多工作，并且能够向前推进，有所创新。今天来参加会的老先生不少，有的都八十多岁了，这说明钟先生在学术上、在人格上的感召力。钟先生是令人钦佩的老一代学者，值得我们永远学习。

（原载《西北民族研究》2013年第3期）

宋人笔记的史学意识

魏晋南北朝以下，中国文化史上出现一个新的现象，那就是各种形式、各种内容的笔记犹如雨后春笋般地破土而出。它们又如同璀璨的百花，给同时代的著作增添了些许色彩。

我在研究工作中，曾涉猎几本唐人的历史笔记，其中有掌故、有知识、有别处见不到的有关历史记载、有关某一时期的社会风俗的描述或概括等。我也注意到笔记作者及其书中所反映出来的思想之点点滴滴，感受到它对自己的启发。

近来，几次同友人谈及宋人笔记，认为宋代士人颇热衷于笔记的撰写，其数量之多，内容之广，非唐人笔记可同日而语。当然，历史在发展，社会在进步，对于这种现象倒也不难做出一般性的说明。但若深究一步，到底是哪些社会的、思想的具体原因，促成了这一文化现象或学术现象呢？这就必须进行深入的探索。于是我想到这样的方法与路径，即对若干宋人笔记所记内容做分类的考察，庶可视其关注的问题所在，进而揭示其产生的原因之一。如此举一反三，我们对宋人笔记的产生及其价值或许有较深入的认识。

基于上述考虑，结合笔者的研究专业，这里，仅就宋人笔记的史学意识做一初步考察。其范围主要是宋人的历史笔记或称史料笔记，刘叶秋先生谓之历史琐闻笔记与考据辨证笔记，其意亦大致相近。

一　补史氏之阙

历史笔记作者的这一意识，至晚在唐代已有极明确的表述。唐人李肇作《唐国史补》（亦作《国史补》），其序称：

> 昔刘𫗧集小说，涉南北朝至开元，著为传记。予自开元至长庆撰《国史补》，虑史氏或阙则补之意，续传记而有不为。言报应，叙鬼神，征梦卜，近帷箔，悉去之；纪事实，探物理，辨疑惑，示劝戒，采风俗，助谈笑，则书之。[1]

对于历史笔记来说，这里有两点是非常重要的。第一，是撰写笔记的目的或宗旨。"史氏或阙则补"，这是私家著史向着更广泛的范围发展的表现。一般说来，私家的历史撰述，客观上都有

1　李肇：《唐国史补》序，上海古籍出版社，1979年，第3页。

补充、延续官修史书的作用，而且在体裁、体例与内容等方面，也有继承、模仿官修史书的特点，而历史笔记这一表现形式既与官修史书无相似之处，在内容上则明确要"补史氏之阙"。换言之，这些内容多不为"史氏"所关注，至少二者之间并无直接的传承关系。这或许就是历史笔记最突出的特点。

第二，是历史笔记在所记内容上的抉择。从上述引文中所列举的两大类材料来看，作者对于虚无缥缈的东西不以为然，故不收录，而对于"事实"方面、思想辨析方面、社会风俗方面的东西颇为重视，"则书之"。这种在所记内容上的抉择，即使用今天的观点来看待，也不失为正确的抉择。当然，这里所举出的李肇《唐国史补》序是一篇极具代表性的文字，并非大多数历史笔记的作者都具有这样的思想境界，都能写出如此真切、明确的文字。我所要着重指出的，是它代表着历史笔记发展的方向及其价值所在。我所要强调的，是《唐国史补》对于后人作历史笔记的启发和影响，在中国史学史上应有一定的地位，而李肇也应视为推动历史笔记发展的早期代表学人之一。

我们正是从这个意义上，来看待宋人笔记的史学意识。

宋人笔记涉及补史氏之阙的宗旨，大致有三种情况，即因史官不记而阙则补，因史官漏记而阙则补，因野史难得周全而阙则补。当然，这种区分和界定也不是绝对的，它们之间客观上免不了存在这样那样的联系。

所谓史官不记而阙。欧阳修《归田录》自序写道："《归田录》者，朝廷之遗事，史官之所不记，与夫士大夫笑谈之余而可录者，录之以备闲居之览也。"[1]欧阳修在朝廷和地方任职多年，独立撰成《五代史记》(即《新五代史》)，又与宋祁等合作撰成《新唐书》，在史学上成就卓著。他在退休后撰写的历史笔记《归田录》，所记一是"史官之所不记"的"朝廷之遗事"，一是士大夫们谈笑中说到的"可录"之事。从欧阳修的身份来看，他讲的这些应是有根据的、可靠的。这里且举一条"朝廷之遗事"为例，以见其撰述旨趣：

> 太祖皇帝初幸相国寺，至佛像前烧香，问当拜与不拜，僧录赞宁奏曰："不拜。"问其何故，对曰："见在佛不拜过去佛。"赞宁者，颇知书，有口辩，其语虽类俳优，然适会上意，故微笑而领之，遂以为定制。至今行幸焚香皆不拜也。议者以为得礼。[2]

这句"见在佛不拜过去佛"的诙谐之语，因迎合了现实中最高统治者的心意，不仅被采纳，而且成为"定制"，显然是一个偶然之中带有某种必然的事件。它反映了现实世界主宰者同精神世界主宰者之间的微妙关系，值得人们思考。

所谓"史官漏记而阙"。北宋魏泰与上层政治人物颇多交往，故对他们的言论、行事甚有感触，晚年撰《东轩笔录》，他在序

---

[1] 欧阳修：《归田录》自序，中华书局，1981年，第3页。
[2] 欧阳修：《归田录》卷一，中华书局，1981年，第1页。

文中写道：

> 思少时力学尚友，游于公卿间，其绪言余论有补于聪明者，虽老矣，尚班班可记，因丛摭成书。呜呼！事固有善恶，然吾未尝敢致意于其间，姑录其实以示子孙而已，异时有补史氏之阙，或讥以见闻之殊者，吾皆无憾，惟览者之详否焉。[1]

序文中有两点是十分明确的：第一，书中所记之事自有善恶之分，但作者不作评论，只是把事实写出来；第二，如有人对其所记有不同说法，作者并不遗憾，相信读者自会做出判断。因为有这样的认识，所以作者希望本书将来"有补史氏之阙"。可以认为，这样的认识和期待，反映了宋人历史笔记许多作者的基本思想倾向。《东轩笔录》的特点之一，是记作者同时代的人和事，很具体，很细致，如其记欧阳修与王安石的关系，有这样的叙述：

> 欧阳文忠公自历官至为两府，凡有建明于上前，其词意坚确，持守不变，且勇于敢为，王荆公尝叹其可任大事。及荆公辅政，多所更张，而同列少与合者。是时欧阳公罢参知政事，以观文殿学士知蔡州。荆公乃进之为宣徽使，判太原

---

[1] 魏泰：《东轩笔录》序，中华书局，1983年，第1页。

府，许朝觐，意在引之执政，以同新天下之政。而欧阳公惩濮邸之事，深畏多言，遂力辞恩命，继以请老而去。荆公深叹惜之。[1]

这一段叙述，把欧阳修的政治品质、王安石对欧阳修的推重和期许、欧阳修因前车之鉴乃"请老而去"、王安石为之叹惜等，都写得曲折、感人，深刻地揭示出王、欧二人简单而又复杂的关系与心态。由此也可看出《东轩笔录》是一本有很高的史料价值的历史笔记。

所谓"野史难得周全而阙"。两宋之际的周煇撰《清波杂志》一书，也是一本有很高史料价值的笔记。作者自序称："煇早侍先生长者聆前言往行，有可传者。岁晚遗忘，十不二三，暇日因笔之。非曰著述，长夏无所用心，贤于博弈云尔。"[2] 此书材料主要得自作者先辈谈论，足见作者的博闻强记之功。其友人张贵谟为此书作序说："《清波杂志》十有二卷，纪前言往行及耳目所接，虽寻常细事，多有益风化及可补野史所阙遗者。"[3] 周煇强调其书所记"有可传者"，而张贵谟则把其书目为"野史"，并认为"可补野史所阙遗者"。后者是否符合前者本意，不便深究，但宋人名其所撰之书为"野史"，已不鲜见。如龙衮撰《江南野史》，记南唐史事；《宋史·艺文志二》著录《新野史》、《艺文志三》著

---

[1] 魏泰：《东轩笔录》卷九，中华书局，1983年，第102页。
[2] 周煇：《清波杂志》自序，中华书局，1994年，第1页。
[3] 同上。

录《野史甘露记》等。先是，唐末诗人陆龟蒙有"自爱垂名野史中"(《奉酬袭美苦雨见寄》)的诗句，看来"野史"之说当早于陆龟蒙。而宋人已用得比较广泛了。相对于"正史"或泛指官府所修之史来说，"野史"可谓无所不包，永无完备之时，只要所记有价值、内容不与他书重复，均可视为"补野史之阙遗"。如此书记宰臣吕大防等对宋哲宗讲述"祖宗家法"，涉及"治内之法""待外戚之法""尚俭之法""勤身之法""尚礼之法""宽仁之法"等，最后说道："至于虚己纳谏，不好畋猎，不尚玩好，不用玉器，饮食不贵异味，御厨止用羊肉，此皆祖宗家法所以致太平者。陛下不须远法前代，但尽行家法，足以为天下。"哲宗听后，"甚然之"[1]。周煇感慨地写道："列圣家法之盛，大臣启迪之忠，皆可书而诵也。"(《清波杂志》卷一)其实，有关这样的"家法"与制度，实非"寻常细事"，大可追踪李肇"补国史"之意。

综上，可略见宋人历史笔记之"补史"意识的增强以及此种意识的广泛性，这是唐代以前所不曾有的史学现象。

二 备遗忘，欲其传

宋人笔记之史学意识的另一表现，是备遗忘，欲其传，为的是不使史事湮灭。苏辙晚年撰《龙川略志》一书，记自身经历之事；又撰《龙川别志》一书，记"所闻于人"之事，亦多亲历

---

[1] 脱脱等：《宋史》卷三四〇《吕大防传》，中华书局，1977年，第10843页。

者。《龙川别志》序叙述其晚年心境及与刘攽关于史事存亡的对话，真切感人，他们的史学意识，跃然纸上。序文不便节录，全文照引如下：

> 予居龙川为《略志》，志平生之一二，至于所闻于人，则未暇也。然予年将五十起自疏远，所见朝廷遗老数人而已，如欧阳公永叔、张公安道皆一世伟人。苏子容、刘贡父博学强识，亦可以名世，予幸获与之周旋，听其所请说，后生有不闻者矣。贡父尝与予对直紫微阁下，喟然太息曰："予一二人死，前言往行堙灭不载矣。君苟能记之，尚有传也。"时予方苦多事，懒于述录，今谪居六年，终日燕坐，欲追考昔日所闻而炎荒无士大夫，莫可问者，年老衰耄，得一忘十，追惟贡父之言，慨然悲之，故复记所闻，为《龙川别志》，凡四十七事，四卷，元符二年孟秋二十二日。[1]

读这篇序文，一可知苏辙之阅历与心境；二可知刘、苏二人对待史事的历史责任感，这种朋友间的真诚交谈，使人想起司马谈临终时与司马迁的对话，表明中国古代史家和学人对待史事的历史责任感是一脉相传的。《龙川别志》一书部帙很小，只记四十几件事，但却多有参考价值。如其卷上记宋与契丹订盟后，宋真宗与朝廷大臣之间的种种微妙关系，致使视朝政如儿戏，把王钦

---

1 苏辙：《龙川别志》序，见《龙川略志　龙川别志》，中华书局，1982年，第67页。

若、王旦和宋真宗的不良行为的一面刻画得入木三分。(《龙川别志》卷上)此书记真宗、英宗时高层人物间的复杂关系,多类此。

希望重要史事不被湮灭、"尚有传也"的另一种表述,是"备遗忘"。张世南《游宦纪闻》序称,其书"所以记事实而备遗忘也"[1]。从今天的观点来看,此书所记多属于社会史知识,兼有若干风俗、掌故的记载,内容略嫌琐碎、庞杂,这或许正是笔记的基本特色。其卷五记若干支的由来,作者写道:"自甲至癸为'十幹',自子至亥为'十二枝'。后人省文,以'幹'为'干',以'枝'为'支',非也。"[2]作者对这一类的知识、掌故很有兴趣。书中也有一些很有趣的重要史事的记载,如记于阗使者进表事,作者写道:

> 大观中,添创八宝,从于阗国求大玉。一日,忽有国使奉表至。故事,下学士院,召译表语,而后答诏。其表云:"日出东方,赫赫大光,照见西方五百国,五百国条贯主,师子黑汗王,表上日出东方,赫赫大光,照见四天下,四天下条贯主,阿舅大官家:你前时要者玉,自家甚是用心力,只为难得似你尺寸底。自家已令人两河寻访,才得似你尺寸底,便奉上也。"当时传以为笑。后果得之,厚大逾二尺,色如截肪,昔未始有也。[3]

---

1 张世南:《游宦纪闻》序,中华书局,1981年,第3页。
2 张世南:《游宦纪闻》卷五,中华书局,1981年,第47页。
3 同上,第46页。

这是一条涉及当时民族关系的有趣的重要史料，使人们可以想见当时的情景，读来颇有一种亲切感。这样重要的史事，确实应当保存下来，不至于被"遗忘"。

这里，我们要提到一位僧人学者文莹，他撰有《湘山野录》《续录》及《玉壶清话》等书。他在《玉壶清话》一书的序中强调这样一个见解：

> 古之所以有史者，必欲其传。无其传，则圣贤治乱之迹，都寂寥于天地间。当知传者，亦古今之大功也。[1]

从史学的观点来看，这几句话很有深意。它涉及几个方面的问题：一是史学产生和存在的根据，是希望史书所记史事得以传给后人；二是若无或失去这种传后的功能，则前言往行、社会治乱，都湮灭于天地之间，后人无以知晓；三是应当懂得"传"这件事，是古往今来的大事。这三个问题是互相连带着的，它直接关系到后人是否有条件、有可能认识前人的业绩、继承前人的思想遗产这一根本问题。从今天的认识来看，这是关系到文明发展的连续性问题。

可以认为，宋人笔记中的备遗忘，欲其传的思想，是史学意识进一步增强的又一突出表现。

---

[1] 文莹：《玉壶清话》序，中华书局，1991年，第1页。

三　可取·可采·因事劝戒

宋人笔记的史学意识还表现在对笔记之作的社会作用的认识。

读宋人笔记，往往会从其序文中读到一些不急不缓、不轻不重的话，说是笔记之作是"以备闲居之览"，是打发"长夏无所用心，贤于博弈云尔"，是"消阻志、遣余年"所用[1]，等等。其实这大多是谦谦之辞，因是笔记，一般自不称其为著作。尽管如此，许多笔记作者，都怀有一颗经世致用之心，希望笔记之作对社会能产生一些积极作用，尤其是劝诫、教育方面的作用，而这正是历来史学之大道、史家之追求。《桯史》作者岳珂说得好："夫金匮石室之藏，芜夫野人之记，名虽不同，而行之者一也。"[2] 因此，可取，可采，因事劝戒，乃是许多笔记作者所持的撰述宗旨。

《渑水燕谈录》的作者王辟之，有三十多年的仕途经历，他在本书序文中说，"闲接贤士大夫谈议，有可取者，辄记之"[3]。从本书内容看，所说"有可取者"，多关乎政事得失。

《西溪丛语》一书的作者姚宽，是一个善治学、重务实的学者。他在本书《自叙》中写道：

---

[1] 分别见欧阳修：《归田录》序，中华书局，1981年，第3页；周煇：《清波杂志》自序，中华书局，1994年，第1页；王辟之：《渑水燕谈录》序，中华书局，1981年，第3页。
[2] 岳珂：《桯史》序，中华书局，1981年，第1页。
[3] 王辟之：《渑水燕谈录》序，中华书局，1981年，第3页。

尝读《新论》云：若小说家合丛残小语，以作短书，有可观之辞。予以生平父兄师友，相与谈说履历见闻，疑误考证，积而见富，有足采者。因缀缉成篇，目为《丛语》，不敢夸于多闻，聊以自怡而已。[1]

这里说的"有足采者"，涉及历史、文学、社会、自然、技术等，本书点校者孔凡礼论之甚详（《西溪丛语》"点校说明"），不赘述。作者说的"聊以自怡"，显然是自谦之辞。

《北梦琐言》一书作者孙光宪，自谓其治学宗旨是"非但垂之空言，亦欲因事劝戒"，称《北梦琐言》"虽非经纬之作，庶勉后进子孙"[2]。其经世致用之旨，异常鲜明。

类似这样的宗旨与申言，还可举出不少，此处不一一胪列。

值得注意的是，不论是"可取""可采"，还是"因事劝戒"，作者都要面对社会，都要受到学识和伦理方面的检验。对此，宋人笔记中的一些学人能以平常心看待这方面的问题，确系难能可贵。《鹤林玉露》作者罗大经坦然地写道：

或曰："子记事述言，断以己意，惧贾僭妄之讥，奈何？"
余曰："樵夫谈王，童子知国，余乌乎僭？若以为妄，则疑以传疑，《春秋》许之。"[3]

---

1 姚宽：《西溪丛语》自叙，中华书局，1993年，第21页。
2 孙光宪：《北梦琐言》序，中华书局，2002年，第15页。
3 罗大经：《鹤林玉露》乙编自序，中华书局，1983年，第117页。

这种坦然、诚恳的心态，使作者的思想得以纵横驰骋，充分发挥自己的治学所得和学术见解，这也是宋人笔记得以发展的一个思想前提。正如前引《东轩笔录》作者魏泰在该书序文所说的那样："或讥以见闻之殊者，吾皆无憾，惟览者之详否焉。"[1]这里既有自信，也有豁达。

宋人对待笔记撰述的这种态度给人们一个重要的启发，即自己所著之书，或证据不足，或见闻未广，或判断不确，都可能导致某种讹误，但《春秋》都允许"疑以传疑"，并不苛求处处精确无误，况且还要由"览者"做出评论。这种思想和态度，对今人或许也是有启发的。

这里，我们顺便要说到周密这位笔记作者对史学的总体性认识。他在所撰《癸辛杂识》一书的序文中，把"信史以来"的史学与其书做了对比性的评论，他写道：

> 暇日萃之成编，其或独夜遐想，旧朋不来，展卷对之，何异平生之友相与抵掌剧谈哉！因窃自叹曰："是非真诞之辨，岂惟是哉？信史以来，去取不谬、好恶不私者几人，而舛讹欺世者总总也。虽然一时之闻见，本于无心，千载之予夺，狃于私意。以是而言，岂不犹贤于彼哉？"[2]

---

1 魏泰：《东轩笔录》序，中华书局，1983年，第1页。
2 周密：《癸辛杂识》序，中华书局，1988年，第4页。

从这段文字中，可见周密对"信史以来"的历史著作表示出极大的怀疑，并进而认为《癸辛杂识》一书"岂不犹贤于彼哉？"像这样小视前人史著而高估自己"杂识"的学者，极为罕见。周密在《齐东野语》自序中，引用其先人的两段话，可略见其家学渊源。他描述他的家世说："五世祖同州府君而上，种学绩文，代有闻人。曾大父扈跸南来，受高皇帝特知，遍历三院，经跻中司。泰、禧之间，大父从属车，外大父掌帝制。朝野之故，耳闻目接，岁编日纪，可信不诬。我先君博极群书，习闻台阁旧事，每对客语，音吐洪畅，亹亹不得休。坐人倾耸敬叹，知为故家文献也。"这无疑是一个书香门第，官宦之家，在当地有很大影响，然文中溢美之辞亦无法掩饰。周密还引用其先辈对其所存疑惑者，一一予以澄清，如："……又出外大父日录及诸老杂书示之曰：'某事与若祖所记同然也。其世俗之言殊，传讹也，国史之论异，私意也，小子识之。'又曰：'定、哀多微词，有所辟（避）也。牛、李有异议，有所党也。爱憎一衰，论议乃公。国史凡几修，是非凡几易，而吾家乘不可删也，小子识之。'"[1]这是直截了当地表明：世俗之言不可信，国史所记不可信，唯其家人之判断、家乘之所记才可信。这种武断的说法，亦属罕见。看来，七百多年前，周密及其先辈关于史学的这些看法，其中是是非非，仍须深入讨论，这是宋人笔记留下的一个重要的学术问题，似不应忽略。

1　周密：《齐东野语》自序，中华书局，1983年，第4页。

四　结语

在唐人历史笔记的影响下，宋人历史笔记的史学意识进一步强化了，其史学意识的反映面更加广阔了，这从一个方面表明了史学的深入发展。当然，宋人历史笔记中也存在着一些缺点，所记不确、判断失之公允、怪诞迷信之说等，都是存在的，但这并不影响它在整体上的价值。这不是本文所要讨论的，就不更多涉及了。

（原载《文史知识》2014年第10期）

深入研究中国历史教育史

中国是重视历史教育的国家,中国历史上有重视历史教育的优良传统。为了进一步提高当前历史教育的水平,增强历史教育的自觉性,丰富历史教育的内容,深入研究中国历史教育史,很有必要。

一 两本历史教育史著作的启示

近来读了两本有关中国历史教育史的著作,得到一些启发,这就是李良玉教授所著《中国古代历史教育研究》[1](以下称"李著")和尤学工博士所著《20世纪中国历史教育研究》[2](以下称"尤著")。

---

1 李良玉:《中国古代历史教育研究》,合肥工业大学出版社,2007年。
2 尤学工:《20世纪中国历史教育研究》,中国社会科学出版社,2014年。

李著按断代分期论述各时期的历史教育,凡六章,即依次论述了先秦、秦汉、魏晋南北朝、隋唐、宋元、明清等六个时期的历史教育。全书纲举目张,着眼于各时期历史教育的前后传承,并注意到不同时期历史教育的特点,读后使人对中国古代历史教育有一个基本的认识。尤著专论20世纪的历史教育,与李著内容大致可以衔接。尤著在撰述上的特点,是兼顾到叙历史脉络与论重要问题相结合。全书分上下两编,其上编分别论述20世纪前半期的中国历史教育和新中国历史教育的发展;下编重点阐述历史教育中的几个重大问题,即历史教育与增强民族精神、历史教育与认识历史前途、历史教育与启迪人生修养等。

纵观李著,可以得到三个方面的认识:

第一,中国历史教育有久远的历史。作者从古史传说和先秦历史文献记载中,阐述了历史教育的萌芽、产生,讲到"周公与历史教育"。作者指出:"从现有材料看,周公可以说是中国历史上第一位自觉地将历史经验运用于国家治理之中的杰出的政治家、思想家","周公以'夏鉴''殷鉴'为主要标志的历史鉴戒思想对后世也产生了深远的影响,成为中国历代统治者重视借鉴历史经验教训的滥觞"。[1]可以说李著开卷,就把历史教育的源头揭示出来,为展开中国古代历史教育的长卷做了准备。

第二,中国古代历史教育的三个重要层面。纵观李著,作者对中国古代历史教育的发展,是从三个层面展开论述的,这就

---

[1] 李良玉:《中国古代历史教育研究》,合肥工业大学出版社,2007年,第15—16页。

是：统治集团的历史教育，学校的历史教育，大众的与蒙学的历史教育，指出了不同层面历史教育的特点。

第三，历史教育有其共性，也有鲜明的时代特点。如李著突出了孔子的历史教育思想及其在历史教育史上的地位，对唐代科举与历史教育、明清书院与历史教育等时代特征，都有简明扼要的论述。

尤著在论述对象的时代特点和表达形式方面，都与李著有所不同，尤其是其长篇绪论提出的几个问题，足以引发读者在这方面的深入思考。首先，作者对什么是"历史教育"做了说明，认为："历史学的社会性表明，史学不仅是社会历史发展的产物，也对社会历史发展起着反作用。史学与社会是一种互动关系。在这个互动关系中，史学具有对社会产生反作用的功能，但这种功能的实现还必须依靠特定的形式，这个特定的形式就是历史教育。"[1] 作者从历史学的社会功能来论"历史教育"的本质和内涵，在学理上是合乎逻辑的，在实践上是指出了历史学同社会结合的一个有效途径。

其次，作者对当前的"历史教育"的乱象做了概括，并尖锐地指出了存在的问题。作者写到，20世纪中国历史教育研究也是中国史学的一个重要现实问题，对这个问题的研究，有助于我们认清现实社会的发展趋势，认清当前历史教育存在的问题，找到改进的办法，使其能够承担21世纪的新任务。当前历史教育存

---

[1] 尤学工：《20世纪中国历史教育研究》绪论，中国社会科学出版社，2014年，第1页。

在的问题已到了不容忽视的地步：一方面是对真正的历史教育的冷淡与漠视，一方面是各种假"历史"之名而行拜金之实的"戏说""新编"的匆匆登场；一方面是历史知识和历史意识的匮乏，一方面是社会发展对历史教育的迫切需要；一方面是各种学术成果纷至沓来，一方面是社会大众对史学的远离，史学日益成为"史学家的史学"；一方面是碌碌于课堂与考场，一方面却是历史教育精神的衰落。这些现象，是令人痛心的现象；这些问题，是亟待解决的问题！[1]

从作者的这些论述中，我们似乎可以窥见作者对"历史教育"的真诚之心，似乎可以感觉到作者所具有的高度社会责任感，以及对"历史教育"乱象的忧虑和痛心。或许有人会指出作者的某一地方表述不是十分准确，但他所描述的这假历史之名而制造的种种乱象确是存在的，如"历史是个什么玩意儿"之类的东西充斥于坊间盖有年矣，历史教育向何处去？历史教育前途如何？作者的忧虑，定然能够引起共鸣。

再次，仍是在同一标目之下，作者表达了这样的宗旨和信心："20世纪是中国社会的转型时代，也是中国史学的变革时代。社会转型与史学变革是一种什么样的关系？怎样看待这种关系？这种关系在社会发展中起到什么作用？解决这些问题对于我们认识现实生活中史学与社会的关系，以及史学研究的发展方向，都有重要意义，因此这些问题也受到了学术界的关注。而要对这些

---

[1] 尤学工：《20世纪中国历史教育研究》绪论，中国社会科学出版社，2014年，第2页。

问题做出比较令人信服的解答,对20世纪中国历史教育问题进行研究无疑是一条有效的途径。"[1]作者正是带着这样的自信,向人们陈述着他的20世纪中国历史教育研究的成果。

显然,当我们了解了作者上述思想之后,对本书的内容、观点、表述就更好理解了。概括说来,尤著有三个特点:一是纵横结合,二是史论结合,三是史学与历史结合,显示出不同于李著按时代顺序娓娓道来的风格,但讨论起来更易于激发读者的兴趣。

如关于纵横结合。尤著的结构以叙述历史(上编)与讨论问题(下编)的形式,向读者展现出20世纪中国历史教育的面貌。关于史论结合。作者在叙述历史教育史的时候,注意把握时代特点:上编第一章《20世纪前半期的中国历史教育》中,首先论述了"历史教育思想的变革";第二章《新中国历史教育的发展》,起首论述"促进唯物史观的广泛传播",都是在叙述历史中表明作者对历史教育之时代精神的关注和把握,做到了史论结合。关于史学与历史结合。作者在这方面显示出自己扎实的功力,把历史教育这一史学问题置于20世纪中国历史进程中加以把握、论述。尤著第三章《历史教育与增强民族精神》、第四章《历史教育与认识历史前途》,都是从20世纪中国历史中概括出历史教育的核心问题。其第五章《历史教育与启迪人生修养》,讲到"历史感与时代感""世界意识与当代意识""总结历史经验与治国安

---

[1] 尤学工:《20世纪中国历史教育研究》绪论,中国社会科学出版社,2014年,第2页。

邦"等，也都论述得很深入。1990年4月，邓小平在一篇题为《振兴中华民族》的讲话中指出："要懂得些中国历史，这是中国发展的一个精神动力。"[1]根据这一论断，本书如增写"历史教育与中华民族的振兴"，其历史感与时代感就更加突出了。在一定的意义上说，历史教育是时代赋予史学工作者的崇高使命。

二 历史教育承担重大的历史使命

读了这两本论述中国历史教育史的著作，我有以下一些认识：首先，中国历史教育有悠久的历史和丰富的内容。古人说："君子以多识前言往行，以畜其德。"[2]这实质上是讲的学习历史和历史教育的重要性。从楚国大夫申叔时提出以各种史书教育贵族子弟[3]，到司马迁说的"《礼》以节人，《乐》以发和，《书》以道事，《诗》以达意，《易》以神化，《春秋》以道义"[4]，按章学诚"六经皆史"[5]的说法，这些也都是历史教育的内容和目的。其次，从刘知幾出"史之为务，申以劝诫，树之风声"[6]，到王夫之说的"史之为书，见诸行事之征也。则必推之而可行，战而克，守而固，行法而民以为便，进谏而君听以从，无取于似仁似义之浮

---

1 邓小平：《邓小平文选》第三卷，人民出版社，1993年，第358页。
2 《周易·大畜》，阮元《十三经注疏》本，中华书局，1980年，第40页。
3 《国语·楚语上》，上海古籍出版社，1978年，第528页。
4 司马迁：《史记》卷一三〇《太史公自序》，中华书局，1959年，第3297页。
5 章学诚：《文史通义·易教上》，叶瑛《文史通义校注》本，中华书局，1994年，第1页。
6 刘知幾：《史通·直书》，浦起龙《史通通释》本，上海古籍出版社，2009年，第179页。

谈，祇以致悔吝而无成者也。则智有所尚，谋有所详，人情有所必近，时势有所必因，以成与得为期，而败与失为戒，所固然矣。"[1]这是说明了历史教育的广泛的社会作用及其原因。再次，从龚自珍高度概括的"欲知大道，必先为史"[2]，到李大钊强调"研究历史的趣味的盛行，是一个时代正在生长成熟正在寻求聪明而且感奋的对于人生的大观的征兆"[3]。这是反映了历史教育与时代脉搏的"共振"。尽管在时代特点方面有明显的不同，但在社会作用方面却有相通之处，因此，研究历史教育史对于当今社会来说，具有重要的现实借鉴意义。

总之，不论从传统方面、制度方面，还是从理论方面和社会意义方面，都有许多问题值得做深入的研究，提供更多的参考，推进历史教育的进一步发展。还有一点值得注意的是，在当今这个开放的时代，中国的公众也应当更多了解外国历史教育的历史和现状，因此，关于历史教育史的研究，应增加外国的内容，比如可考虑撰写有代表性的国家的历史教育史，这对促进中国历史教育的发展同样具有重要的参考价值。

需要强调的是，在当代中国讲历史教育，要十分明确做这件事情的历史背景和时代背景，这就是：中国在历史上曾经创造了人类的伟大文明，中华民族是一个有创造力的伟大民族；近代中国由于清廷的腐败和列强的联合入侵，造成了落后挨打的历史局

---

1 王夫之：《读通鉴论》卷末《叙论三》，中华书局，1975年，第1110页。
2 龚自珍：《龚自珍全集》第一辑《尊史》，上海古籍出版社，1975年，第81页。
3 李守常：《史学要论》，商务印书馆，2000年，第133页。

面。近百年来，在中国共产党的领导下，经过全国各族人民的英勇奋斗，从而结束了这一局面，国家得以独立，民族获得解放，中国走上了独立发展的道路；环顾世界，许多国家都在迅速发展，而世界并不太平，唯有改革开放，加快发展步伐，才能使中华民族实现伟大复兴，自立于世界民族之林，并为人类文明做出新的贡献。历史教育在阐述这一历史背景和时代背景方面，承担着特殊的和崇高的历史使命。

三 从专题入手，深入研究历史教育史

为了推进历史教育史的深入研究，一方面要继续在"史"的方面加以开拓，一方面也可以从专题入手，做更有针对性的研究。

从专题研究入手，是否可以考虑这样几个方面：

一是"历史长河"，讲述中国历史发展的梗概，如中国境内古人类的演变，历史上朝代的兴亡更迭，重大历史事件与历史转折，文明的创造及对世界文明的贡献，近代以来国运的衰败与全民族的奋起抗争，新中国的成立及当前改革开放的形势等。全书以故事带动叙述，给读者一个整体的中国史的印象，这是进行历史教育的基础。

二是"治国理政"，讲述中国历史上著名政治家的治国理念、思想、举措及其社会效果，如周公、萧何、汉光武帝、诸葛亮、唐太宗、姚崇、杜佑、宋太祖、金世宗、元世祖、明太祖、康熙

帝、乾隆帝、孙中山等,都有许多可以论述的大事和宝贵的思想遗产。讲述中国共产党领导下的革命、建设、改革的伟大实践和中华民族的复兴之路,讲述从毛泽东到习近平等几代国家领导人的战略思想与伟大举措。

三是"改革进取",讲述中华民族自强不息的进取精神以及那些惊心动魄的改革家的故事,如商鞅、晁错、主父偃、孝文帝、周武帝、刘晏、杨炎、范仲淹、王安石、张居正、康有为、梁启超等,都有一些感动人、激励人的故事。

四是"嘉言懿行",讲述历史上各方面的优秀人物的言行,使读者受到启迪和教益。如子产、倚相、贾谊、苏武、霍去病、祖逖、魏徵、狄仁杰、郭子仪、赵普、李纲、岳飞、文天祥、郑和、戚继光、海瑞、林则徐、邓世昌、邹容、陈天华、秋瑾、方志敏、杨靖宇、赵一曼等,择其嘉言懿行以故事呈现出来,使读者产生出如李大钊所说的"舜人亦人"的感受而受到激励。

五是"民族和睦",讲述中国自古是多民族国家,秦汉以后是不断发展的统一多民族国家。各民族间有斗争,也有和好,总的发展趋势是关系越来越密切,共同创造了伟大的中华文明。其间,历史文化认同对于统一的多民族国家的发展,起到了十分重要的历史作用。

六是"文化传统",讲述中国优秀传统文化的精髓,从孔墨显学到诸子之学,从儒释道合流到理学兴起,从史学的泱泱大国到文学艺术的百花齐放,从中医药学到科学技术的发明等,展现中华文化的人本思想、艺术天赋和智慧之光。

七是"立身之本",讲述做人的道理,行为的规范和以社会、国家的需要为己任的抱负,重点表述诚信为立身之本,仁义是社会伦理原则,"天下兴亡,匹夫有责"是个人对于社会、国家的义务和天职。

八是"彰往察来",简明地说说历史教育的历史,史论结合,详近略远,突出时代感、使命感和对历史前途的信心。

以上八个方面,以及对于伟大祖国历史前途的信念,贯穿着做人、做事的原则和爱国主义精神,以及对于伟大祖国历史前途的信念。这八个方面,可以构成一部"中国历史教育史系列读本",为历史教育事业的发展提供参考。

(原载《历史教学》[下半月刊] 2016年第11期)

资料·会通·见识
——读杨翼骧先生《学忍堂文集》

杨翼骧先生是研究中国史学史的著名学者,是我十分敬重的前辈。他的《学忍堂文集》一书(南开大学出版社2002年11月出版),收录了他的二十五篇论文。其中,关于中国史学史研究的论文占了全书的绝大部分。这些论文,以及杨先生的其他有关中国史学史的论著,是中国史学史研究的一份珍贵遗产。杨先生虽已辞世,而他的学术遗产将永远嘉惠后学。这里,我就中国中学史研究领域,讲一讲我读了《学忍堂文集》之后的一点心得和认识。

《学忍堂文集》收录了关于中国史学不同时期的"史学编年",涉及先秦、三国两晋、南北朝、五代十国等历史时期。前三篇作于20世纪五六十年代,第四篇未著录撰写时间。做"史学编年"是极为烦难的研究工作,要做好这件事情,必须有三个环节:一是广泛阅读,积累资料(如事件、人物、著作、制度等);二是善于采撷史料,即在积累的资料中选择那些有意义的部分加以利用；三是精于考证，如年代不明、记载抵牾、前人所记讹误等，通过考订、辨析后载入"编年"，并作简要按语。概而言之，这是博览、善择、考证三位一体的功夫。杨先生做"史学编年"，是前人不曾做过的事情，显示出他在治学上的勇气和深厚的功力。在上述几篇"史学编年"的基础上，杨先生在八九十年代主编、出版了三本《中国史学史资料编年》：第一册（1987年），第二册（1994年），第三册（1996年），上起先秦，下迄明代。这三本书，成了八九十年代所有攻读史学理论及史学史专业的硕士研究生、博士研究生的必读之书。可以毫不夸张地说，这是专业上的引路之书、入门之书。我们知道，任何一门学科的确立，都少不了两个奠基工程：一是理论上的奠基，一是资料上的奠基，前者确定自身在诸学科中的位置，后者明确自身的研究对象及其流变，二者缺一不可。"史学史资料编年"就是后一个奠基工程之一。杨先生为此用去了四十余年的精力，令人敬佩不已！现在，我们还期待着第四册（清代部分）早日出版，以完成杨先生的未竟之业。

《学忍堂文集》还收录了杨先生关于中国史学史研究的十几篇专论，反映了作者探索中国史学史发展路径的旨趣。这些专论包括:《我国史学的起源与奴隶社会的史学》《司马迁记事求真的方法与精神》《班固的史才》《三国时代的史学》、《裴松之和范晔》《裴松之与〈三国志注〉》《刘知幾与〈史通〉》《唐末以前官修史书要录》《应当继承司马光认真负责的精神》《说中国近代史学》等。从这些专论连同上述几篇"史学编年"，不难看出，杨先生对中国史学史研究不仅在资料爬梳上有突出的贡献，而且在"会通"考察上也极具匠心。作者论中国史学的起源，从文字产生、甲骨文记事和早期史官讲起；论司马迁，从"材料的收集""实地的考察""亲身访问"，讲到"专心锐志完成著作"；论近代史学，从"思想的前驱"，讲到新史学的建立、发展和"倒退倾向"的出现，以及马克思主义史学的建立和发展，涉及自梁启超至翦伯赞等一大批史学家，并对他们做了评价。凡此。读来都使人颇受启发，同时亦可窥见作者自20世纪40年代以来，探索中国史学史丰富底蕴所取得的成就。

不论是"史学编年"，还是会通研究，都反映出杨先生关于中国史学史研究的独到见识。《文集》中所收的《中国史学史绪论》一文，是一篇理论文章。它极为精炼地阐明了"学习和研究中国史学史的意义""中国史学史的内容""过去对于中国史学史的研究"[1]。它强调客观的历史同撰写的历史的区别，强调了历史知识同史学修养的区别，强调了研究中国史学史的学术意义和社会意义，这些论述对史学工作者都有深刻的启迪。《文集》所收录杨先生同乔治忠教授合作的一文《论中国古代史学理论的思想体系》，提出了史学宗旨论、史学地位论、史学方法论、史家标准论、治史态度论、修史制度论、史籍优劣论、史学流变论等"八论"，对促进史学理论研究有重要的参考价值。此文指出，"丰富的思想内容往往浓缩在简要的概念、范畴或类若格言的语句之

---

[1] 杨翼骧：《学忍堂文集》，南开大学出版社，2002年，第408—414页。

中","这是中国古代史学理论的重要特点"[1],可谓确论。

《文集》还载有《悼念杰出的历史学家白寿彝先生》和《谈治学与做人》二文,反映了老一辈学者之间的诚挚的学术友谊和治学为人的高尚情操。这是我们后学要铭记在心、身体力行的。

(原载《光明日报》2003年4月10日)

---

[1] 杨翼骧:《学忍堂文集》,南开大学出版社,2002年,第388—407页。

古风新韵
——评蒋广学《〈中国思想家评传丛书〉读稿札记》

1990—2006年的十余年间，南京大学出版社陆续推出了由匡亚民先生主编的《中国思想家评传丛书》201卷，这是一项跨世纪的、宏伟的文化工程，在国内外产生广泛的学术影响。蒋广学教授作为这项文化工程的参与者，以自己的方式和二十年（1990—2010）辛勤的笔耕，为这一工程撰写了一份特殊的"历史记录"，这就是《〈中国思想家评传丛书〉读稿札记》。

蒋广学教授所著《中国学术思想史散论——〈中国思想家评传丛书〉读稿札记》（南京大学出版社，2012年，凡829页，定价120元），问世已经六年了。笔者总是为他事所缠，此书虽在手边，但终未细读。近日翻阅，不由地脑际似乎出现四个大字：古风新韵。于是，想写篇小文说说这本书的愿望也油然而生。

一 用"二十年的心血"铸成的一部书

《中国学术思想史散论——〈中国思想家评传丛书〉读稿札记》(以下称《读稿札记》)在内容上和编次上都颇具特色。正如作者在《出版说明》中写道:"本书是201卷《中国思想家评传丛书》的读稿札记,每部'中国思想家评传'均有一篇读稿札记,计201篇。"另有"七部'评传'的建议稿","所以,全书札记之文计208篇"。[1]

蒋广学教授从1990年参与《中国思想家评传丛书》的工作时起,先是"陆续阅读了200余卷评传6000万字以上之原稿,接连不断地写出读稿意见;在将读稿意见整理、扩充、深化而改写成札记时,重读201卷已经出版的评传,又是约6000万字"[2]。蒋广学教授面对每一部书稿及其成品,仔细地读,认真地做札记,深刻地思考着问题,穷年累月,不知疲倦和辛苦,或者说苦在其中,乐亦在其中,历经二十个春秋,撰成一部八十余万字的"读稿札记",真可谓伟哉其事,大哉其功!

笔者阅读此书,感到阵阵清风拂面,这是勤奋之风,坚毅之风,俨然古人读书、札记之风,而其所论却是20—21世纪的跨世纪工程,确乎是古风新韵!

细想起来,深感作者的这一撰述过程当有五不易:

---

[1] 蒋广学:《中国学术思想史散论——〈中国思想家评传丛书〉读稿札记》出版说明,南京大学出版社,2012年。

[2] 同上。

一不易：阅读量大，如无耐心、恒心、信心，不易贯彻始终。

二不易：涉及知识领域极为广泛、学科门类繁多，如无虚心精神、学术勇气，不易贯彻始终。

三不易：读稿不仅要读评传传主的思想，还要读评传作者的撰述路径和撰述方法，并把二者结合起来思考，写出自己的认识和判断，如无此种学术追求，不易贯彻始终。

四不易：《中国思想家评传丛书》是一个规模宏大的集体项目，每一个个人在其中发挥的作用，不论其大小，都是全局中的一个部分，如无全局意识、团队精神和集体荣誉感，不易贯彻始终。

五不易：从国家的立场来看，《中国思想家评传丛书》这一文化工程，是"完成毛泽东主席提出的'从孔夫子到孙中山，我们应当给予总结，承继这一份珍贵的遗产'历史性任务"[1]的一个重要方面，这是以国家任务为己任的崇高思想境界。如无此种境界，不易贯彻始终。

实事求是地说，上述任何一个"不易"，都是难以克服的。然而，蒋广学教授以他的勇气、智慧和信念，使这些"不易"都一一退却了。他是一位成功者。作为成功者，蒋教授说了两句话：这本书"确实凝结了我与240余位评传作者的情谊，凝结了我

---

[1] 蒋广学：《中国学术思想史散论——〈中国思想家评传丛书〉读稿札记》，南京大学出版社，2012年，第826页。

二十年的心血"[1]。

作者对于部帙大、头绪多的这部《读稿札记》，制订了一个稳定的体例，用以规范每篇札记的内容和篇帙，即各篇札记都包含这样四个部分：一是"原评传作者笔下的传主生平"；二是"综述'评传'的组稿、审稿情况，简述'评传'的主要特色"；三是"撰写本人在阅读'评传'原稿和重读书稿后对其精要内容的理解与阐发"；四是学习"太史公曰""赞曰""论曰"等古代史书后论形式，每篇札记都以"神会庐主曰"收篇。[2] 可见蒋教授不仅在治学精神上颇具古风，在撰写本书的形式上更是使人感受到这种古风的气息。

《读稿札记》在编次上也有自身的特点，它不分卷次，也不设章节，而是以评传传主所处历史时代先后，并参考传主生卒年依次排列，形成一部系统的与贯通的、以人物为线索的中国思想史。如作者所言，"这是一部别具风格的思想史"。

二 以"学生的身份"读稿

《读稿札记》作者蒋广学教授所"读"之"稿"，是学术界不同领域的有关学者撰写的"评传"之稿。以一人之学术经历，面对历史上如此繁多的思想家的思想和同样繁多的当今学人对前人

---

[1] 蒋广学：《中国学术思想史散论——〈中国思想家评传丛书〉读稿札记》出版说明，南京大学出版社，2012年。

[2] 同上。

思想的解读，其难可知！作者有这样一段话，反映出蒋教授的心迹，他写道："1990年开始阅读评传的书稿，陌生的领域使我产生了极大的兴趣。在《中国思想家评传丛书》的作者中，我曾同178部评传的210位作者进行过面对面的学术交流。在此过程中，我始终以学生的身份恭恭敬敬地向他们请教。""这是我作为思想史界一名学生最为骄傲之处。"[1] 读了这段文字，我们大致可以想见作者之豁达、谦逊的治学态度。蒋教授面对困难的态度和方法，一是使兴趣胜过困难，二是虚心求教，"以学生的身份恭恭敬敬地"向"评传"的作者们"请教"。这种态度和方法，一时一事，许多人可以做到；然而在二十年中上百次地这样做，确乎难能可贵。

这种态度和方法，明确地反映在《读稿札记》的撰述体例中。蒋教授对于《读稿札记》的第一条体例是这样规范的："凡生卒年、籍贯、业绩等与通行说法不同的，一律从'评传'作者；生平文字多是对'评传'原文的摘抄；生平的内容，则注意与全文的呼应，即与札记二、三、四部分相联，形成了可独立、又为后文铺垫的整体构成文字。"[2] 其中，前两点表明对"评传"观点及文字表述的尊重；后一点，则表明"札记"撰写的意图和要求，是作者谋篇布局的重要部分。我们将这后一点同《读稿札记》体例的第三条联系起来考察时，可以进一步窥见作者思想的深刻和

---

[1] 蒋广学：《中国学术思想史散论——〈中国思想家评传丛书〉读稿札记》出版说明，南京大学出版社，2012年。
[2] 同上。

方法的合理。如前文所述，第三条体例的核心内容是："撰写本人（按：指《读稿札记》作者）在阅读'评传'原稿和重读书稿后对其精要内容的理解和阐发。"这里说的"精要内容"，当是包含两层含义，一是指"评传"传主的思想之"精要"处，二是指"评传"作者对传主思想"精要"处的论述。不论是前者还是后者，这种"理解与阐发"都需要识见和勇气，因为这是同时在跟古人"对话"又与时人交流，没有细致的阅读和深入的思考是做不到的。而《读稿札记》强调"评传"传主的"生平内容"同传主思想的"精要内容"相联系起来的考察方法，凸显了作者在方法论上的造诣。诚如清代史学家章学诚所说："不知古人之世，不可妄论古人文辞也。知其世矣，不知古人之身处，亦不可以遽论其文也。"[1]作者把古人的"身处"和古人的思想"精要"结合起来加以"理解和阐发"，对《读稿札记》的读者阅读本书大有裨益。

这个裨益就在于：《读稿札记》作者的"理解和阐发"把"评传"传主的思想、"评传"作者的研究所得的"精要"处同《读稿札记》读者的体认联系起来，从而产生某种启示的意义。如作者在《读匡亚明〈孔子评传〉》的札记中写道：

现在看，匡老对于孔子思想的论述似乎没有惊人之语。然而，如果联系20世纪80年代我国思想界、学术界的特殊背

---

[1] 章学诚：《文史通义·文德》，叶瑛《文史通义校注》本，中华书局，1985年，第278—279页。

景，便可强烈地感受到，本书对于孔子研究以及整个中国思想史的研究具有重大历史意义。[1]

作者举出三点做进一步阐发：

> 首先在研究方法上，他克服了机械的"二分法"，而明确提出"三分法"。其二，用"仁为核心礼为形式的仁礼观"来概括最有代表性的思想内容，对于全面把握孔子的思想具有历史性的影响。其三，匡老认为，孔子乃是以教育为手段来推动社会改革的思想家。[2]

在这些阐发中，有孔子的思想、匡亚明的认识，也有本书作者的陈述和评论，而《读稿札记》的读者则可以从中获得思想上或理论上的启示，进而有所认知和判断。这是作者"理解和阐发"的一种形式。

《读稿札记》作者的"理解和阐发"还有一种形式，即在总的概括之后，有选择地加以阐发。如作者在《读许凌云〈刘知幾评传〉》的札记中写道："关于《史通》对于史学的具体贡献，作者（按：指《〈史通〉评传》的作者）用'史流史体论''国史

---

[1] 蒋广学：《中国学术思想史散论——〈中国思想家评传丛书〉读稿札记》，南京大学出版社，2012年，第3页。
[2] 同上，第3—4页。

结构论''史料论''史笔论'和'史家修养论'数章论述之。"[1]接着，蒋教授就《史通》论"六家"、论善恶必书、论文史关系发表评论，也给予读者诸多启示。

《读稿札记》的作者，对书的每一篇札记都如此阅读、思考、提炼、阐发，其付出的艰辛和心血，不能不令人惊叹、钦佩！当然，由于学术界对中国思想家之思想的重心、实质及评价等问题的认识，具体落实到某一个思想家的研究上，往往存在着不同的看法，因此，不能期望《读稿札记》的这种"理解和阐发"得到学术界完全的、普遍的认同。这是因为，《读稿札记》作者的"理解和阐发"主要是在"评传"作者提供的研究资料基础上展开的。唯其如此，《读稿札记》才是忠实于"评传"著作，才是在一定程度上可视为《中国思想家评传丛书》的简本或缩写本。

书中也存在个别文字上的讹误，如第242页"他在《通鉴》篇中指出"，当是"他在《鉴识》篇中指出"；第164页"引范晔早年《双鹤诗·序》语"，当是"引范晔早年《双鹄诗·序》语"等。凡此，或是评传原稿之误所致，或是其他原因所致，将来本书再版时，改正过来就是了。

三 "神会庐主曰"的风格

蒋广学教授以"神会庐主"的名义，为每一篇札记撰写了后

---

[1] 蒋广学：《中国学术思想史散论——〈中国思想家评传丛书〉读稿札记》，南京大学出版社，2012年，第242页。

论，名之曰"神会庐主曰"，这是《读稿札记》大胆而睿智的表现，尤其使人感受到古风新韵的典雅和愉悦。

如果说，在此前的论述中反映了《读稿札记》作者的严谨学风的话，那么这一部分文字则更多地反映出作者的洒脱风格：真诚与谦虚，联想与思考，困惑与质疑等，无不凸显出这种洒脱的风格和气质。蒋教授说得好：这一部分"抒发本人阅稿后的思想感受，类似于《史记》太史公曰、《汉书》赞曰、《后汉书》论曰，以及以后诸史书'史臣曰'之类。之所以要写这一部分，是因为在我看来：思想史当是今人与古人的思想交流，又因古今时代之不同，交流中必有碰撞，必有感情之火花迸发出来。这样的思想史才有光彩"[1]。显然，这种"交流"与"碰撞"，定能使人读来兴致盎然。

作者在《读陈其泰、赵永春著〈班固评传〉》后的"神会庐主曰"中写道：

神会庐主曰 昔者，受梁启超《新史学》判"二十四史，乃二十四家之谱牒"思想的影响，在魏良弢先生邀我给博士生讲"哲学与史学"的课程时，我曾极力宣传二十四史乃二十四姓帝王之家族史、家臣史、家国史，全然不顾史家之批判意识以及他们所展示的广阔而生动的历史场面。故受

---

[1] 蒋广学：《中国学术思想史散论——〈中国思想家评传丛书〉读稿札记》出版说明，南京大学出版社，2012年。

博士生们的广泛质疑。今读两先生书以及张大可《司马迁评传》，深以往日的无知狂言为耻，又以今后无机会切实改过为恨矣。[1]

这段话令人深有感触：蒋教授的真诚、谦虚品格，跃然纸上。当然，蒋教授毕竟言重了，因为梁启超早年关于"二十四史"与家谱有关的说法，影响过许多人。"神会庐主"在这里的坦言，也就是向当年"广泛质疑"的博士生们致歉了。这也表明了一个教师的良心。

与此相近的是，蒋教授在《读郑学檬等〈李世民（附魏徵）评传〉》的后论中，就"玄武门事变"发表评论说：

神会庐主曰 我读《通鉴》，常叹太宗之不仁、魏徵之无义。"玄武门事变"杀了手足兄弟还不算，非斩绝其后不可，何等残忍！昨天还劝太子速杀二郎，而今又为二郎之下奴，何等无耻！今读郑卢书稿，知评价政治人物，首先观其认识历史的深度和创造历史的长度。古有民本论，而李、魏则知：政当以民和心悦为本。以史为鉴，要在创造新史；圣君贤臣，全在民心乐安。特别是今人论古人，切不可以朱熹"三纲不正，无君臣父子夫妇，其原始于太宗"为凭挡住自

---

[1] 蒋广学：《中国学术思想史散论——〈中国思想家评传丛书〉读稿札记》，南京大学出版社，2012年，第102页。

己的视线，无李世民、魏徵，即无"秋水共长天一色"之盛唐，又哪有"落霞与孤鹜齐飞"之文章！[1]

《读稿札记》作者的这一段评论，旨在反省自己对"玄武门事变"的认识和评价，同时也涉及对历史人物评价标准之观念的变化，大可称道。自宋以下（以范祖禹《唐鉴》为代表），历来对"玄武门之变"有不同的评价。"神会庐主"说的"古有民本论，而李（世民）、魏（徵）则知：政当以民和心悦为本"，可谓概括得简要而中肯。

蒋教授是一位富于联想、深于思考的学者，这在"神会庐主曰"中，处处可见。他在《读仓修良、叶建华〈章学诚评传〉》札记的后论中，由章学诚重视"史意"而引发出一番感叹：

神会庐主曰 鄙人不敢与古代贤哲比肩，但其命确与实斋先生相似，即也是个悖时的人物。在科学技术推动社会日新月异之时代，人文学科真的还有它的作用吗？其一惑也；"文革"时代，文士以跟随政风为学术，当今之时，政风没了，商风却如热带风暴，席卷各个角落，连干部培训也以"国学"为买卖之货，学术真是斯文扫地。其二惑也；从市场经济看，眼下通行以字论价，而"意"值何在，其三惑

---

[1] 蒋广学：《中国学术思想史散论——〈中国思想家评传丛书〉读稿札记》，南京大学出版社，2012年，第208页。

也。而最大不惑者，乃是在古稀之年，仍矻矻、碌碌，日读夜梦，念念叨叨，是为何哉，是为何哉？读仓先生书，只能有一解：人各有志！[1]

"神会庐主"提出的"三惑"，有其一定的历史环境。但事物总在发生着变化，有些"惑"在历史进程中就会变得"不惑"，此固无疑。重要的是，蒋教授身在"中国思想家研究中心"，从事着中国思想史的研究工作，对于思想、义理领域尤为看重，故有"而'意'值何在"之叹，这是提醒读者：要重视思想、重视理论啊！

"神会庐主"的这种联想，往往又使他迸发出热烈的激情，他在《读陈铭〈龚自珍评传〉》一文的后论中，写下这样一段浮想联翩的话语：

> **神会庐主曰** 鄙人因敬重梁任公而追慕龚定庵，故做了分管本书的副主编。每将两人对读，耳边不免响起了宋玉的《风赋》："夫风生于地，起于青萍之末，侵淫溪谷，盛怒于土囊之口，缘太山之阿，舞于松柏之下，飘忽溯滂，激飏熛怒。耾耾雷声，回穴错迕，蹶石伐木，梢杀林莽。"如果将任公比作"回穴错迕"的耾耾雷声，那么，读陈教授书可知定庵已经是起于青萍之末而吹向溪谷的劲风了。而那生于地

---

[1] 蒋广学：《中国学术思想史散论——〈中国思想家评传丛书〉读稿札记》，南京大学出版社，2012年，第698页。

的氤氲之气，当是由定庵与默深共奉为师的刘申受。《丛书》未能给常州学派的代表人物庄存与、刘逢禄立传当是一件憾事。今后有心者，不知可否加此一传而附于本书之后，让人察觉在晚清闹得天翻地覆的今文经学在隐隐然蕴于"青萍之末"时是何种面目，岂不快哉！[1]

"神会庐主"的富于联想，在这篇文字中可谓达到极致：从敬重梁启超而追慕龚自珍，于是上溯历史想到了宋玉及其名作《风赋》；继而回过头来，把梁启超比作"雷声"，而把龚自珍比作"劲风"；进而由龚自珍联想到魏源，以及龚、魏二人的老师刘申受（逢禄）；最后落脚在希望有意者为常州学派代表人物庄、刘作一佳传，以了却"神会庐主"引为"憾事"的一桩心愿。在这里，作者把古代与近代的史学家、文学家、思想家和他自己都联系起来，这或许就是"神会庐"的由来吧。

"神会庐主曰"还提出了一些感到疑问或困惑的问题，如：裴松之注《三国志》是否有什么"历史机缘"，即陈寿是张华好友，张华与裴頠同朝共事，而裴頠又是裴松之的先人，这或许是裴松之注陈寿《三国志》的"历史机缘"。作者诚恳地写道："或有或无，望未来学者，能解我心中之疑也。"[2]据《宋书·裴松之传》载："上（按：指宋文帝）使注陈寿《三国志》，松之鸠集传记，

---

[1] 蒋广学：《中国学术思想史散论——〈中国思想家评传丛书〉读稿札记》，南京大学出版社，2012年，第722页。

[2] 同上，第152页。

增广异闻,既成奏上。上善之,曰:'此为不朽矣。'"[1]看来,不论是否存在其他"历史机缘",宋文帝的指示当是重要的原因。像这样的疑问或困惑,一方面反映了作者的兴趣和思考,另一方面也使读者产生"追问"的兴致,以致掩卷而余味未尽。

当然,"神会庐主曰"中也存在一些可以商榷之处,如作者把杜佑视为"腐败政权之点缀",把《通典》说成是"专制皇权之修饰"[2]。对此,不论从历史上看还是从史学上看,都有很大的商榷空间。这样的事例在《读稿札记》中不多,但还是存在的。

总体来看,"神会庐主曰"的洒脱、活泼的风格以及迸发出来的"感情火花",给《读稿札记》增添了更多的光彩。

四 结语

读《读稿札记》,获益良多,以札记形式成此钜制,令人羡慕、赞叹。于是想到,清代史学家章学诚在指导子侄辈读书、治学时曾郑重地指出:

> 札记之功,必不可少;如不札记,则无穷妙绪,皆如雨珠落大海矣。……今使日逐以所读之书与文,作何领会,札而记之,则不致于漫不经心。且其所记虽甚平常,毕竟要从

---

[1] 沈约等:《宋书》卷六四《裴松之传》,中华书局,1974年,第1701页。
[2] 蒋广学:《中国学术思想史散论——〈中国思想家评传丛书〉读稿札记》,南京大学出版社,2012年,第271页。

义理讨论一番，则文字亦必易于长进，何惮而不为乎！札记之功，日逐可以自省；此必如活水泉源，愈汲愈新，置而不用，则如山径之茅塞矣。[1]

章学诚在这里讲的是治学的基本功，而蒋广学教授是借助于这种形式，以"二十年的心血"完成一个创造性的学术工程。我们是否可以补充一句："札记之功，大有可为。"

综上，蒋广学教授撰写的《中国学术思想史散论——〈中国思想家评传丛书〉读稿札记》，可以作为系统的"中国思想家传略"来读，也可以作为"中国学术思想著作提要"来读，希望它拥有越来越多的读者。

（原载《中华读书报》2019年2月13日）

---

[1] 章学诚：《章学诚遗书》卷九《家书一》，文物出版社，1985年，第92页。

第四辑

治学漫谈

谈谈历史研究中的几个关系

在历史研究中，有许多关系需要我们认真对待和恰当处理。处理好这些关系，不仅对史学工作者自身的治学很重要，而且对史学的整体发展也是十分重要的。20世纪五六十年代，我国史学界曾经讨论过史与论的关系、古与今的关系、史与文的关系、人民群众和杰出人物的关系等。当前，在新的历史条件下，这些关系仍有深入认识和恰当处理的必要。在这里，我要说的几个关系是：继承和创新的关系、宏观思考和个案考察的关系、理论探索和实证研究的关系。这几个关系的提出都是有针对性的，即当今的史学界，创新讲得多，继承讲得少；个案考察多，宏观思考少；实证研究多，理论探索少。从史学发展规律来看，这些现象的出现并不奇怪，甚至可以说有其合理性。既然如此，为什么还要提出这些问题呢？这是因为，事物总有其两面性，往往是一种倾向掩盖了另一种倾向，在"合理"中也有"不合理"的因素。这里所说的"针对性"，即指此而言。

继承和创新的关系

在历史研究中，批判继承对于创新具有重要的意义。就拿社会史研究来说，20世纪二三十年代兴起的中国社会史研究经过数十年发展，至20世纪中期已有丰厚的积累，先后涌现出一大批相关著作。这些著作让人们懂得了社会发展史，也大致懂得了中国社会历史演进的历程以及演进中的某些阶段性特点。尽管研究者们对历史阶段划分的认识并不完全一致，在社会历史演进的总相和趋势上各有认识的尺度和考量的标准，但这些尺度和标准在本质上都是相通的。今天看来，上述研究以及在研究中所产生的种种争论，都是今人认识社会历史演进的思想遗产。如果说这份遗产存在某种不足或某种局限的话，主要是重视宏观梳理而未能更多关注相应的微观考察，从而在具体问题具体分析的方法论上有时难免失察。20世纪80年代再次兴起的社会史研究，着眼于社会"下层"和区域特点，看重微观考察，使人们能够观察到社会历史进程中的某些"细部"，从而更深切地感受到历史运动的鲜活性与多样性。如果后一种社会史研究模式能够继承前一种社会史研究模式的合理因素，无疑将使后一种社会史研究模式在创新方面因具有宏大的历史背景而获得更深刻的社会意义。同样，如果前一种社会史研究模式能够吸收后一种社会史研究模式的创新成果，则前一种社会史研究模式必将焕发新的活力。

再说继承和创新中的另外一个例子。近年来，随着"后现代历史叙事学"思潮的兴起，有中国学者起而为之呼应，也写出了一些关于叙事的专书和文章。这里有两个问题是不能回避的：一是人们所说的"叙事"，究竟是历史叙事还是文学叙事？二者异同何在？二是从中国史学来看，其悠久的叙事传统有何特点和优点，如《春秋》《左传》《史记》《资治通鉴》《通鉴纪事本末》等书在历史叙事方面有何成就？《史通》《文史通义》等书在历史叙事方面有何理论阐述？大致弄清楚这些遗产的基本面貌，并以此为底蕴再联系当今中国史学的发展，那么，我们在同外国学者讨论"叙事"问题时就有了自身特点，而不是作一般性的呼应。在这个问题上，继承和创新的关系也显得十分重要。

从历史研究来看，继承和创新大致存在三种情况：一是继承前人的研究成果而加以丰富和发展。如元代史家马端临继承杜佑《通典》而写出《文献通考》，明代史家王圻又继承《文献通考》而写出《续文献通考》等。二是继承前人的著作但在表现形式上有新的变化。如东汉史家荀悦根据班固《汉书》而写出了《汉纪》；南宋史家袁枢根据司马光的《资治通鉴》而写出了《通鉴纪事本末》等。三是从前人的思想遗产中得到启发，对当今的研究有所借鉴，从而写出具有时代感的学术论著。如司马迁在《史记·平准书》中反映出来的区域经济思想，杜佑在《通典·边防典》中反映出来的地理条件和民族发展进程之关系的思想，都对后人的相关研究具有借鉴意义。当然，学术上的继承和创新是严肃的科学工作，不应当使之庸俗化。以庸俗化的态度对待经典，不仅谈不上创新，而且会使人们远离经典，甚至与经典背道而驰。

宏观思考和个案考察的关系

个案考察是历史研究的基础，是对某一问题或某一方面的深入了解；宏观思考是历史研究的提升，是对全局的把握和概括。二者结合，是历史研究发展的主要路径。中国古代"正史"中的类传，是以诸多个案构成对某一社会群体的认识。陈寅恪先生的名作《元白诗笺证稿》一书，也是以诸多个案揭示唐代社会面貌，是个案考察同宏观思考结合得极好的例证。

改革开放以来，中国史学界经历了文化史研究、社会史研究、地方史研究几个热潮。这既有历史的原因，也有史学自身发展的原因，因而有其合理性。其中，产生了一些优秀的大部头著作，如中国政治制度史、中华文明史、中国文化史、中国民俗史等领域都有很出色的研究成果问世。但从总的趋势来看，当前的研究是以个案分析居多，所以常常见到有些论文的副标题是"以什么为例""以什么为中心"。这样做并不是不可以，因为有的实例具有本质的意义。但这种研究成为一种模式或许并不十分妥当，因为有些历史现象并不是举一两个例子就可以证明的，况且并不排除有相反实例存在。更重要的是，当这种研究成为一种带有普遍性的现象时，它在客观上会局限人们从宏观的方面去思考问题，而其直接后果又会影响研究者对所从事的个案研究或局部研究之所得的合理定位。什么是宏观思考？一是注意到历史联系，二是注意到社会环境。这些思考并不一定都要表述出来，而是要求研究者具有这方面的底蕴和考量。这样，即使不表述出来，也会渗透在字里行间，而不至于使研究所得在定位上和评论上有所偏颇。

理论探索和实证研究的关系

理论探索和实证研究是历史研究的两个环节，缺一不可。它们的关系不只是价值判断和事实判断的关系，还涉及历史研究的学术水准和发展方向。实证研究是理论探索的基础，而理论探索是历史研究中最困难的部分，同时也是不可缺少的部分。这里应该有三个层次的理论问题。

第一个层次的理论问题是，从唯物史观的观点来看，现阶段史学工作者要努力地准确掌握马克思主义的基本观点。这就需要分清哪些是必须长期坚持的马克思主义基本原理，哪些是需要结合新的实际加以丰富和发展的理论判断，哪些是必须清除的对马克思主义的教条式的理解，哪些是必须澄清的附加在马克思主义名下的错误观点。这里涉及的理论问题都与历史研究的指导思想有关，属于第一个层次即最高层次的理论问题。

第二个层次的理论问题是专业基础理论。从历史学来说，什么是历史、什么是历史学，历史学对于国家、民族和个人来说有何功用以及历史研究的方法、历史编纂的内容和形式、历史文献同历史编纂的关系、历史学同其他学科的关系、史学工作者的基本素养等，都是历史学的学科基础理论。应当坦率地承认，对于这些理论问题，并不是所有的史学工作者都十分关注。比如，什么是历史、什么是历史学，什么是历史理论、什么是史学理论，这些基本概念常常是被混淆着使用的；至于历史学的社会功用及其在社会中应有的位置，我们往往会认为这是常识问题，很少给予关注和论说。这种现象既不利于历史学的自身发展，也不利于人们对历史学的认识，不利于整个民族素质的提高。因此，我们必须重视历史学的基础理论研究。

  第三个层次的理论问题是在具体研究中碰到的问题。这些问题并不完全是依据史料就能解决的，它需要从事实的层面上升到理论的层面，才能对所研究的对象有深刻的认识。20世纪五六十年代，史学界对一些重大历史问题有过热烈的讨论和辩难。这些问题既是历史问题，也是理论问题，如关于资本主义萌芽的讨论和辩难就是其中的突出问题之一。就历史材料来说，大家都有深入的发掘，问题在于怎样判断这些材料的性质，这就需要有理论的说明，尤其是关于资本主义生产方式基本特点的分析。应当说，诸如此类的学术论争都在很大程度上推动了历史研究的发展和研究者理论水平的提高。

（原载《人民日报》2011年1月20日）

论"稽古"与"随时"
——中国古代史家关于古今关系及其本质的认识

古往今来，人们为什么要研究历史？研究历史的目的是什么？答案有种种。我们认为，历史研究的目的之一，是要获得历史的真相，厘清历史发展的脉络，探寻历史演变的规律，这是从事历史研究的基本任务。同时，历史研究还有另一个目的，即总结历史上的人们从事各种活动（包括社会活动和从事自然资源开发活动）所总结出来的经验教训，以供今人和后人参考。历史研究只有兼顾到上述两个目的，才能真正懂得历史在现实中的作用，才可以说是完整的历史研究，或者说具备了历史研究的全部内容。对此，中国史学有优良的传统，中国古代史学家在认识上也有许多阐述和积累，关于"稽古"与"随时"的辩证统一的认识，就是这方面的宝贵的思想遗产。我们进一步了解和研究这一传统，对于历史学的学术品格和研究历史的目的，自当在理论上获得更全面的认识，也有助于拓展中国史学的话语权。

一 历史撰述中的"稽古"与"随时"

唐代史学家刘知幾在其所著《史通·题目》篇中,讲到魏晋南北朝至隋代学人对其历史撰述所用书名,常以先秦文献名书,称《某某春秋》《某某尚书》、某"志"、某"典"时,批评道:

> 至孙盛有《魏氏春秋》,孔衍有《汉魏尚书》,陈寿、王劭曰"志",何之元、刘璠曰"典"。此又好奇厌俗,习旧捐新,虽得稽古之宜,未达从时之义。[1]

在刘知幾看来,魏晋南北朝至隋的这些史家所撰写的史书,多可以"史"名书,大可不必称为"春秋""尚书""志""典"这些先秦典籍的名称,认为这是人们"好奇厌俗"的表现。他说的"虽得稽古之宜,未达从时之义",意思是说,这是没有做到"稽古"与"从时"的协调。因此,从根本上看,"稽古之宜"也是表面的。

那么,怎样做才称得上是真正的"稽古"呢?刘知幾举《东观汉记》与唐修《晋书》为例,写道:"《东观》以'平林''下江'诸人列为载记,顾后来作者,莫之遵效。逮《新晋》始以十六国主持载记表名,可谓择善而行,巧于师古者矣。"[2] 这是指那些拥有地方武装势力但并未建立政权者,其事迹可记入史册,但应

---

[1] 刘知幾:《史通·题目》,浦起龙《史通通释》本,上海古籍出版社,2009年,第84页。
[2] 同上,第85—86页。

与一般传记相区别。刘知幾赞赏《东观汉记》的这一创举，并赞同唐初史学家重撰《晋书》时，以"载记"形式把十六国史事写入晋史，认为这是唐初史家"择善而从，巧于师古"的做法，显然是肯定这样的"稽古"之举。

同反对表面上的"稽古之宜"相类的，刘知幾对刻意"示其稽古"的做法，表示出更加激烈的反对意见。他在《史通·言语》篇中，指出魏晋南北朝时期有些史家著史，在语言表述上存在"怯书今语，勇效昔言"的倾向，他在《史通·言语》篇这样写道：

> 夫《三传》之说，既不习于《尚书》；两汉之词，又多违于《战策》。足以验氓俗之递改，知岁时之不同。而后来作者，通无远识，记其当世口语，罕能从实而书，方复追效昔人，示其稽古。是以好丘明者，则偏摸《左传》；爱子长者，则全学史公。用使周、秦言辞见于魏、晋之代，楚、汉应对行乎宋、齐之日。而伪修混沌，失彼天然。今古以之不纯，真伪由其相乱。故裴少期讥孙盛录曹公平素之语，而全作夫差灭亡之词。虽言似《春秋》而事殊乖越者矣。[1]

刘知幾批评这种"作者皆怯书今语，勇效昔言"的做法"不其惑乎！"并从理论上进一步指出："苟记言则约附《五经》，载

1　刘知幾：《史通·言语》，浦起龙《史通通释》本，上海古籍出版社，2009年，第139—140页。

语则依凭《三史》,是春秋之俗,战国之风,亘两仪而并存,经千载其如一,奚以今来古往,质文之屡变者哉?"[1] 刘知幾以事物是在不断变化的观点批评"怯书今语,勇效昔言"的不当,从而使他的这一批评具有方法论上的意义,进而加重了这一批评的分量。

刘知幾不赞成在历史撰述中刻意"以示稽古"的做法,同时,他也不赞成在历史撰述中着意"取叶随时,不藉稽古"的表现,指出王隐《晋书》中列《十士传》《寒俊传》;沈约《宋书》中设《二凶传》《索虏传》,就是这种情况。

总体来看,刘知幾在这个问题的认识上,是主张"稽古之宜"与"从时之义"的协调,亦即"稽古"与"随时"的一致,而刻意"以示稽古"或"不藉稽古"、一味追求"取叶随时"都是不可取的。至于他称赞唐初史家重修《晋书》时,对十六国之建立者以"载记"之名写入晋史,既有"稽古"之宜,又有"随时"之义,是"择善而行,巧于师古"的做法,则给后人留下了正面的评论和思考的空间。

二 政治活动中的"稽古"与"随时"

刘知幾《史通》是一部史学理论著作,也是一部史学批评著作,他从历史撰述领域的几个不同侧面,讨论了"稽古"与"从

---

[1] 刘知幾:《史通·言语》,浦起龙《史通通释》本,上海古籍出版社,2009年,第142页。

时"或"随时"的问题,意在提示历史撰述者关注并处理好二者之间的协调一致。这里我们要继续讨论的,是与这方面思想相通但却在政治活动领域的表现,这就越发显示出这个问题的重要性及其广泛意义。

唐代史学家杜佑所撰《通典》是一部论述历代制度史的著作,杜佑友人李翰在为《通典》所作的序文中写道:

> 今《通典》之作,昭昭乎其警学者之群迷欤!以为君子致用,在乎经邦,经邦在乎立事,立事在乎师古,师古在乎随时。必参今古之宜,穷始终之要,始可以度其古,终可以行于今,问而辨之,端如贯珠,举而行之,审如中鹄。夫然,故施于文学,可为通儒,施于政事,可建皇极。[1]

在这一段话中,作者站在政治实践的立场,把"师古"与"随时"的关系及其出发点和预期目的都讲到了,而且分析得极为透彻。其出发点是"经邦""致用";其预期目的是"施于文学,可为通儒,施于政事,可建皇极",即有用于世。至于怎样处理"师古"与"随时"的关系,则从两个方面着眼,一是着眼于理论,即"参古今之宜,穷始终之要";二是着眼于实践,即"始可以度其古,终可以行于今"。在这里,不论是从理论来看,还是从实践来看,都兼顾到古与今的关系,实则揭示了"师古"与

---

[1] 李翰:《通典》序,见杜佑《通典》,中华书局,1988年,第1—2页。

"随时"的关系，本质上是如何看待和如何处理古今关系。

李翰序文最后强调说，对于《通典》，他是"颇详旨趣，而为之序"的。那么，他在序文中所论述的这些道理，果真符合杜佑及其《通典》的"旨趣"吗？对此，我们可以将杜佑的思想和言论，概括为三个方面做出回答：第一，杜佑在《通典》自序中明确写道："所纂《通典》，实采群言，征诸人事，将施有政。"[1]这是说明了撰述材料的来源和撰述的目的。第二，杜佑在《上〈通典〉表》中指出：一则以往经典多是"记言"，"罕存法制"；二则"历代众贤著论，多陈纲失之弊，或阙匡救之方"；而"周氏典礼"以下的历代制度，应加以"研寻"，因为"往昔是非，可为来今龟镜"。[2]这是指出以往研究中存在的缺憾而强调历代制度的重要及其可以借鉴的价值，亦即李翰所说的包含着"师古"与"随时"的价值。第三，杜佑在《进〈理道要诀〉表》中，进一步明确指出：作为《通典》缩写本的《理道要诀》的宗旨，是"详古今之要，酌时宜可行"[3]。这两句话，与杜佑《通典》自序所说是一致的，它道出了李翰所说"经邦""致用"的具体途径，也是对"师古"与"随时"关系的最好概括。

应当强调的是，李翰序文说的"致用""经邦""立事""师

1　杜佑：《通典》卷首，中华书局，1988年，第1页。
2　杜佑：《上〈通典〉表》，见刘昫等《旧唐书》卷一四七《杜佑传》，中华书局，1975年，第3983页。
3　杜佑：《进〈理道要诀〉表》，见王应麟《玉海》卷五一《艺文·理道要诀》，江苏古籍出版社、上海书店出版社，1987年，第971页。

古""随时"这一思维的逻辑中,"立事"当是关键。因为只因有了"事","致用""经邦"才不会流于空谈;又因恰当地处理好"师古"与"随时"的关系,"事"才可能落到实处。在杜佑思想及其所著《通典》中,这个"事"就是杜佑在《上〈通典〉表》中说的"法制""政经",也就是杜佑在《通典》自序中说的关于"理道"(即"治道")的内容及其逻辑体系,这就是:

> 夫理道之先在乎行教化,教化之本在乎足衣食。《易》称聚人曰财;《洪范》八政,一曰食,二曰货;《管子》曰:"仓廪实知礼节,衣食足知荣辱。"夫子曰:"既富而教。"斯之谓矣。夫行教化在乎设职官,设职官在乎审官才,审官才在乎精选举,制礼以端其俗,立乐以和其心,此先哲王致治之大方也。……是以食货为之首,选举次之,职官又次之,礼又次之,乐又次之,刑又次之,州郡又次之,边防末之。或览之者庶知篇第之旨也。[1]

如果说,李翰说的"致用"等,是一个思维的逻辑体系的话,那么杜佑在这里阐明的就是一个实践的逻辑体系。这两个逻辑体系的结合,把"师古"与"随时"的关系解释得再清楚不过了。诚如当时的一个大臣权德舆所评论的那样:杜佑"阅天下之义理,究先王之法志,著《通典》二百篇,诞章宏议,错综古今,

---

[1] 杜佑:《通典》卷首,中华书局,1988年,第1页。

经代（世）立言之旨备焉"[1]。这反映出《通典》在当时的影响。

《通典》问世九百多年后，清朝乾隆皇帝为重刻《通典》写了一篇序文，指出：

> 观其分门起例，由食货以迄边防，先养而后教，先礼而后刑，设官以治民，安内以驭外，本末次第，具有条理，亦恢恢乎经国之良模矣。《书》曰："学于古训乃有获。"为国家者，立纲陈纪，斟酌古今，将期与治同道而不泥其迹，则是书实考镜所必资，岂以供博览而已哉！爰揭之以告读是书者。[2]

这篇序文也说到"学于古训"，说到"斟酌古今"，说到"经国之良模"等，这是后世政治人物的认识。由此可见，杜佑《通典》旨趣的崇高，李翰序文所论之中肯。

以上所论，可以看作"师古"与"随时"之关系在政治领域的一个范例。

三 "稽古"与"随时"关系的哲学分析

上文讲到"稽古"与"从时"或"师古"与"随时"，都与古今关系相联系。而自司马迁提出"通古今之变"的命题，后世

---

[1] 权德舆：《岐国公杜公著墓志铭》，见董诰等编《全唐文》卷五〇五，中华书局，1983年，第5136页。
[2] 清高宗：《御制重刻通典序》，见杜佑《通典》附录一，中华书局，1988年，第5513页。

学人多有论述，其中尤以东汉王充论述多有启发。他批评有的儒生，这样写道：

> 夫儒生之业，《五经》也，南面为师，旦夕讲授章句，滑习义理，究备于《五经》可也。《五经》之后，秦、汉之事，不能知者，短也。夫知古不知今，谓之陆沉，然则儒生，所谓陆沉者也。《五经》之前，至于天地始开、帝王初立者，主名为谁，儒生又不知也。夫知今不知古，谓之盲瞽。《五经》比于上古，犹为今也。徒能说经，不晓上古，然则儒生，所谓盲瞽者也。[1]

王充从古今关系上批评一些儒生，其言尖锐而其意颇深。他进一步指出："人不博览者，不闻古今，不见事类，不知然否，犹目盲、耳聋、鼻痈者也。"[2] 他把"知古不知今""知今不知古"和"不闻古今"看得如此之重要，这是因为在他看来，不知古今就是没有真正的知识，更谈不上有所用。他认为"章句之生，不览古今，论事不实"[3]，就是这个道理。

王充关于古今关系及其重要性的这番论述，语锋犀利、用意深刻，显示出了一个思想家的独特风格和批判精神。可以认为，王充继承并发展了司马迁关于"通古今之变"的思想。司马迁有

---

[1] 王充：《论衡》卷一二《谢短篇》，上海人民出版社，1974年，第196页。
[2] 王充：《论衡》卷一三《别通篇》，上海人民出版社，1974年，第206页。
[3] 同上，第207页。

这样两句话，从一个重要的侧面道出了"通古今之变"的真谛，就是："居今之世，志古之道，所以自镜也，未必尽同。帝王者各殊礼而异务，要以成功为统纪，岂可绲乎？"[1]前一句话中包含了"古""今"和用（"自镜"），后一句话是说成功的经验和状况并不完全相同。司马迁的这两句话虽不能完全反映他的"通古今之变"的思想，但毕竟是论到了古今关系的关键之处。王充的论述，又推进了司马迁的这一认识。

前文还曾说到刘知幾批评刻意"以示稽古"与一味"取叶随时"的偏颇，指出把"稽古"与"随时"（或"从时"）割裂开来的危害，但似缺少进一步的分析。这一学理上的课题，清代史学家章学诚做了进一步的阐发。他对于"先圣遗言""时王之制度"与"国家之用"的关系，以及"好古"与"当代"、"掌故"与"经术"的关系等问题，做了全面的分析：

第一，他指出，"《传》曰：'礼，时为大。'又曰：'书同文。'盖言贵时王之制度也。学者但诵先圣遗言，而不达时王之制度"，势必走向旁枝末节以至于斗奇游戏的歧路，谈不上有"实用"价值。这样，"士大夫之学问文章，未必足备国家之用"。

第二，他强调"掌故"和"制度"的重要，指出："法显而易守，书吏所存之掌故，实国家之制度所存，亦即尧、舜以来，因革损益之实迹也。"

第三，指出学者志在学有所用，必须注重古今联系："故无

---

[1] 司马迁：《史记》卷一八《高祖功臣侯者年表》序，中华书局，1959年，第878页。

志于学则已，君子苟有志于学，则必求当代典章，以切于人伦日用；必求官司掌故，而通于经术精微；则学为实事，而文非空言，所谓有体必有用也。"概而言之，就是古今联系，经世致用。

第四，他严厉地指出，"不知当代而言好古，不通掌故而言经术"尽管对于官样文章、旁支末学"虽极精能，其无当于实用也审矣"。[1]

章学诚的这些分析，可以概括为三点认识：首先，他强调"时王之制度"，在"当代"与"好古"的问题上更看重"当代"，但他并不否认"先圣遗言"的重要和"经术"的地位；其次，他确切地指出"士大夫之学问文章"应当"足备国家之用"，不赞成"无当于实用"的"经术"；再次，他认为认识"当代"是"好古"的基础，因为"好古"的目的本是为了有用于"当代"，否则便成了无目的"好古"，是没有意义的。

章学诚进而对"随时"与"好古"存在内在的辩证关系做了论述，指出：

> 夫三王不袭礼，五帝不沿乐。不知礼时为大，而动言好古，必非真知古制者也。……若夫殷因夏礼，百世可知。损益虽曰随时，未有薄尧、舜，而诋斥禹、汤、文、武、周公而可以为治者。李斯请禁《诗》《书》，君子以谓愚之首也。

---

[1] 以上见章学诚：《文史通义·史释》，叶瑛《文史通义校注》本，中华书局，1985年，第231页。

> 后世之去唐、虞三代，则更远矣。要其一朝典制，可以垂奕世而致一时之治平者，未有不于古先圣王之道，得其仿佛者也。故当代典章，官司掌故，未有不通于《诗》《书》六艺之所垂。而学者昧于知时，动矜博古，譬如考西陵之蚕桑，讲神农之树艺，以谓可御饥寒而不须衣食也。[1]

这一段论述，把"好古""随时"做了进一步解释，凸显了章学诚的思考之深及其思维的辩证色彩，而对于"昧于知时，动矜博古"之人的讽刺之语可谓入木三分。

至此，中国古代史学家提出的"稽古"与"随时"这两个含义不同但却密切关联的观念，以及与此紧密联系的古今关系和探讨古今关系的根本目的所在等问题，大致形成了一个有密切联系的认识环链。考察这一认识环链的发展过程及其涉及的广泛领域，对于今天的人们来说，可以从中得到有益的启示。

四 结语

历史发展了，时代不同了，历史的主体及其活动的内容都发生了很大的变化。在这种客观条件下，中国古代史学家关于"稽古"与"随时"的认识，对今天的人们是否还有积极的启示呢？答案是肯定的。这是因为：第一，从理论上讲，中国拥有悠久

---

[1] 章学诚：《文史通义·史释》，叶瑛《文史通义校注》本，中华书局，1985年，第232页。

的历史文化，它存在于历史之中，也存在于一代代人的思想之中，人们自觉不自觉地要认识过往的历史文化，这就是前人说的"稽古"；同时，每一时代的人，为了稳定和发展社会，又都自觉不自觉地从过往的历史文化中寻求经验和智慧，这就是前人说的"随时"。概而言之，每一时代的人都面临着"稽古"与"随时"的问题，只是具体的形势和情况有所不同罢了。第二，从实践上看，处于不同历史发展阶段或不同时代的人，都会有自身的历史观和价值观以及对于治理社会的种种诉求，而他们在思考类似"稽古"与"随时"这样的问题时，自会参考前人的认识，并从中得到裨益。

当今，处于改革开放的伟大时代的中国，倡导弘扬优秀传统文化，使之为激发中华民族的奋斗精神、凝聚意识、创造才能所用，为实现中华民族伟大复兴所用。因此，现时的知识界、理论界、学术界的同仁，也都面临着所谓"稽古"与"随时"这类老问题所带来的新思考。其中，王充、刘知幾、章学诚所批评的，司马迁、杜佑、李翰所倡导的，提供了多方面参考。据此，我们在马克思主义唯物史观指导下，对此一一予以辨析，明确汲取什么，摒弃什么，可以创造出符合历史感和时代感相结合的新型"稽古"与"随时"的现代模式。

（原载《史学史研究》2017年第4期）

历史研究须处理好古今关系

人们研究历史的兴趣和目的，一是要获得历史的真相，厘清历史发展的脉络，这是从事历史研究的基本任务；二是要总结历史上人们从事各种活动的得失成败、经验教训，探寻历史发展的规律，以供今人和后人参考，这是历史研究的又一重要任务。这就决定了历史研究大都会涉及古今关系，需要处理好"师古"（稽古）与"随时"（从时）的辩证统一关系。考察我国史学对古今关系的认识与处理，对于深入认识历史研究的本质、推进新时代我国史学发展具有重要意义。

重视古今关系是我国史学的优良传统

早在西汉时期，司马迁就说过："居今之世，志古之道，所以自镜也，未必尽同。"这几句话说到了"古"，说到了"今"，也说到了"用"即"自镜"。这是我国史学家对古今关系的较早论述。在司马迁看来,"古"是"今"的"镜子",可据此总结经验教训。这显然是着眼于事功。

唐代史学家刘知幾着眼于历史撰述提出问题,他在《史通·题目》中讲到魏晋南北朝至隋代学人对其历史撰述所用书名常以先秦文献命名时批评道:"此又好奇厌俗,习旧捐新,虽得稽古之宜,未达从时之义。"在刘知幾看来,魏晋南北朝至隋的这些史学家所撰写的史书,多可以"史"名书,大可不必套用"春秋""尚书""志""典"这些先秦典籍的名称。他说的"虽得稽古之宜,未达从时之义",意思是说没有做到"稽古"与"从时"的协调。[1]这是未能正确处理古今关系的表现。

那么,怎样才称得上是真正的"稽古"呢?刘知幾以《东观汉记》与唐修《晋书》为例,赞赏《东观汉记》把那些拥有地方武装势力但并未建立政权者的事迹记入史册但与一般传记相区别的创举,并赞同唐初史学家重撰《晋书》时以"载记"形式把十六国史事写入晋史,认为这是唐初史学家"择善而行,巧于师古"的做法,肯定了这样的"稽古"之举。

刘知幾反对表面上的"稽古",更反对刻意"示其稽古"的做法。他在《史通·言语》中指出,魏晋南北朝时期有些史学家著史,在语言表述上存在"怯书今语,勇效昔言"的倾向,造成"周、秦言辞见于魏、晋之代,楚、汉应对行乎宋、齐之日"的

---

[1] 刘知幾:《史通·题目》,浦起龙《史通通释》本,上海古籍出版社,2009年,第84页。

不良文风。[1] 刘知幾以事物不断变化的观点批评"怯书今语，勇效昔言"的不当，从而使这一批评具有方法论上的意义。

刘知幾批评刻意"以示稽古"与一味"取叶随时"的偏颇，指出把"稽古"与"随时"割裂开来的危害，这当然是对的，但缺少进一步的分析。清代史学家章学诚对此进一步做了学理上的阐发。他对于"先圣遗言""时王之制度"与"国家之用"的关系，对于"好古"与"当代"、"掌故"与"经术"的关系等，做了全面分析。章学诚的分析可以概括为三点认识：首先，他强调"时王之制度"，在"当代"与"好古"的问题上更看重"当代"，但他并不否认"先圣遗言"的重要和"经术"的地位；其次，他明确指出"士大夫之学问文章"应当"足备国家之用"，不赞成"无当于实用"的"经术"；再次，他认为认识"当代"是"好古"的基础，因为"好古"的目的本是为了有用于"当代"，否则便成了无目的"好古"，这样的"好古"是没有意义的。

章学诚进而对"随时"与"好古"的内在辩证关系做了论述，指出："夫三王不袭礼，五帝不沿乐。不知礼时为大，而动言好古，必非真知古制者也……故当代典章，官司掌故，未有不可通于《诗》《书》六艺之所垂。而学者昧于知时，动矜博古，譬如考西陵之蚕桑，讲神农之树艺，以谓可御饥寒而不须衣食也。"[2] 这一段论述，对"好古""随时"做了进一步解释，凸显了章学

---

[1] 刘知幾：《史通·言语》，浦起龙《史通通释》本，上海古籍出版社，2009年，第142页。
[2] 章学诚：《文史通义·史释》，叶瑛《文史通义校注》本，中华书局，1985年，第232页。

诚思考之深入及其思维的辩证色彩，而对于"昧于知时，动矜博古"之人的讽刺可谓入木三分。

自司马迁提出"通古今之变"的命题后，除了史学家进行深入探讨，后世思想家也多有论述，其中尤以东汉王充的论述多有启发。他从古今关系上批评一些儒生，其言尖锐、其意颇深。他指出："人不博览者，不闻古今，不见事类，不知然否，犹目盲、耳聋、鼻痈者也。"[1]他之所以批评"知古不知今""知今不知古""不闻古今"，是因为在他看来，不知古今就是没有真正的知识，更谈不上有所用了。王充关于古今关系及其重要性的这番论述，显示出一个思想家的独特风格和批判精神。可以认为，王充继承并发展了司马迁关于"通古今之变"的思想。

古今关系也是政治领域的重要命题

史学家提出的古今关系问题是否具有广泛意义呢？回答这一问题，需要考察这方面思想在政治领域的表现。这里不讨论具体的政治活动，而以杜佑所撰《通典》为例分析政治领域的"治道"是如何处理"师古"与"随时"、"古"与"今"的关系。

唐代史学家杜佑所撰《通典》是一部论述历代制度史的著作，实际涉及政治领域的"治道"。杜佑友人李翰在为《通典》所作的序文中写道："今《通典》之作，昭昭乎其警学者之群迷

---

[1] 王充：《论衡》卷一三《别通篇》，上海人民出版社，1974年，第206页。

欤！以为君子致用，在乎经邦，经邦在乎立事，立事在乎师古，师古在乎随时。必参今古之宜，穷始终之要，始可以度其古，终可以行于今，问而辨之，端如贯珠，举而行之，审如中鹄。夫然，故施于文学，可为通儒，施于政事，可建皇极。"[1]这一段话，作者从政治实践的角度把"师古"与"随时"的关系及其出发点和预期目的都讲到了，而且分析得极为透彻。出发点是"经邦""致用"，预期目的是"施于文学，可为通儒，施于政事，可建皇极"，即有用于世。至于怎样处理"师古"与"随时"的关系，则从两个方面着眼，一是着眼于理论，即"参古今之宜，穷始终之要"；二是着眼于实践，即"始可以度其古，终可以行于今"。在这里，无论是从理论来看，还是从实践来看，都兼顾"古"与"今"的关系，实质上是如何看待和处理古今关系。

李翰序文最后强调说，对于《通典》，他是"颇详旨趣，而为之序"的。那么，他在序文中所论述的这些道理，果真符合杜佑及其《通典》的"旨趣"吗？对此，我们可以将杜佑的思想和言论概括为三个方面做出回答：第一，杜佑在《通典》自序中明确写道："所纂《通典》，实采群言，征诸人事，将施有政。"这是说明撰述材料的来源和撰述的目的。第二，杜佑在《进〈通典〉表》中指出：一则以往经典多是"记言"，"罕存法制"；二则"历代众贤高论，多陈紊失之弊，或阙匡拯之方"；而"周氏典礼"以下的历代制度，应加以"研寻"，因为"往昔是非，可

---

[1] 李翰：《通典序》，见杜佑《通典》，中华书局，1988年，第1—2页。

为今来龟鉴"。[1]这是指出以往研究中存在的缺憾，强调历代制度的重要性及其可以借鉴的价值，亦即李翰所说的包含着"师古"与"随时"的价值。第三，杜佑在《进〈理道要诀〉表》中进一步明确指出：作为《通典》缩写本的《理道要诀》的宗旨，是"详古今之要，酌时宜可行"。[2]这两句话与杜佑《通典》自序所说是一致的，道出了李翰所说"经邦""致用"的具体途径，也是对"师古"与"随时"关系的最好概括。

应当强调的是，在李翰序文说的"致用""经邦""立事""师古""随时"这一思维逻辑中，"立事"当是关键。只因有了"事"，"致用""经邦"才不会流于空谈；又因恰当地处理好"师古"与"随时"的关系，"事"才可能落到实处。在杜佑思想及其所著《通典》中，这个"事"就是"法制""政经"，也就是"理道"（即"治道"）的内容及其逻辑体系。

《通典》问世九百多年后，清朝乾隆皇帝为重刻《通典》写了一篇序文。这篇序文也说到"学于古训"，说到"斟酌古今"，说到"经国之良模"等，这是后世政治人物的认识。由此可见，在政治领域，如何处理古今关系也是一个重要命题。

会通古今才能有用于世

中国古代学人讨论的"师古"与"随时"或"稽古"与"从

---

[1] 杜佑：《通典》书首《进〈通典〉表》，中华书局，1988年，第1页。
[2] 杜佑：《进〈理道要诀〉表》，见王应麟《玉海》卷五一《艺文·理道要诀》，江苏古籍出版社、上海书店出版社，1987年，第971页。

时",都与古今关系相联系。清代思想家、诗人龚自珍说得好:"欲知大道,必先为史。"[1] 他说的"大道"可理解为"今",他说的"史"可理解为"古",二者的关系最终还是要落实到"大道"上。换言之,史学之所以有用,就是因为它有益于今人知晓"大道"。今天,构建中国特色哲学社会科学,推进新时代我国史学发展,仍然需要处理好古今关系,在会通古今中让人们知晓"大道",使史学有用于世。

历史在不断发展,时代在不断前进,这决定了历史活动的主体及其活动的内容都会发生很大变化。今天,如何处理古今关系仍然是历史研究中的重大命题。中国拥有十分悠久的历史、拥有博大精深的文化,今天的人们都会自觉不自觉地去认识过往的历史和文化,都会自觉不自觉地从过往的历史和文化中寻求经验和智慧为现实所用。当然,处于不同时代的人,都会有自身的历史观、价值观以及对于社会治理的种种诉求。概而言之,每一时代的人都面临着"师古"与"随时"的问题,都需要处理好古今关系,只是具体的形势和情况有所不同罢了。当前,我们正在为实现中华民族伟大复兴的中国梦而奋斗,知识界、理论界、学术界都需要对"师古"与"随时"、古今关系这一老问题进行新思考,以更好激发中华民族的奋斗精神、创造才能。

举例来说,怎样推动中华优秀传统文化创造性转化、创新性发展,就是新时代的一个重大课题。坚持创造性转化、创新性

---

[1] 龚自珍:《龚自珍全集》第一辑《尊史》,上海古籍出版社,1975年,第81页。

发展，尤其需要处理好古今关系。古今关系处理好了，才能自信地、有效地在创造性转化和创新性发展中铸就中华文化新辉煌，也才能体现当代中国学术经世致用新的生命力和远大前景。为了处理好古今关系，有必要通过对相关学术史的回顾揭示文化演进中的辩证关系及其主要问题。第一，如何认识古今关系。这里说的古今关系不只是认识到古今有所联系，还要认识到"古"中有哪些优秀的东西适合于"今"，能够为今所用。第二，正因为如此，人们对于"今"的认识就成了认识古今关系中极为重要的部分。只有全面地、深刻地认识"今"，才可能判断、选择"古"中那些适用于"今"、有用于"今"的优秀成果。在这里，人们的时代感和历史感是紧密地联系在一起的。第三，对于"古"和"今"以及古今关系的认识，关键在于落实到"用"，即挖掘存在于"古"而有用于"今"的优秀成果，使其在当代文化建设和现代社会生活中焕发出新的生命力，实现创造性转化、创新性发展。

（原载《人民日报》2018年1月29日）

与时代互动是史学发展的动力

史学与时代究竟是一种什么样的关系，这是一个很重要的命题。正确认识两者的关系，对于今天史学的发展、对于应该弘扬什么样的史学传统无疑有着重大意义。史学与时代的关系，从本质上说，是社会思想与社会存在关系的一种表现，而史学传统正是在这种关系的长期互动中形成的。对史学、时代、史学传统做整体上的辩证认识，有助于揭示我国史学生成和发展的特点，有助于当今史学更好地肩负起时代赋予的使命。

时代孕育史学

社会存在决定人们的思想，史学是对客观存在历史的记录和解说。史书是史学家撰写的，但从根本上说是时代所孕育的。

《春秋》是我国的著名史书，它与时代是什么关系呢？孟子这样说过："王者之迹熄而《诗》亡，《诗》亡然后《春秋》作。"[1]在这里，"王者之迹熄而《诗》亡"可以说是《春秋》作的时代背景。西周至春秋时期，《诗》不仅与政事有关，而且是周王室与诸侯之间以及诸侯国使者相互交往中传递思想的工具，是统治阶层人物不可缺少的修养，故有"《诗》以言志"的传统。正因为《诗》有如此重要的分量，在"《诗》亡"的时代背景下，孔子作《春秋》。《春秋》与时代的这种关系，反映了史学发展的基本规律：时代的变动及其特点，影响着一代代史学家，促使他们撰写出各具特色的历史著作。

司马迁《史记·太史公自序》记下父亲司马谈同他诀别时的遗言："太史公执迁手而泣曰：'幽、厉之后，王道缺，礼乐衰，孔子修旧起废，论《诗》《书》，作《春秋》，则学者至今则之。自获麟以来四百有余岁，而诸侯相兼，史记放绝。今汉兴，海内一统，明主贤君忠臣死义之士，余为太史而弗论载，废天下之史文，余甚惧焉，汝其念哉！"[2]这番不朽的诀别对话，不仅反映出"汉兴，海内一统"的时代面貌对司马氏父子的深刻影响，而且兼及孔子作《春秋》的时代背景。司马迁撰成《史记》一书，自有多方面原因，而"汉兴，海内一统"当是这一伟大著作产生的最重要的条件。

同样的道理，从班固的《两都赋》中，人们可以看到盛大的

---

1 《孟子·离娄下》，杨伯峻《孟子译注》本，中华书局，1960年，第192页。
2 司马迁：《史记》卷一三〇《太史公自序》，中华书局，1959年，第3295页。

西汉王朝的气象以及东汉兴起后建武、永平间的"中兴之治",是如何激发起他继承父业写出《汉书》的那种虔诚和热情。再有,史学家们能够写出完全意义上的两晋史《晋书》,能够写出摒弃了以往南朝、北朝相互诋毁的新著《南史》《北史》,是因为唐王朝的盛大政治局面给史学家们提供了新的历史认识的基础。两宋的建立,先后都面临着尖锐的矛盾,统治集团和士大夫阶层多怀有深深的忧患意识。在北宋,史学家以唐为鉴的历史意识十分突出,《唐鉴》《唐史论断》《新唐书》等是这方面的几部代表作。在南宋,史学家们面对半壁江山,激发起撰写本朝史的强烈愿望,于是《三朝北盟会编》《建炎以来系年要录》《续资治通鉴长编》等著作先后面世,等等。1840年鸦片战争爆发后,中国历史发生剧变,救亡图存的时代精神孕育了《海国图志》及一系列的边疆史地研究著作与外国史地研究著作,这是人们所熟悉的。

由此可知,史学从根本上说是时代孕育的。认识时代对于史学有怎样的影响,是认识中国史学最重要的环节。

史学滋养时代

从辩证观点来看,一方面,时代孕育了史学;另一方面,时代所孕育的史学必定是时代所需要的,史学对时代有滋养作用。史学滋养时代,主要表现在以下几个方面。

从史学中寻求历史借鉴。以史为鉴,是史学滋养时代的最重要的功能。三千多年前,周公指出:"我不可不监于有夏,亦不可不监于有殷。"[1]这是中国最早的历史借鉴思想。两千多年前司马迁说过："居今之世，志古之道，所以自镜也。"[2]学习历史、认识历史，目的是以史为鉴，这道出了史学最重要的社会功用。一千多年前，司马光在关于《资治通鉴》的《进书表》中写道：修撰《资治通鉴》重点是"专取关国家盛衰，系生民休戚，善可为法，恶可为戒者"入史，目的是希望读者尤其是最高统治集团"监前世之兴衰，考当今之得失，嘉善矜恶，取是舍非"。[3]这就把历史借鉴的意义讲得十分清楚了。

从史学中参透做人原则。中国史书有一个突出特点，就是写出了各个不同时代、不同身份、不同气质的人。阅读他们的传记，品味他们的人生，一代又一代的读者可以从中悟出做人的道理。司马迁《史记》是最早为众多历史人物立传的史学家，他立传的标准是："扶义俶傥，不令己失时，立功名于天下。"[4]文武大臣、英雄豪杰、市井小民，在司马迁笔下都被写得栩栩如生，读来耐人寻味。诚如唐代史家刘知幾所说："用使后之学者，坐披囊箧，而神交万古，不出户庭，而穷览千载，见贤而思齐，见不贤而内自省。"[5]这是史学对于时代具有最广泛影响的价值所在。

从史学中积累历史智慧。历代史书所记，包罗万象，举凡经济、政治、思想、文化、民族、军事、天文、地理、民俗以及各

---

1 《尚书·召诰》，王世舜《尚书译注》本，四川人民出版社，1982年，第188页。
2 司马迁：《史记》卷一八《高祖功臣侯者年表》序，中华书局，1959年，第878页。
3 司马光：《资治通鉴》附录《进书表》，中华书局，1956年，第9607—9608页。
4 司马迁：《史记》卷一三〇《太史公自序》，中华书局，1959年，第3319页。
5 刘知幾：《史通·史官建置》，浦起龙《史通通释》本，上海古籍出版社，2009年，第280—281页。

种制度等。从这个意义上说，史学是历史智慧的渊薮、前贤思想遗产的宝藏。清人王夫之说："所贵乎史者，述往以为来者师也。"他认为史学中所蕴含的"得失之枢机"可为后人"效法"，可为"来者师"。[1] 拿政治智慧来说，如唐代史家吴兢所著《贞观政要》一书，记唐太宗君臣讨论治国理政方略，历史经验与现实决策紧密结合，多有发人深省处，为历代所重视。历史上，《贞观政要》被译成契丹文、女真文和蒙古文，受到广泛重视。

从史学中认识文明传承的连续性。我国史学历来十分重视历史的连续性发展，孔子讲三代之礼，司马谈称赞周公、孔子对历史连续性表述方面的贡献，司马迁《史记》更是具体地写出了自黄帝以来至汉武帝时约三千年的历史进程，这些论述本质上都是在讲历史的连续性发展。自班固《汉书》问世后，尤其是唐代设立史馆把修撰前朝史作为史馆修史活动的重要方面，于是历代皇朝为前朝修史成为制度，自《史记》至清修《明史》，凡"二十四史"，成为记录中华文明之连续性发展的主要历史文献。这种对历史发展连续性的重视以及为此所做出的不懈努力，对于增强国人的历史意思、维护和促进统一多民族国家的巩固与发展，产生了巨大的作用。

时代与史学互动形成优良史学传统

在时代孕育史学和史学滋养时代的辩证关系中，经两千多年

---

[1] 王夫之：《读通鉴论》卷六《光武一〇》，中华书局，1975年，第156—157页。

的发展，我国史学逐渐形成自身的优良传统，如人本主义传统、史学审美传统、史家修养传统等。这些优良传统，经历代史家的阐发不断丰富了原有的内涵而获得新的生命力。当下，我们要从时代与史学的互动中推动我国史学发展，尤其要注意以下几个传统。

追求信史的传统。孔子告诫学生："多闻阙疑，慎言其余。"[1]这是强调"信"的重要，做人如此，治学也如此。《穀梁传》明确指出："《春秋》之义，信以传信，疑以传疑。"[2]这表明孔子的《春秋》讲求信史原则。司马迁继承了孔子讲求信史的传统，故其《史记》被后世学者誉为"其文直，其事核，不虚美，不隐恶，故谓之实录"[3]。南朝刘勰做过这样的概括："若夫追述远代，代远多伪，公羊高云：'传闻异辞。'荀况称：'录远略近。'盖文疑则阙，贵信史也。"[4]此后，史学家们对讲求信史原则做了多方面的阐述与研究：从史学传统上进行论述的，有刘知幾《史通》中的《直书》与《曲笔》；从理论上进行论述的，有宋代史家吴缜在《新唐书纠谬·序》中阐明"事实"在历史撰述中的决定性作用；从文献的利用与抉择上进行论述的，有司马光的《资治通鉴考异》；从历史与史学关系的辨析上进行论述的，有清代考史学

---

1 《论语·为政》，杨伯峻《论语译注》本，中华书局，1958年，第21页。
2 《春秋穀梁传·桓公五年》，阮元《十三经注疏》本，中华书局，1980年，第2374页。
3 班固：《汉书》卷六二《司马迁传》，中华书局，1962年，第2738页。
4 刘勰：《文心雕龙·史传》，周振甫《文心雕龙注释》本，人民文学出版社，1981年，第171页。

者钱大昕《廿二史考异》、赵翼《廿二史札记》、王鸣盛《十七史商榷》、崔述《考信录》等。钱大昕说得好："史非一家之书，实千载之书，祛其疑，乃能坚其信，指其瑕，益以见其美。"[1]这几句话，反映了我国史家追求信史的传统和信念。

经世致用的传统。这个传统反映了我国史家崇高的社会责任感。史学经世致用的传统发端于春秋时期：楚庄王时，大夫申叔时主张以春秋、世、诗、语、故志、训典等历史文献教导太子，是较早论历史教育的记载；楚昭王时，左史倚相能以"训典"辅助政治，使楚王"无忘先王之业"，左史倚相被誉为楚国之"宝"。育人、辅政，这是史学经世致用的两个重要方面。在孟子看来，春秋末年社会动荡，"孔子惧，作春秋"，"孔子成《春秋》而乱臣贼子惧"。[2]这种说法难免有所夸大，但反映出以史学经世自觉意识的提升。不论是以"述往事，思来者"为宗旨，还是有感于"大矣哉，盖史籍之为用也"，以及明确昭示所撰史书以"征诸人事，将施有政"为目的，都贯穿着史学经世致用的功能和传统。史学之所以具有经世致用的功能，是因为史学所包含的内容丰富而且视野恢宏，所述上下古今而与现实多有联系。清人王夫之盛赞司马光的《资治通鉴》，认为："君道在焉，国是在焉，民情在焉，边防在焉，臣谊在焉，臣节在焉，士之行己以无辱者在焉，学之守正而不陂者在焉"，"可以自淑，可以诲人，可

---

[1] 钱大昕：《廿二史考异》，上海古籍出版社，2004年，第1页。
[2] 《孟子·滕文公下》，杨伯峻《孟子译注》本，中华书局，1960年，第155页。

以知道而乐"。[1] 史学有如此的功能和魅力，故其经世致用传统源远流长。

忧患意识的传统。清代思想家、史论家龚自珍有一句名言："智者受三千年史氏之书，则能以良史之忧忧天下。"[2] 龚自珍的这两句话，精辟地概括了我国史学所具有的鲜明的忧患意识。他说的"三千年史氏之书"，应是从《诗经》《尚书》时代以来的全部史书，其言可谓伟矣。当然，龚自珍有这种认识，显然同他处在鸦片战争前夜的历史形势有关，他是一个社会危机的先觉者。但他强调"史氏之书"，说明他又深受历代史书的影响。这种影响是潜移默化的，也是惊心动魄的。首先是史学家们所叙说的周、秦、汉、唐、宋、元、明这些盛大的朝代，都曾经有过自身的辉煌，但都不能免于衰落、败亡的命运，其原因何在？清朝虽有"康乾盛世"，也已经成为过去，清朝的历史命运将会怎样？这是历史上的重大问题，也是现实中的重大问题。其次，历代史家写出了许多有识之士的"嘉言懿行"，尽管他们不能从根本上改变历史的命运，但他们的思想与事迹显示出了对社会的关注和对历史前途的认识所凝练成的忧患意识，打动了当时的一些人，感染着一代代后人，使精神力量转变为物质力量，对社会进步产生了积极作用。再次，许多史学家自身的忧患意识不仅浸润在他们的历史撰述中，也往往通过他们表达的撰述意图和有关言论，给时

---

[1] 王夫之：《读通鉴论》卷末《叙论四》，中华书局，1975年，第1114页。
[2] 龚自珍：《龚自珍全集》第一辑《乙丙之际箸议第九》，上海古籍出版社，1975年，第7页。

人和后人以深刻的启迪和不尽的思考。孟子曰:"生于忧患,而死于安乐。"[1]两千多年后,龚自珍把这种忧患意识从史学领域做了精辟概括,揭示了我国史学这一优良传统的积极意义。

(原载《人民日报》2015年5月4日)

---

1 《孟子·告子下》,杨伯峻《孟子译注》本,中华书局,1960年,第298页。

论史学的求真与经世

求真是史学学术性的根本原则,经世是史学社会性的必然要求;求真是经世的基础,经世是求真的提升。古希腊学人卢奇安说过:"历史只有一个任务或目的,那就是实用,而实用只有一个根源,那就是真实。"[1]这话说得直率而中肯。一位中国学人说得好:"史学成立的经过,当在求真;其存在的理由,则为致用。"[2]如果说,求真乃是史学的生命所在,那么经世则是史学的生命力之社会历史价值的反映。

史学的求真与经世及其辩证统一,是所有正直的史学家所恪守的原则和追求的目标。从史学与社会的关系来看,特别是从史

---

1 卢奇安:《论撰史》,《缪灵珠美学译文集》第一卷,中国人民大学出版社,1987年,第195页。
2 周谷城:《中国史学史提纲》,《周谷城学术精华录》,北京师范学院出版社,1988年,第300页。

学与社会公众的生活和工作的关系来看,弄清史学的求真与经世及其辩证统一的特点,不仅标志着史学受到了应有的重视,而且标志着人们对现实生活与历史前途的关注和热情。

求真是史学学术性的根本原则

古今中外,凡是严肃的史学家,都把揭示历史的真相作为自己的职责,尽管他们在这方面的努力所达到的程度有所不同,但这种意识和努力历来是受到人们尊重的。这种意识和努力,就是历史研究中的求真精神。在中国,春秋末年孔子作《春秋》,只记人事活动,不记诬妄之说,为后世史家树立了求真的榜样。司马迁说孔子"为《春秋》,笔则笔,削则削,子夏之徒不能赞一辞"[1],也表明孔子撰写历史的严肃态度。至于司马迁撰写的《史记》受到自刘向、扬雄及以后历代名家的高度评价,称其为"实录"[2]。司马迁所记殷商诸王世系,为新发现之甲骨文证明为确,致使西方学者大为惊叹,认为"中国人有深刻的历史意识"[3]。

中国古代史学求真原则的发展,在思想上和理论上的积累及在历史撰述上的积累,都十分突出。南朝梁人刘勰《文心雕龙·史传》总结了"辞宗邱明,直归南、董"的传统,提出了

---

[1] 司马迁:《史记》卷四七《孔子世家》,中华书局,1963年,第1944页。
[2] 班固:《汉书》卷六二《司马迁传》,中华书局,1962年,第2738页。
[3] 李约瑟:《中国科学技术史》第一卷,袁翰青等译,科学出版社、上海古籍出版社,1990年,第88页。

"文疑则阙,贵信史也"的命题。[1]唐人刘知幾《史通》有"直书"专篇,论述了直书的传统及其意义。此后,历代史家都有这方面的论述,而以清人章学诚《文史通义·史德》所论最为深刻。章学诚认为:史德反映了作史者的"心术","心术"的最高境界是"尽其天而不益以人"。凡此,表明中国史学之坚守求真原则的一贯传统在思想上、理论上的发展轨迹。同时,这一传统在历史撰述的积累方面也极为丰富。在刘知幾之后,具有代表性的历史著作如杜佑《通典》、司马光《资治通鉴》、郑樵《通志》、袁枢《通鉴纪事本末》、李焘《续资治通鉴长编》、马端临《文献通考》、苏天爵《元朝名臣事略》、王圻《续文献通考》、谈迁《国榷》,以及王世贞、钱大昕、赵翼、王鸣盛、崔述的考史之作等,就总体而言,每一部书都是求真之作。

求真是为了揭示历史的真相,但对史学家揭示历史真相的努力及其成果不能做绝对的要求。这是因为:第一,客观历史包罗万象、纷繁复杂,任何人都很难完全再现历史。从这个意义看,求真,就是"求"得反映历史主要趋势的本质的"真"。第二,史学家在反映客观历史的过程中,其主观意识总要起作用;因此,史学家撰写出来的历史乃是客观历史同史学家主观意识结合的产物。第三,一般说来,即使是严肃的和正直的史学家,亦难免有知识上、器局上的局限,这种局限无疑是其通往求真道路上

---

[1] 刘勰:《文心雕龙·史传》,周振甫《文心雕龙注释》本,人民文学出版社,1981年,第171页。

的障碍，只是因各人的具体情况不同而可能遇到的障碍大小有异罢了。此外，由于史学同政治的密切关系，故史家的求真，有时还会受到政治的无理干扰或无理政治的干扰而陷于艰难的境地。唯其如此，人们对以往的史学家在求真道路上之所得，都应给予应有的尊重和恰当的评价。

历史撰述的求真原则同任何事物一样，也有它的发展过程。先秦时期，史官所"求"的是在当时伦理原则下"书法不隐"的"真"[1]，这是当时的"书法"准则。两汉时期，史学有了进步，《史记》突破伦理名分，承认秦、项而作通史，并为项羽立纪以表明项羽在历史中的位置。盛唐刘知幾撰《史通》，其中"直书""曲笔"两篇专论，是非之分明，言辞之严峻，跃然纸上。但他承认维护"名教"是"直道不足"的表现，这也就意味着真正的求真应当突破伦理的障碍而尊重历史事实本身。在这个问题上，宋人吴缜比刘知幾又前进了一步，认为事实、褒贬、文采是史书的三个基本要素，主张把对事实的认知和对事实的褒贬区别开来。他指出："若乃事实未明，而徒以褒贬、文采为事，则是既不成书，而又失为史之意矣。"[2]吴缜的这个见解，不仅强调了事实和褒贬的区别、强调了以事实为基础，同时也表明事实和褒贬的结合乃是历史撰述所必须的。是否可以认为：强调事实为基础，这是历史撰述求真的第一步；在事实的基础上做出恰当的价值判断，这是

---

[1] 《左传·宣公二年》，杨伯峻《春秋左传注》本，中华书局，1981年，第663页。
[2] 吴缜：《新唐书纠谬》序，丛书集成初编本，中华书局，1985年，第3页。

历史撰述求真的第二步。这就是说，只有事实认知和价值判断的合理结合，才是完全意义上的求真。

经世是史学社会性的必然要求

史学的经世之旨是伴随着史学的产生而产生的。在中国史学上，至晚在春秋时期的士大夫中间，已十分明确地论述到史学的社会功能。楚国的申叔时认为：学习史书，可以使人"耸善而抑恶""昭明德而废幽昏""知兴废而戒惧"。[1]这是表明史学对于个人修养的重要作用。楚国有位左史倚相，他通晓史籍，"能道训典，以叙百物"，经常向国君讲述历史上的得失成败，使国君不忘记先人创业的艰难。[2]这是史学在政治生活中的重要作用。春秋末年，"孔子成《春秋》而乱臣贼子惧"[3]，这是说史学所具有的广泛的社会作用。可见，人们很早就认识到史学（或者说史书）对于个人、政治、社会都是非常有用的。从史学与社会的关系来看，人们的这些认识，都折射出社会对史学的要求。随着历史的发展，社会的这种要求和史学家的这种认识都在不断地提高与丰富。从司马迁的"究天人之际，通古今之变""网罗天下放失旧闻，考之行事，稽其成败兴坏之理"[4]，到刘知幾说的"史之为用，

---

1 《国语·楚语上》，上海古籍出版社，1978年，第528页。
2 同上，第580页。
3 《孟子·滕文公下》，杨伯峻《孟子译注》本，中华书局，1960年，第155页。
4 班固：《汉书》卷六二《司马迁传》，中华书局，1962年，第2735页。

其利甚博，乃生人之急务，为国家之要道"[1]，再到龚自珍说的"出乎史，入乎道，欲知大道，必先为史"[2]，反映了约两千年中这一提高与丰富的历程。

史学之所以能够产生社会作用，能够经世，至少有三个方面的原因。第一，史学能够延伸人们思考的时间范围，扩大人们视野的空间世界，这就是刘知幾所概括的"坐披囊箧，而神交万古，不出户庭，而穷览千载"[3]。唐太宗所谓"不出岩廊，而神交千祀以外"，"发挥文字之本，通达书契之源，大矣哉，盖史籍之为用也"[4]，说的也是这个意思。第二，由于历史同现实本有天然的联系，因而在悠长的时间和广阔的空间中曾经出现过的人们的活动及其原因与结果，总是会引起今人的关注、回忆和兴趣。如人品的贤佞、国家的安危、朝代的兴亡、政策的得失、社会的治乱、世风的厚薄，以及文化传承及其种种措施，天灾人祸及其应对之方，还有域外诸国的有关情况等，凡此都对今人有很大的吸引力。第三，史学不仅给人们提供了悠长、恢宏的思考时空和丰富、纷繁的思考对象，而且可以由此陶冶性情、知理明道、增益智慧，进而积极参与创造美好的现实与未来。这是史学具有永久魅力之所在。元代史家胡三省在批评一种重经轻史的错误观点时

---

1 刘知幾：《史通·史官建置》，浦起龙《史通通释》本，上海古籍出版社，2009年，第281页。

2 龚自珍：《龚自珍全集》第一辑《尊史》，上海古籍出版社，1975年，第81页。

3 刘知幾：《史通·史官建置》，浦起龙《史通通释》本，上海古籍出版社，2009年，第280—281页。

4 宋敏求编：《唐大诏令集》卷八一《修晋书诏》，中华书局，2008年，第476页。

指出："世之论者率曰'经以载道，史以记事，史与经不可同日语也'。夫道无不在，散于事为之间。因事之得失成败，可以知道之万世亡弊，史可少欤？"[1]那种认为史书只不过是记事、记人而已，这是对史学的一种浮浅认识。反之，通过读史，了解了历史上史事、人物，进而从中认识其始末原委、常理法则，得到启示，有所借鉴，这才是对史学的真正的理解。

史学的经世作用，表现在诸多方面，而以下数端是其比较突出和比较重要的方面。

——史学是认识历史的基本途径。人们可以通过多种途径认识历史，但通过史学认识历史无疑是最基本，也是最重要的途径。只有当人们真正认识了历史，才可能继承优秀历史遗产，为现实的历史运动提供借鉴、经验、智慧，开辟和创造新的未来。从这个意义上说，人们通过史学去认识历史，确乎是史学的社会作用中最根本的方面，即所谓"居今识古，其载籍乎！"[2]历史知识、历史思想、历史经验、历史上的真善美等，主要是凭借着史学活动来记载、积累和传承的。

——史学对于社会进步的积极作用。这种积极作用以政治、文化、教育三个方面最为突出。在政治方面，又以政治决策、历史经验、忧患意识同史学的关系最为密切。从政治决策来看，历

---

[1] 胡三省：《新注资治通鉴序》，见司马光《资治通鉴》卷首，中华书局，1956年，第24页。
[2] 刘勰：《文心雕龙·史传》，周振甫《文心雕龙注释》本，人民文学出版社，1981年版，第112页。

史知识、历史参照是重要依据之一。如汉初，汉高祖刘邦命陆贾"试为我著秦所以失天下，吾所以得之者何，及古成败之国"。后陆贾"乃粗述存亡之征，凡著十二篇"，刘邦大为称赞，命名曰《新语》。[1]《新语·无为》篇指出："秦非不欲为治，然失之者，乃举措太众、刑罚太极故也"[2]；认为实行"宽舒""中和"之政是非常必要的。这是阐明了秦朝政策的失误，也是为汉初"与民休息"基本国策的确立提供历史的和理论的根据。从历史经验来看，史学的重要作用之一，是从对历史的记载、描述中，以各种不同的形式总结前人在历史活动中的经验教训，以作为今人和后人的借鉴。譬如从司马迁在《史记》中以深刻的见解、翔实的材料、精彩的史笔总结秦汉之际的历史经验开始，以后许多"正史"都有所效法，其中不乏优秀之作。又如司马光主编《资治通鉴》的主旨是："专取关国家盛衰，系生民休戚，善可为法，恶可为戒者"入史，以便于"鉴前世之兴衰，考当今之得失"。[3]

明清之际王夫之著《读通鉴论》，以其深邃的历史见解，阐述了历史上的种种经验教训，他所总结的"谀臣"是否得势、得宠与国之存亡的关系，统治阶层是否看重"积聚""宝货"与政治得失的关系，"风教之兴废"与朝代兴亡的关系（参见《读通鉴论》卷一、一二，卷二、一二，卷一七、一九）等历史经验，都是极具启发性的通论。从忧患意识来看，因其理性和深刻而具

---

[1] 司马迁：《史记》卷九七《郦生陆贾列传》，中华书局，1963年，第2699页。
[2] 陆贾：《新语·无为》，王利器《新语校注》本，中华书局，1986年，第62页。
[3] 司马光：《资治通鉴》附录《进书表》，中华书局，1956年，第9607、9608页。

有特殊意义。忧患意识是中华民族的优秀品质之一。这个品质在史学上反映得十分突出。清人龚自珍强调说："智者受三千年史氏之书，则能以良史之忧忧天下。"[1]这句话从一个重要方面概括了中国历史上"良史"的优秀品质。"良史之忧"的内在精神是自强不息、奋发进取。它以洞察历史为基础，以关注现实为旨趣，以经世致用为目的。许多事实证明：史学上反映出来的忧患意识对社会各阶层人的思想影响，是推动社会进步的精神动力之一。

——史学是中华民族凝聚力发展的记录和纽带。中国自古以来是一个多民族国家，自秦汉以后更是一个不断发展的统一的多民族国家。因此，民族文化的发展在中华文化发展中占有重要地位。史学以其独特的形式推动着民族文化的发展。这主要表现在三个方面：第一，史书对于多民族历史活动的记载成为历代"正史"的重要内容之一，从而对于多民族共同心理的形成起着潜移默化的、深刻的作用。第二，史书对于西周、汉、唐这些盛大朝代的记载，既作为史学的形式又作为文化的形式影响着周边少数民族历史文化的发展。这种影响，反映在多民族活动的历史舞台上，反映在对多民族历史渊源的共识上，也反映在各民族历史文化的相互吸收、融汇上。第三，中华文明不曾中断为人类文明史上的奇观，其主要标志之一，是历史记载不曾中断，这是中华民族凝聚力生生不息、源远流长的历史底蕴。史学对于增强民族凝聚力具有不可替代的重要作用。

——史学还是人生修养的重要的教科书，是历史教育的巨大

---

[1] 龚自珍：《龚自珍全集》第一辑《乙丙之际箸议第九》，上海古籍出版社，1975年，第7页。

宝藏。史学的全部社会功能都是通过人的认识的提高和人的社会实践来实现的。这是因为，"历史不过是追求着自己目的的人的活动而已"[1]。从这个意义上说，史学的经世，史学的社会作用，本质上是历史教育作用。中国史学的优秀遗产，有大益于人生修养和历史教育：一是具有广泛的社会性，使社会公众都能受到这方面的教育和熏陶。二是具有突出的适应性，使社会各阶层人都能从与之相适应的历史著作中得到启示和教益。三是由于历史著作中所蕴含的民族精神和众多杰出人物的人格魅力，以及各方面的经验和智慧，从而具有巨大的吸引力和深刻的感染力。

六十多年前，法国年鉴学派的代表人物之一、反法西斯的英勇战士布洛赫，在牺牲前写了一本名为《历史学家的技艺》的书，其主旨是回答"历史有什么用"这个问题。他在《导论》中这样写道："'历史有什么用？'这个问题已远远超越了职业道德之类的枝节问题，事实上，我们整个西方文明都与之有关。"[2] 这里，借用布洛赫的话来说，关于这个问题，我们中华文明以至于整个东方文明不也是与之有关吗？史学的经世作用，实在是不可轻视的一件大事。

求真与经世的辩证统一

史学的求真与史学的经世是辩证统一的关系。

---

1 马克思、恩格斯:《马克思恩格斯全集》第二卷，人民出版社，1957年，第110页。
2 马克·布洛赫:《历史学家的技艺》，张和声、程郁译，上海社会科学院出版社，1992年，第7页。

首先，从理论上看。刘知幾《史通·人物》篇强调史书"诫世""示后"的作用，作者在篇末做结论说："名刊史册，自古攸难；事列《春秋》，哲人所重。笔削之士，其慎之哉！"[1] 所谓"诫世"和"示后"，是指史学的经世作用；所谓"难"，所谓"重"，所谓"笔削之士，其慎之哉"，是强调史学的求真。刘知幾是把史学的求真视为史学经世的基础。上文说到宋人吴缜论批评史书的三个标准，一是事实，二是褒贬，三是文采。他认为，事实是一部史书的根本，有了这一条，才不失为史之意。他说的褒贬，是著史者的价值判断，其中包含着史学经世的思想，而这些都应以事实为基础。吴缜所论，同刘知幾所论相仿佛，都强调了史学的经世以求真为前提。可见，求真和经世就是如此天然地结合在一起。由此也可以看出，凡对史事采取轻浮的、曲解的、实用主义的态度和做法并用以比附现实，既违背了史学求真的原则，也失去了史学经世的基础及其本来意义。

其次，从实践上看。史学的求真，是史学家在学术追求上的实践。史学的经世，是一切运用历史知识、历史经验、历史智慧于现实历史运动的人们的实践，其中也包括史学家所做的努力。司马迁著《史记》，被后人誉为"实录"，当之无愧。与此同时，我们也看到在两千多年漫长的历史岁月中，《史记》的经世作用产生了巨大的力量：秦朝的二世而亡，使多少统治集团引以为戒；汉初的"与民休息"的国策，使多少杰出的政治家受到

---

[1] 刘知幾:《史通·人物》，浦起龙《史通通释》本，上海古籍出版社，2009年，第223页。

启示;汉武帝时代的富庶和浮华,使一代又一代后人陷于沉思;还有那些具有"国士"之风的名将贤相,那些"扶义俶傥,不令己失时,立功名于天下"的各阶层人物,以及各种各样的奸佞小人,使多少后来者"思齐""自省"。大凡读过《史记》和比较熟悉历史的人都会感受到这样一个事实:《史记》的经世作用之大,非笔墨可以形容。唐贞元十七年(801)问世的《通典》是制度文明的杰出代表作。作者杜佑撰写此书的宗旨是:"所纂《通典》,实采群言,征诸人事,将施有政。"[1]这里说的"人事",是指历代制度的演变,"群言"是指历代群士关于制度的制定、实施、得失的议论,无疑都是建立在求真的基础之上;这里说的"将施有政",意在以所著之书用于施政的参考。《通典》在唐代和唐代以后的政治活动中产生了积极的影响,受到许多政治家的称赞:"诞章闳议,错综古今,经代(世)立言之旨备焉"[2];"本末次第,具有条理,亦恢恢乎经国之良模矣"[3]。作为通晓史学的政治家和精于政治的史学家,杜佑把"经邦""致用"之旨缜密地、严谨地寓于制度史的阐述之中,史学的求真与史学的经世可谓相得益彰。同样,司马光与《资治通鉴》鲜明的经世之旨,也是人们交口称赞的。朱熹评论《资治通鉴》说:"(司马)温公之言如桑

---

1 杜佑:《通典》自序,中华书局,1988年,第1页。
2 权德舆:《岐国公杜公墓志铭并序》,见姚铉编《唐文粹》卷六八,浙江人民出版社,1986年,第895页。
3 清高宗:《御制重刻通典序》,见杜佑《通典》附录一,中华书局,1988年,第5513页。

麻谷粟。"[1] 王夫之认为《资治通鉴》包含着"君道""臣谊""国是""民情",为官之本、治学之途、做人之道等多方面内容与启示(《读通鉴论·叙论四》)。南宋以下,《资治通鉴》受到各族统治者的重视和广大士人的敬重,自有其史学上的崇高地位和实践中的参考价值。世人盛赞史学上的"两司马",绝非偶然。上举三种体裁的三部通史,大致可以表明中国古代史学之主流在求真与经世上的一致性。类似的或相近的史书历代都有所出,不一一列举。

再次,我们还应从全局上和本质上看。毋庸讳言,中国史学上确有曲笔的存在,对此,刘知幾《史通·曲笔》篇不仅有事实的列举,还有理论的分析。刘知幾之后,史学上的曲笔现象仍然存在。举例来说,官修史书,时有修改,不论是修改曲笔,还是曲笔修改,都说明了曲笔的存在。而此种曲笔产生的原因,往往是政治因素影响所致,当然也跟史家"心术"相关。但是,在中国史学上有一个基本准则或总的倾向,这就是:直书总是为人们所称道,而曲笔历来受到人们的揭露和批评。诚如刘勰在《文心雕龙·史传》篇中所说的那样:"奸慝惩戒,实良史之直笔;农夫见莠,其必锄也:若斯之科,亦万代一准焉。"[2] 对奸邪给予惩戒,正是优秀史家的直笔所为,正如农夫看到田间的莠草就一定要把它锄掉一样。像这种做法,也是万代同一的准则。在中国史

---

[1] 黎靖德编:《朱子语类》卷一三四《历代一》,中华书局,1986年,第3207页。
[2] 刘勰:《文心雕龙·史传》,周振甫《文心雕龙注释》本,人民文学出版社,1981年,第172页。

学上，曲笔或可得逞于一时，但终究免不了落下骂名，为人们所唾弃。

最后，还有一个更深层的原因，就是史家的职业角色与史家的社会责任是相联系的，史学的求真要求与经世目的也是相联系的；这两种联系，存在着一种更深层次的本质的沟通，即在史学的信史原则和功能信念上统一起来。可以这样认为：揭示出这种联系，就是从一个重要的方面揭示出中国史学的总相和特点。

（原载《光明日报》2003年3月25日）

在思考历史中汲取智慧

习近平总书记《致中国社会科学院中国历史研究院成立的贺信》概括了中国史学的优良传统，强调了新时代中国史学的历史使命，指出了中国史学自身建设应达到的理论高度和科学水平，为中国史学的发展明确了方向和努力的目标。

这里，我就贺信中说到的"新时代坚持和发展中国特色社会主义，更加需要系统研究中国历史和文化，更加需要深刻把握人类发展历史规律，在对历史的深入思考中汲取智慧、走向未来"[1]这一论述，讲一点自己的认识。

知古鉴今。认识古代，可以作为认识今天的借鉴。在中国古代，许多史学家、思想家和政治家，在深入思考历史、汲取智慧、观察未来方面，就他们所处的时代来说，提出了许多深刻的

---

[1] 习近平：《致中国社会科学院中国历史研究院成立的贺信》，《人民日报》2019年1月4日。

见解，都具有重要的意义。

汉初政论家贾谊的《过秦论》提出了"攻守之势异也""取与守不同术"[1]的著名论断；唐代思想家柳宗元的《封建论》提出了"封建者""非圣人意也，势也"[2]的结论；清代史学家顾炎武的《郡县论》提出了"寓封建于郡县之中"[3]的认识等，都是从对历史的思考中获得的理论概括，在一定程度上反映出对历史演进的规律性认识。唐太宗时有位封疆大吏李大亮，在凉州都督任上曾上书唐太宗，建议他不要接受地方官员的进献。唐太宗读后，对李大亮大为称赞："又赐荀悦《汉纪》一部，下书曰：'卿立志方直，竭节至公，处职当官，每副所委，方大任使，以申重寄。公事之闲，宜寻典籍。此书叙致既明，论议深博，极为治之体，尽君臣之义，今以赐卿，宜加寻阅也。'"[4]这是政治人物之间谈论学习、研究历史的情况，在中国古代政治史和史学史上具有一定的代表性。

汉高祖刘邦接受儒生陆贾的建议，总结秦亡汉兴的历史经验，也是很有代表性的思考历史的事件，史载：

> 陆生时时前说称《诗》《书》。高帝骂之曰："乃公居马上而得之，安事《诗》《书》！"陆生曰："居马上得之，宁可

---

1 司马迁：《史记》卷六《秦始皇本纪》，中华书局，1959年，第282、283页。
2 柳宗元：《柳河东集》卷三《封建论》，上海人民出版社，1974年，第48页。
3 顾炎武：《顾亭林诗文集》，中华书局，1959年，第12页。
4 刘昫等：《旧唐书》卷六二《李大亮传》，中华书局，1975年，第2387—2388页。

以马上治之乎？且汤武逆取而以顺守之，文武并用，长久之术也……向使秦已并天下，行仁义，法先圣，陛下安得而有之？"高帝不怿而有惭色，乃谓陆生曰："试为我著秦所以失天下，吾所以得之者何，及古成败之国。"陆生乃粗述存亡之征，凡著十二篇。每奏一篇，高帝未尝不称善，左右呼万岁，号其书曰"新语"。[1]

《新语》论述"无为"而治的思想，对于汉初确定的与民休息的国策、社会生产力的发展和走向兴盛产生了重要作用。唐代史家吴兢所著《贞观政要》一书，记述唐太宗君臣讨论"创业""守成"的关系，善始、慎终的关系等，是最高统治集团研究历史、总结历史经验的又一突出事例，其认识所得转化为政治举措，对于"贞观之治"政治局面的形成，无疑产生了重大作用。

从政治家来说，唐太宗、宋神宗、乾隆帝都提出了许多重要的见解，反映了他们对历史和史学的深入思考。唐太宗是这方面的代表人物，他对于历史和史学的主要理念是："览前王之得失，为在身之龟镜。"[2] 他在早年同虞世南讨论关于历代帝王的评价问题，虞世南所著《帝王略论》一书记载了他们的讨论所得。按唐太宗的指示，唐初史官撰修了《晋书》和《梁书》《陈书》《北齐

---

[1] 司马迁：《史记》卷九七《郦生陆贾列传》，中华书局，1959年，第2699页。
[2] 王钦若等编：《册府元龟》卷五五四《恩奖》，中华书局，1960年，第6657页。

书》《周书》《隋书》等历代正史。唐太宗感慨地说："大矣哉，盖史籍之为用也！"[1]宋神宗为司马光《资治通鉴》作序，起首讲到了"君子多识前言往行以畜其德"古训的重要，称赞司马迁著《史记》"是非不谬于圣人，褒贬出于至当"，是"良史之才"；表彰《资治通鉴》"所载明君、良臣，切摩治道，议论之精语，德刑之善制，天人相与之际，休咎庶证之原，咸福盛衰之本，规模利害之效，良将之方略，循吏之条教，断之以邪正，要之以治忽，辞令渊厚之体，箴谏深切之义，良谓备焉"。所论《资治通鉴》内容皆关乎治国之道，"故赐其书名曰《资治通鉴》"[2]。清朝乾隆皇帝重视史学的作用可与唐太宗相提并论，他论杜佑《通典》的价值是"恢恢乎经国之良模矣"[3]。这是一个政治家对历史名著的高度评价。上举唐太宗、宋神宗、乾隆帝对史学的评论，从一个重要方面反映了中国古代政治家通过读史对历史的思考及其所得的启示。

以上从一般精英人物、最高统治集团以及政治家本身三个层面，略述其对于历史的思考及其意义。唐代史学家刘知幾则从广泛的意义上指出了史学对于社会的重要性，认为：史官不绝，竹帛长存，后人通过阅读史书，可以神交万古、穷览千载，进而"见贤而思齐，见不贤而内自省"，"由斯而言，则史之为用，其利甚博，乃生人之急务，为国家之要道"[4]。这是表明，史学对于

---

1 唐太宗：《修晋书诏》，见宋敏求编《唐大诏令集》卷八一，学林出版社，1992年，第422页。
2 宋神宗：《资治通鉴》序，见司马光《资治通鉴》，中华书局，1956年，第29页。
3 清高宗：《丁卯重刻通典序》，见杜佑《通典》附录一，中华书局，1988年，第5513页。
4 刘知幾：《史通·史官建置》，浦起龙《史通通释》本，上海古籍出版社，2009年，第280—281页。

社会的积极作用，上至国家，下及"生人"（即"生民"），都至关重要。

综上，这种重视学习、研究历史，在对历史的考察和思考中获得启示、教益的做法，在社会不同的层面上都有突出的表现，而在广泛的意义上也是如此。清人龚自珍概括得好："出乎史，入乎道，欲知大道，必先为史。"[1] 可见，由思考历史而悟出"道"，而汲取智慧，这正是史学的重要所在。

在思考历史中汲取智慧是一件极有意义的事情。怎样做好这件事情呢？换言之，不是仅仅认识到它的重要性，还要认识到如何去做好这件事情。依我的肤浅认识，这需要三个条件。第一，要有一定的历史知识储备，并大体了解历史发展的脉络。第二，要掌握思考历史的方法，使思想的驰骋不脱离历史的轨道。第三，要贯通古今，务使思考所得有益于世。这里，我着重结合中国史学史所研究的范围，讲讲思考历史的方法。

方法之一，善于观察、思考社会历史发展之势。在贾谊、司马迁、柳宗元、王夫之等先哲的历史观念中，"势"是一个很重要的观念。他们说的"势"，有时指形势，有时指趋势，有时是形势、趋势兼而有之，但通常都包含着对于过往的与当前的社会历史的判断和对于未来的观察，也就是古训"彰往察来"之意。

方法之二，善于发现并揭示社会历史诸因素的相互依存而又能分辨它们的主次关系，并从中得到有益的启示。在这方面，唐

---

[1] 龚自珍：《龚自珍全集》第一辑《尊史》，上海古籍出版社，1975年，第81页。

代政治家、史学家杜佑所著《通典》极具代表性。《通典》是制度史著作，凡二百卷。作者在引言中首先指出此书的经世致用目的："所纂《通典》实采群言，征诸人事，将施有政。"继而交代了《通典》内容的编次："是以《食货》为之首，《选举》次之，《职官》又次之，《礼》又次之，《乐》又次之，《刑》又次之，《州郡》又次之，《边防》末之，或览之者庶知篇第之旨也。"[1] 这是作者把国家职能的诸多部门按其重要性依次排列而成的逻辑体系，在当时的历史条件下，把食货（经济）排在首位，在制度史的编纂上还是第一次；而各部门位置，也大致反映出它们之间的逻辑联系。若用这种整体观念和逻辑思维来思考历史，有利于在同古人"对话"中得到启示、发掘智慧。

方法之三，要辩证地、历史主义地看待历史。历史是变动的，所谓"势异局迁"是历史发展的常态。今人思考历史，既不苛求古人，也不可照搬历史、模仿历史。清代史学家王夫之说得好：对于历史经验、教训，"得可资，失亦可资也；同可资，异亦可资也。故治之所资，惟在一心，而史特其鉴也"[2]。所谓"惟在一心"，说的是人们对待历史应有真诚之心、敬畏之心，这是从思考历史获得教益、汲取智慧的思想基础和情志所在。

（原载《北京师范大学学报》2019年第2期）

---

1 杜佑：《通典》卷首，中华书局，1988年，第1页。
2 王夫之：《读通鉴论》卷末《叙论四》，中华书局，1975年，第1114页。

探索中国史学的理论研究话语体系

我对于"话语体系"问题缺乏研究,这里讲一点粗浅认识。首先,我所理解的"学术话语体系"是有关学术思想、研究理念与方法、范畴或概念的运用及关于研究内容的解说,以至于文字表述的风格和特点等几个方面的结合。因此,所谓学术话语体系,在很大程度上反映了某一时代的学术面貌和学术走向的趋势。其次,所谓学术话语体系,虽然是一个新的概念,但它在学术史上是久已存在的学术现象。因此,它是变动的、发展的。换言之,一个时代有一个时代的学术话语体系,从而反映出不同时代的学术风貌。当然,不同时代的学术话语体系之间不是截然分开的,其间存在着传承延续和相因相革的历史联系。再次,一个国家、一个地区的学术话语体系不是孤立存在的,因而也不可能是纯而又纯的,它总是在不断吸收其他国家、其他地区的学术话语中的某些有益的东西,用以丰富自己、发展自己。

总的说来，学术话语体系在很大程度上反映了一个时代的学术面貌及其走向，而学术话语体系的建构既有内在的历史联系与新的创造，又有内在和外在的沟通与借鉴。准此，则中国学术话语体系的当代建构，似亦应循着这一路径前行。

应当指出的是，关于中国学术话语体系的当代建构，是一个系统工程。作为第一步，是否可以考虑在一个大致相同或相近的理论、方法论指导之下，各个不同的学术领域探索自身的话语体系的当代建构。第二步，各个不同学术领域的话语体系之间，有一个相互借鉴、吸收的过程，使自身得以提高，并形成某种共识和融合的趋势。第三步，在此基础上，提升和概括出来中国学术话语体系的当代建构的基本理路。这是一个循序渐进的过程，是一个从局部走向全局的过程，也是一个由具体到抽象、再由抽象回到具体的过程。

这里，我想结合自己所从事的专业，谈谈中国史学的理论研究之话语体系的当代建构问题。在这方面，中国史学具备了良好的条件：其一，中国古代史学有丰富的理论遗产；其二，20世纪的百年中，中国史学积累了一些新的理论成果；其三，在改革开放方针的推动下，中国史学在关注和借鉴外国史学的理论研究方面，发展到一个新的阶段。同时，毋庸讳言，在历史学的理论研究话语体系建构方面，也存在几个问题：一是史学工作者一般多注重于具体的实证研究，对历史学的理论话语体系的建构缺乏足够的自觉意识；二是历史学的理论所包含的关于客观历史运动的理论和关于历史学学科自身发展的理论，在许多学术论著中尚缺乏清晰的界定，从而造成研究上的困难；三是古代理论遗产和当代理论成果的联系与创新的关系，尚须进行深入的探索。

我就存在的问题发表几点不成熟的看法，与同行们共同切磋。

第一，关于理论自觉的问题。这里说的理论自觉，是指史学工作者关于重视历史学的理论研究的自觉意识而言。历史研究以史料为基础，以实证研究为主要手段，这是毫无疑义的。但是，不仅对历史的解释需要理论，更重要的是作为一门学科，它自身的建设尤其需要理论。而这种建设并不是一劳永逸的，它需要不断地更新和创造，以推动本学科的继续前进。这就表明历史学的理论建设不是仅仅依靠少数致力于理论研究的人就能胜任的，它同时需要致力于实证研究的人从自己的研究中概括出新的理论，以充实、提高原有的理论认识。在这方面，范文澜、翦伯赞、侯外庐、白寿彝等老一辈学者为我们树立了理论自觉的榜样。

第二，关于历史理论与史学理论的区别和联系问题。在学科话语体系的建构中，基本的范畴或概念占有重要的地位。历史理论与史学理论是历史学理论领域中的两个重要方面，前者是人们关于客观历史运动的认识，后者是人们关于历史学学科发展的认识，两者都有十分密切的联系，但毕竟不是同一个研究对象。20世纪80年代以来，一些史学工作者开始注意到它们的区别，并从史学发展上对两者进行区分，同时也强调它们之间的联系。然而时至今日，史学界关于两者的混淆仍普遍存在，这势必造成概念上的混乱，进而影响到本学科话语体系的建构。此类问题还有一些，但这是带有全局性的主要问题之一，不能不引起史学工作者的关注和重视。

第三，关于古代史学理论遗产同现代史学理论成果的结合问题。中国古代史学有丰富的理论遗产，需要史学工作者认真发掘、梳理、阐发，并把它同当代史学的理论成果结合起来，以形成历史学在理论领域的中国特色、中国风格和中国气派。例如，在历史理论方面，古老的穷变通久的思想，天人关系、古今关系，时、势、理、道等范畴的探讨及其在解释历史中的运用，包含着朴素的唯物思想、辩证思想、进化观念，其中有些范畴和概念是可以用来丰富当今中国史学的理论话语体系建构的。又如，在史学理论方面，从孔、孟论事、文、义到司马迁评《春秋》、继《春秋》、"成一家之言"的认识和实践；从范晔论史论的社会价值到刘知几写出系统的史学批评著作《史通》；从宋人吴缜论事实、褒贬、文采撰史三要素、郑樵论撰史的"会通"之道、"会通"之旨到马端临论历史文献的历史和价值；从明人王世贞论国史、野史、家史的得失利弊到清人章学诚对史学理论的近于全面而深入的论述等，其中包含了许多思想观念、范畴术语、方法论原则，可与当代史学理论相通、交融，成为当今史学理论话语体系建构极其重要的资源。再如，在史家修养方面，刘知几提出的才、学、识和章学诚提出史德做补充并对才、学、识做了新的深入的阐发，则显示出中国史家的境界和风采，影响所及，直至于今。凡此，都是中国史学的理论话语体系建构的重要元素。在这方面，何兆武先生在他主编的译著《历史理论与史学理论——近代西方史学论著选》的序文中，开宗明义，把古今中外的学术话语联系起来，给我们很多启发。

探索中国学术话语体系的当代建构，是一个严肃的学术工作。在这个过程中，既要考虑到中国国情的特点，也要考虑到学术史自身的发展轨迹；既要勇于创新，提出新的见解，又要关注学科本身的全局以至于中国学术的全局。它的根本任务和总目标的出发点，不在于阐发个人的某种学术观点，更不是为了在学术上标新立异，而在于积极规划本学科乃至中国学术的前景和未来。从历史学学科来说，试图以一个历史事件、一个历史概念、一个历史年代来建构某种话语体系，那也只有在顾及上述原则之后作为一种标志提出来，才有其学术意义。因此，不论是学科话语体系的当代建构，还是中国学术话语体系的当代建构，都有必要注意到古今会通、中外会通、前贤学术成果与当代学术走向会通，从而使这一学术话语体系既反映出时代精神，又包含着历史底蕴，既有中国特色，又有世界视野。

（原载《中国社会科学报》2009年12月1日）

唯物史观与学科话语体系建构

20世纪五六十年代，大学期间听老师们讲课，开始学习用马克思主义唯物史观看待历史，学习如何运用唯物史观解释经济、政治、文化、民族、阶级和阶级斗争，以及社会意识形态、历史人物评价等历史运动中的重大问题，耳濡目染和社会环境的影响，自己开始懂得了一点历史。有时在课堂上听到老师授课时，能背诵马克思《法兰西内战》中的有关段落，惊叹不已。后来读研究生时，第一门课程，就是"学习毛泽东同志关于批判继承文化遗产的理论"，这使自己多少懂得了一点学习、研究历史的方法。

八九十年代，在新的历史时期，理论界、学术界倡导重新学习马克思主义，全面地理解马克思主义，科学地运用马克思主义。这对于史学工作者来说，仍然是要学习、运用唯物史观的问题，仍然要运用唯物史观来看待历史上的那些重大问题。与五六十年代有所不同的是，不论作为群体的反思，还是作为个体的思考，都经历了一个重新认识自己学习、理解、运用马克思主义的过程：学习到了什么？应当纠正什么？怎样走向新的学习、理解、运用？这种反思，自有一个不断深入的过程，也是逐步走向自觉的过程。我想，与我年龄、经历相仿的同行，在这一点上，或多或少都会有某种同感。

近一些年来，学术界的朋友常常讲到学术话语权的问题，进而讲到话语体系的问题。习近平总书记的《在哲学社会科学座谈会上的讲话》进一步从理论上指出了建设以马克思主义为指导的学科体系、学术体系、话语体系的重要性。以我的肤浅认识来看，学习和运用唯物史观来思考学科话语体系的建设问题，是否可以认为这是对唯物史观认识发展的第三个阶段。

在这篇短文里，我想结合中国史学批评史这个学科，谈谈在唯物史观指导下，如何着手有关学科话语体系的建设问题。不当之处，请同行和读者批评、指正。

首先，是如何对待中国史学遗产问题。道理很简单，因为是讲的中国史学批评史，其话语体系建构的基本素材、内容概念体系自亦建立在中国史学遗产的基础之上。早在八十年前，毛泽东在《中国共产党在民族战争中的地位》一文中强调指出：

> 学习我们的历史遗产，用马克思主义的方法给以批判的总结，是我们学习的另一任务。我们这个民族有数千年的历史，有它的特点，有它的许多珍品。对于这些，我们还是小

学生。今天的中国是历史的中国的一个发展；我们是马克思主义的历史主义者，我们不应当割断历史。从孔夫子到孙中山，我们应当给以总结，承继这一份珍贵的遗产。这对于指导当前的伟大的运动，是有重要的帮助的。[1]

毛泽东在抗日战争初期民族危机历史条件下写下的这段话，今天，在中华民族走向伟大复兴征程中，重温这段话时，我们更加深刻地领会到毛泽东思想的高瞻远瞩和对中华民族前途的坚定信念。

从毛泽东的上述论点来看，重视史学遗产的研究，应是中国史学批评史话语体系建构中的第一个层次，没有这个层次方面的研究，则上述建构云云，说得严重一点，也只能是纸上谈兵。

其次，从史学遗产研究中揭示或提炼出与相关学科密切联系的概念和观念，是建构该学科话语体系的重要环节。马克思主义认为：

……概念、判断和推理的阶段，在人们对于一个事物的整个认识过程中是更重要的阶段，也就是理性认识的阶段。认识的真正任务在于经过感觉而到达于思维，到达于逐步了解客观事物的内部矛盾，了解它的规律性，了解这一过程和那一过程间的内部联系，即到达于论理的认识。重复地说，

---

1 毛泽东：《毛泽东选集》第二卷，人民出版社，1991年，第533—534页。

论理的认识所以和感性的认识不同，是因为感性的认识是属于事物之片面的、现象的、外部联系的东西，论理的认识则推进了一大步，到达了事物的全体的、本质的、内部联系的东西，到达了暴露周围世界的内在的矛盾，因而能在周围世界的总体上，在周围世界一切方面的内部联系上去把握周围世界的发展。

这种基于实践的由浅入深的辩证唯物论的关于认识发展过程的理论，在马克思主义以前，是没有一个人这样解决过的。马克思主义的唯物论，第一次正确地解决了这个问题，唯物地而且辩证地指出了认识的深化的运动，指出了社会的人在他们的生产和阶级斗争的复杂的、经常反复的实践中，由感性认识到论理认识的推移的运动。[1]

这是马克思主义的关于人的认识发展的科学的极精辟的论说。我们的先人不可能达到这样的认识高度，但从人的认识发展规律来看，他们也会自觉或不自觉地提出一些概念和观念，而后人则可根据这些概念和观念并结合他们所处的时代，考察这些概念和观念是怎样被提出来的，这些概念和观念是在怎样的程度上反映了那个时代的社会状况和人们的思想面貌？

如《左传·宣公二年》记："赵穿杀灵公于桃园。宣子未出山而复。大史书曰：'赵盾弑其君。'以示于朝。宣子曰：'不然。'

---

[1] 毛泽东:《实践论》,《毛泽东选集》第一卷，人民出版社，1991年，第285—286页。

对曰：'子为正卿，亡不越竟，反不讨贼，非子而谁？'宣子曰：'呜呼！《诗》曰：我之怀矣，自诒伊戚，其我之谓矣。'孔子曰：董狐，古之良史也，书法不隐。赵宣子，古之良大夫也，为法受恶。惜也，越竟乃免。"[1] 从史学批评史的视角来看，这一记载中提出的重要概念，一是"良史"，一是"书法不隐"。这两个概念在中国史学史上有很大影响。但是，人们对这两个概念被提出来的历史背景却讨论得不多，以致产生了种种歧义：有的观点认为，孔子只是表彰董狐"书法不隐"，并未称赞赵盾；有的观点认为，赵盾本是杀死晋灵公的幕后指挥与同党，不应受到赞扬；还有的观点认为，赵盾的罪名不论其"越境"与否，都是免不了的，《左传》这种记载表明《左传》作者见识的低下。[2] 笔者甚至还曾见过一篇未刊稿，认为董狐是在曲笔记载史事，因为赵盾并未"弑君"。上述诸多歧见，都是因为没有对这一事件发生的时代及其特点做出考察，而是就事论事。其实，只要把这一事件放到它所处的春秋时期加以考察，董狐、赵盾、孔子的言行，都可迎刃而解，而这个"刃"就是"礼"。"礼"是当时的社会伦理准则，在"礼"的笼罩之下，董狐反驳赵盾的话是合于"礼"的，孔子赞扬董狐"书法不隐"也是合于"礼"的，孔子惋惜赵盾"为法受恶"则是从另一种角度来维护"礼"的。总之，把《左传》的这一记载置于当时历史条件下来看，自然是合理的。准此，则对

---

1 《左传·宣公二年》，杨伯峻《春秋左传注》本，中华书局，1981年，第662—663页。
2 见傅隶朴：《春秋三传比义》，中国友谊出版公司，1984年，第151—154页。

于孔子提出的"良史"和"书法无隐"这两个概念就应做历史地看待。这从后人对司马迁的评价中可以看出有关概念内涵的变化,《汉书·司马迁传》记:"然自刘向、扬雄博极群书,皆称迁有良史之材,服其善序事理,辨而不华,质而不俚,其文直,其事核,不虚美,不隐恶,故谓之实录。"[1] 这里说的"良史",包含了多种因素,已不同于"礼"笼罩下的"良史";这里说的"其文直,其事核"等,也不同于"礼"笼罩下"书法无隐"所记载的史事。

问题在于,上述概念在古人那里往往是模糊的,如《周书·柳虬传》记史官柳虬上疏写道:"古者人君立史官,非但记事而已,盖所以为监诫也。动则左史书之,言则右史书之,彰善瘅恶,以树风声。故南史抗节,表崔杼之罪;董狐书法,明赵盾之愆。是知直笔于朝,其来久矣。"[2] 又如刘知幾《史通·直书》篇写道:"如董狐之书法不隐,赵盾之为法受屈,彼我无忤,行之不疑,然后能成其良直,擅名今古。""若南、董之仗气直书,不避强御;韦、崔之肆情奋笔,无所阿容。"[3] 文中还有"征诸直词""务在审实"等说法。由此可以看出,不论是柳虬还是刘知幾,对于"董狐书法"或"书法不隐"与"直笔于朝"或"征诸直词"之间的界限是模糊不清的。

---

1 班固:《汉书》卷六二《司马迁传》,中华书局,1962年,第2738页。
2 令狐德棻等:《周书》卷三八《柳虬传》,中华书局,1971年,第681页。
3 刘知幾:《史通·直书》,浦起龙《史通通释》本,上海古籍出版社,2009年,第179、180页。

上述事例表明，概念和观念是重要的，但只有考察清楚它们产生于或应用于一定时代的史学研究与社会条件时，才能显示出其重要性。正因为如此，学科话语体系的建构是一个艰难的工程，也是一个绕不过的关口。

再次，对史学批评史上有关的概念、观念作创造性的转化和创新性的发展，使之建构成合理的体系。习近平指出："要推动中华文明创造性转化、创新性发展，激活其生命力，让中华文明同各国人民创造的多彩文明一道，为人类提供正确精神指引。"[1] 为此，要努力做好两件事。第一，研究和阐述有关概念、观念提出的社会条件与历史根源。马克思主义认为："不是意识决定生活，而是生活决定意识。"[2] 如上所述，对于相同概念、观念应用于不同的历史条件与社会环境，其内涵往往有所不同，故必须研究、阐述清楚，使之有可能进入相关的概念或观念体系。对于不同历史条件和社会环境下提出的概念或观念，自应做同样的研究和阐述，并关注此概念或观念与彼概念或观念的关系，以丰富概念或观念的体系构成。

第二，根据唯物史观关于人的认识发展规律和基本原理，重点考察中国史学批评史上那些具有某种合理因素的概念、观念，对其做出合理的解释，使之焕发出新的生命力。如刘知幾引用前人的观点用以评论史书，指出："夫史官执简，宜类于斯。苟爱

---

[1] 习近平：《在哲学社会科学工作座谈会上的讲话》，《人民日报》2016年5月19日。
[2] 马克思、恩格斯：《马克思恩格斯文集》第一卷，人民出版社，2009年，第525页。

而知其丑,憎而知其善,善恶必书,斯为实录。"[1]这是包含了朴素辩证思想的观念。又如杜佑在评论前人的有关争论时,强调不可"将后事以酌前旨",认为那是"强为之说"的做法。[2]这是包含了历史地看待历史的思想,是否可以看作朴素的历史主义观念?再如章学诚在讲到历史撰述如何处理"天"与"人"的关系时,这样写道:"盖欲为良史者,当慎辨于天人之际,尽其天而不益以人也。尽其天而不益以人,虽未能至,苟允知之,亦足以称著述者之心术矣。而文史之儒,竞言才、学、识,而不知辨心术以议史德,乌乎可哉?"[3]这可以看作是怎样处理历史撰述中史学家的主观意识与客观历史的关系,而其核心是尽可能反映客观(尽其天)又尽可能不加入人的主观(不益以人);同时,章学诚还指出,尽管达不到这样的境界,只要努力这样去做,也可以说是懂得著述的要求了。只有做到这种程度,才可称为史德。章学诚的这个观念,用今天的话来说,就是如何理解历史撰述中的主客体关系。

上述这些事例,在不同程度上都具有一定的合理因素,也都可以在唯物史观指导下给予合理的阐述,使其融入当今的史学研究而获得新的生命力。准此,如果我们在上述几个层面用大气力,下大功夫,并不断取得成就,即是为创新性发展打下坚实的基础。

(原载《中国史研究》2018年第2期)

1　刘知幾:《史通·惑经》,浦起龙《史通通释》本,上海古籍出版社,2009年,第374页。
2　见杜佑:《通典》卷三一《职官十三·王侯总序》自注,中华书局,1988年,第850页。
3　章学诚:《文史通义·史德》,叶瑛《文史通义校注》本,中华书局,1994年,第220页。

世界眼光与中国特色

中国史学进一步走向世界,要在两个方面做出新的努力。一个方面是要有新的世界眼光,一个方面是要更加自觉地彰显中国史学的民族特色。这两个方面的结合,将会推进中国史学的发展并使其以更大的步伐迈向世界。

史学工作者的世界眼光和彰显中国史学的民族特色,关键在于史学工作者高度的自觉意识。

(一)关于世界眼光。依我的肤浅认识,这里有三个问题需要加以强调。

首先,中国史学家的世界眼光,有一个从不自觉到自觉的发展过程。司马迁著《史记》,写张骞通西域,到达大夏、康居、乌孙[1];又写到张骞见到身毒(天竺)的物品,并打听其所在地

---

[1] 见司马迁:《史记》卷一一一《卫将军骠骑列传》、卷一二三《大宛列传》,中华书局,1959年。

等[1]。范晔著《后汉书》，涉及域外史事甚多，他关于"倭国"的记载，成为今人研究日本古代历史的重要参考文献。欧阳修、宋祁撰写的《新唐书》，在《西域传》中写到天竺、师子、波斯、大食等域外风貌等[2]。正史如此，即使是私人撰述，也多有涉及域外史地的。法显的《佛国记》、玄奘的《大唐西域记》、杜佑《通典》中引用杜环的《经行记》[3]，以及元代徐明善撰写的《安南行记》、周达观撰写的《真腊风土记》、汪大渊撰写的《岛夷志略》（原称《岛夷志》）等，都广泛地涉及域外的历史地理面貌。

近代以来，史学家们的世界眼光有了新的发展。魏源的《海国图志》、徐继畲的《瀛寰志略》、王韬的《法国志略》和《普法战纪》、黄遵宪的《日本国志》等，都是史学家们在自觉的世界意识下撰写的世界史和国别史著作，成为中国史学走向近代的标志之一。20世纪的中国史学，可以说是面向世界的史学。西方的欧美史学，东方的日本史学，以及20世纪五六十年代的苏联史学，都在很大程度上影响了中国史学的发展。

其次，主体意识的变化。从20世纪以前的中国史学来看，史学家们的世界眼光，虽有从不自觉到自觉的发展过程，但总的说来都是在"以我为主"的历史视野下发生和发展的。而20世纪的中国史学，尽管面向世界的规模扩大了，但"以我为主"的视野却发生了变化，大多以他人为主，即以我们自己的史学去适应他

---

1 见司马迁：《史记》卷一一六《西南夷列传》，中华书局，1959年。
2 见欧阳修、宋祁：《新唐书》卷二二一《西域传》，中华书局，1975年。
3 见杜佑：《通典》卷一九三《边防九》，中华书局，1988年，第5256页。

人史学的模式。在这个过程中，得与失兼而有之。所得者，在历史观、方法论方面，中国史学进入了一个新的发展阶段；所失者，中国史学的历史传统和民族风格未能得到相应的发扬，优秀的史学遗产未能受到应有的重视。这种情况的出现，有其历史的必然性，但也有值得后人反思的问题和空间。

再次，什么是新的世界眼光？当世界历史进入21世纪的时候，尤其是中国史学工作者在经历了20世纪中国史学的巨大变革的今天，中国史学工作者的世界眼光势必有新的发展、新的取向和新的视野。是否可以认为，这种新的发展、取向和视野主要反映在以下几个方面：

第一，从一般性的引进和模仿，走向合理的引进和理性的借鉴。这是在新的历史条件下，史学家们在更高的层次上"以我为主"的自觉的世界眼光的反映。换言之，中国史学家已经走过了"拿来主义"的阶段，从而走上择善而取之的路向。这是对于"他山之石，可以攻玉"的更深刻的认识。

第二，在对外国史学的借鉴过程中，中国史学家在世纪之交进一步提升了自己的辨析能力，越来越显示出其高水平的学术含量，从对外国史学的一般性介绍走向研究和判断的层面，从而提供了中外史学家真正"对话"的可能和前提。

第三，中国史学家将更加意识到，在考察外国史学的历史和现状时，应当把中国史学的历史和现状作为参照物；反之，在考察中国史学的历史和现状时，应当尽可能地把外国史学的历史和现状作为参照物。这种互为参照物的方法和视野，才是真正的世界眼光。在这方面，中外史学家要研究的问题很多，发展的空间很宽阔。应当强调的是，对于中国史学的历史和现状，外国同行和公众确有进一步了解、认识的必要。这是外国同行所要做的工作，而中国史学家也应为此提供准确的信息和必要的条件。在这里，所谓"世界眼光"，更能表现出一种平常的心态和实事求是的学风。

第四，新的世界眼光，还反映在一个十分重要的方面，即关注世界史学发展的趋势。20世纪70年代，英国历史学家杰弗里·巴勒克拉夫写出了《当代史学主要趋势》一书，就关于变动世界中的历史学、探索新概念和新方法、社会科学对历史学的影响、历史学的新领域，以及国别史、比较史学和"元历史学"等问题做了阐述和分析。20世纪80年代，此书被译成中文在中国传播，产生了很大的学术影响，足以表明中国史学家对世界史学发展趋势的关注。近三十年来，中国史学家对"趋势"的关注与日俱增，其具体表现在对"全球史"问题、环境史问题、后现代思潮对历史学的影响问题等许多前沿问题上，都敏锐地做出反应，提出了中国史学家的独立见解。这种对"趋势"的高度关注和学术热情，必将促进中国史学家以更大的步伐参与到对"趋势"的认识和把握的行列，并发挥应有的学术作用。

（二）关于中国特色。诚然，当中国史学家以新的世界眼光看待当今世界史学的时候，势必也会以同样重视和严谨的态度对待中国史学的民族特色。史学，追求历史的真相和发挥其社会功能方面，是其普遍的本质和品格。但由于各国、各民族历史研究的对象与内容都是具体的或特定的，且又多有自己的传统，故而必定呈现出不同的特点和风格。就中国史学来说，它具有以下几个特点：

历史记载和历史撰述的连续性，是中国史学最突出的特点。就目前考古学成果所确认，甲骨文记事是中国现在所知最早的历史记载，《尚书》中有的篇章大致与此时代相仿佛。西周时期，周王室与各诸侯国出现了"国史"的撰述，虽其名称各异，但从《春秋》《左传》《礼记》等文献来看，"国史"记事与撰述原则当大致相同。"国史"出于官修，而自孔子据鲁史作《春秋》，则首开私人撰史的先河。此后，官修、私撰连绵不断，相得益彰，成为中国古代史学发展的两大脉络。魏晋南北朝时期，私人著史蔚为风气；而唐初设史馆撰写前朝史与本朝史，则把官修史书推向高潮并进而形成制度。这种重视修史的传统，直至明清而不曾中断。史家的层出不穷和史著的丰富积累，为中华文明之连续发展的历史，留下了翔实的记录，成为世界史学史上的宏伟奇观和伟大创造。中华文明的发展不曾中断，记述中华文明发展史的中国史学两千多年来不曾中断，这是世界文明史上所仅见的。

中国史学在两千多年前确立了人本主义传统，这是中国史学之民族特点的又一个突出表现。中国古代史学重视天人关系的探讨，人们在关于"天命"与"人事"、"天道"与"人道"之关系的漫长思考之后，到了司马迁撰写《太史公书》即《史记》时，奠定了中国古代史学的人本主义传统的基础。《史记》由本纪、表、书、世家、列传五种体例综合而成,史学上称为纪传体。纪传体史书的特点,是以人物为记事的中心。《史记》的本纪、世家、列传都是记述历史人物的言论、行事,表明司马迁不仅认识到而且在历史撰述中充分反映出人在历史中的中心位置。其后,历代"正史"都以纪传体为撰述宗旨,从而贯穿了中国古代史学的人本主义传统。可以认为,在历史撰述中写出了成千上万的各阶层代表人物的历史活动及其作用,中国史学的这一特点在世界各国史学发展上是罕有其匹的。

内容的丰富性和体裁的多样性的结合,也是中国史学民族特点之一。中国有三千多年有文字可考的历史,自秦朝以后形成了一个统一的多民族国家,历史内容非常丰富。对于丰富、复杂的历史内容,中国史学在历史编纂方面有广泛的创造,以反映丰富、复杂的社会历史进程。从历史内容来看,唐初成书的《隋书·经籍志》著录的史部书,按内容分为十三类。从史书体裁来看,《春秋》《左传》开编年体史书之先河,司马迁《史记》、班固《汉书》是纪传体史书的前驱,杜佑《通典》创制度史规模,袁枢《通鉴纪事本末》立纪事本末体史书之体例,都是源远流长,传承不断。此外,民族史、学术史、传记、史论、史评、史注、史考、长编、笔记等,可谓浩如烟海、汗牛充栋,构成了中国史学遗产的宏伟的宝藏。举例来说,如关于纪传体史书,刘知幾这样概括它的内容,指出:"纪以包举大端,传以委曲细事,表以谱列年爵,志以总括遗漏,逮于天文、地理、国典、朝章,显

隐必该,洪纤靡失。"[1]又如关于不同体裁的通史所记述的历史内容的特点,章学诚做了这样的概括,他写道:

> 总古今之学术而纪传一规乎史迁,郑樵《通志》作焉。统前史之书志而撰述取法乎官《礼》,杜佑《通典》作焉。合纪传之互文而编次总括乎荀、袁,司马光《资治通鉴》作焉。汇公私之述作,而铨录略仿乎孔、萧,裴潾《太和通选》作焉。此四子者,或存正史之规,或正编年之的,或以典故为纪纲,或以词章存文献,史部之通,于斯为极盛也。至于高氏《小史》、姚氏《统史》之属,则搏节繁文,自就隐括者也。罗氏《路史》、邓氏《函史》之属,则自具别裁成其家言者也。范氏《五代通录》、熊氏《九朝通略》,标通而限以朝代者也。李氏《南、北史》,薛、欧《五代史》,断代而仍行通法者也。其余纪传故事之流,补辑纂录之策,纷然杂起,虽不能一律以绳,要皆仿萧梁《通史》之义而取便耳目,史部流别,不可不知也。[2]

由此可见,把丰富的历史内容和多样的史书体裁结合起来,以反映纷繁复杂的历史进程,中国史学家显示出可贵的创造才能。

中国史书的文字表述,不论在语言艺术方面,还是在文风传

---

1 刘知幾:《史通·二体》,浦起龙《史通通释》本,上海古籍出版社,2009年,第25页。
2 章学诚:《文史通义·释通》,叶瑛《文史通义校注》本,中华书局,1985年,第373—374页。

承方面，更是鲜明地反映出中国史学的民族特点。《春秋》在遣词造句上的用例，《左传》的擅长写辞令，《史记》的写历史场面和种种人物的特征，《资治通鉴》的写战事过程及胜败之机等，都是准确而凝练，真实而生动。用晦、尚简、两两对照、寓论断于序事之中，是这方面的几条基本经验。[1]

中国史学还有一个突出的民族特点是应当予以重视的，这就是它的理论成就。在历史理论方面，中国史学重视天人关系、古今关系、时、势、理、道的探讨，同时在国家职能、民族关系、人物评价标准、地理条件与历史进程之关系等方面，都有许多真知灼见。在史学理论方面，唐人刘知幾所著《史通》、宋人编纂的《册府元龟·国史部》、清人章学诚撰写的《文史通义》等书，提出了几十个史学方面的范畴或概念，显示出了中国史学发展中对于自身反省和总结的自觉性及理论创造精神。尤其是中国古代史家不离事而言理和对于重大理论问题的连续不断的探讨，从一个重要方面反映了中国古代史家的思维方式、语言风格和中国史学发展的连续性特点。[2]

在21世纪的历史条件下，中国史学进一步走向世界，怎样以新的世界眼光看待史学的发展，怎样使中国史学带着自身的民族特点参与21世纪世界史学的建设和创造，是相辅相成的两个方

---

1 见刘知幾：《史通·叙事》，浦起龙《史通通释》本，上海古籍出版社，2009年；白寿彝：《史记新论》，求实出版社，1981年，第86—91页；顾炎武：《日知录》卷二六"史记于序事中寓论断"，黄汝成《日知录集释》本，岳麓书社，1994年。
2 瞿林东：《中国史学的理论遗产》，北京师范大学出版社，2005年，第29—47页。

面。就世界眼光来说，是一种开放意识；就民族特点来说，是一种主体意识。应当强调的是，在当今中国史学的发展中，如何在世界眼光的视野下合理地彰显中国史学的固有特点，既使中国史学的特点有其连续性的新发展，又使外国同行对中国史学的特点之本来面貌有基本的了解，这对于中外史学的交流和对话，是非常重要的。

（原载《江海学刊》2007年第1期）

第五辑
序与跋

《史学遗产六讲》前言

本书是白寿彝先生论史学遗产的代表性著作，其中所收录的六篇论文，写于两个不同的历史时期。《谈史学遗产》这篇长文撰于1961年，其余五篇撰于1981—1982年，前后相隔二十年，而其撰述旨趣显然是一脉相承的。

中国是一个史学大国，拥有连续不断、丰富厚重的史学遗产。所谓史学遗产，是历史上流传下来的前人在史学活动中的创造和积累，是文化遗产的重要部分。把史学遗产从历史遗产中"分离"出来，并把它作为一个专门的学术问题和理论问题提出来进行研究，白寿彝先生的这几篇文章不仅开其先河，而且从理论上和研究对象上奠定了探讨这一领域的学术基础，因而产生了较大的学术影响。

《谈史学遗产》一文从理论上阐述了研究史学遗产的重要性及研究史学遗产的方法。关于研究对象，作者从七个方面做了概括,即归纳了史学遗产中的主要成就,并将其比喻为一个个"花圃"。这就是:中国史学上有关基本观点的遗产,包含历史观、历史观点在史学中的地位、史学工作的作用;史料学遗产;历史编纂学遗产;历史文献学遗产;重大历史问题研究成果;有代表性的史学著作;历史启蒙书方面的遗产。[1]关于研究史学遗产的必要性,作者指出:一、研究史学遗产,可以更具体更深刻地理解史学在社会中的作用;二、研究史学遗产,可以逐步摸索出中国史学发展的规律;三、研究史学遗产,可以把历史上人们提出来的一些史学问题作为当前研究的资料,丰富我们的研究内容。[2]这些见解,在今天看来,仍有重要的启发意义。回顾20世纪中国史学,自1901年梁启超发表《中国史叙论》、1902年发表《新史学》对中国古代史学进行激烈的批评后,直至20世纪五六十年代,中国古代史学始终处于不被重视以至被否定的地位。白寿彝先生在1961年撰写此文,这在当时不仅要有学术上的见识,而且要有理论上的勇气。

作者在20世纪80年代撰写的五篇文章,集中讨论了四个问题,即历史观点、历史文献学、历史编纂学、历史文学。关于历史观点问题,作者在《谈史学遗产答客问》一文中,着重分析了中国史学上关于历史进程的看法、关于地理环境的看法、关于社会经济的看法、关于得失成败的看法、关于民主思想内容的看法。作

---

1 白寿彝:《史学遗产六讲》,北京出版社,2004年,第16—25页。
2 同上,第1—4页。

者继《谈史学遗产》之后,再次提出了在马克思主义史学出现以前,中国史学上是否存在"历史唯物主义的萌芽"的问题。从作者的观点来看,他的回答是肯定的。同时他也指出,这些问题需要做长期的讨论。[1]

《谈历史文献学》和《再谈历史文献学》这两篇文章,是作者在一年多的时间里撰写的。这两篇文章不仅可以相互补充,而且还可以从中看出作者在有些问题上思考的轨迹。在《谈历史文献学》一文中,作者指出了历史文献学的重要性,认为:"历史文献学可以帮助我们搜集、分析并正确地利用历史文献,使我们的历史工作在文献方面具有良好的条件,这就是历史文献学的主要用处。"[2] 在《再谈历史文献学》一文中,作者提出了历史文献学学科建设的设想,指出:"历史文献学,或者更正确地说,中国历史文献学,可以包含四个部分。一、理论的部分。二、历史的部分。三、分类学的部分。四、应用的部分。这样的分法,未必合适。现在这样分,也只是便于说明问题。"[3] 从这四个方面着手来建设历史文献学,是作者的一个重要创见。其中,关于"理论的部分",提出了"历史文献学的多重性"问题;关于"历史的部分",提出了历史文献同历史时代的关系;关于"分类学的部分",提出历史文献学的分类学与目录学有一定的区别,即前者"有统观全局的要求";关于"应用的部分",认为可以包含目录

---

1 白寿彝:《史学遗产六讲》,北京出版社,2004年,第41页。
2 同上,第55—56页。
3 同上,第118页。

学、版本学、校勘学、辑佚学和辨伪学等。[1]这些论点极大地开阔了人们关于历史文献学的理解和认识，对历史文献学的学科建设有重要的参考价值。

《谈史书的编撰》一文，反映了作者的历史编纂学思想。文章全面地评价了中国传统的各种史书体裁，指出了它们各自的特点及相互间的联系，以及前人在对史书体裁的认识方面留给后人的启示。尤其值得注意的是，作者第一次提出了"综合体"史书的概念并强调这样一个论点："历史现象是复杂的，单一的体裁如果用于表达复杂的历史进程，显然是不够的。断代史和通史的撰写，都必须按照不同的对象，采取不同的体裁，同时又能把各种体裁互相配合，把全书内容融为一体。"[2]作者总主编的《中国通史》，正是在这一撰述思想指导下进行并获得重大成功的。

《谈历史文学》一文，首先区别了两种不同的"历史文学"的含义和性质：一种含义，"是指用历史题材写成的文学作品，如历史小说和历史剧"[3]；另一种含义，"是指历史著作中对历史的文字表述"[4]，如写人物、写语言、记战争、表世态，都有优良的传统。继而作者从史文的运用上举《左传》《国语》《战国策》《史记》《资治通鉴》为例进行论述，并有广泛的涉及；又从理论上举《史通》《日知录》的有关论述做进一步分析。在讲到文

---

1 白寿彝：《史学遗产六讲》，北京出版社，2004年，第121、123、131页。
2 同上，第80页。
3 同上，第96页。
4 同上，第97页。

与史的关系时，作者的这一段话是值得格外予以关注的，这就是："是否有这样的作品，既可以说是历史书，又可以说是文学书？""《史记》《汉书》《后汉书》《三国志》既是历史书，也可以说是文学书，但究竟是历史书。它们是历史书，而具有相当高的文学水平。但确实有一些书，同时具备了历史书和文学书的性质，而不好说它主要是属于哪种性质的。如《盐铁论》《世说新语》等就是这样的书。但这样的书毕竟不多。"[1]这些见解对于人们正确认识历史书和文学书的界限是有帮助的。作者撰写这篇文章，除了阐述中国史学上的历史文学的优良传统外，还有一个鲜明的旨趣，就是为了说明这样的道理："一个历史工作者必须有一定的文学修养。不要说我们历史上的大历史家都是文学家了，仅就一个普通的历史工作者来说，他对于文学没有一定的修养，是不能胜任这个工作的。"[2]当今的史学工作者，如能在这方面有所提高，对于历史学成果走向社会并广泛传播，进而充分发掘历史学的社会功用，是大有裨益的。

通观全书，《史学遗产六讲》是作者从理论上对中国史学遗产进行系统的发掘、爬梳的开创性成果，反映了作者恢宏的视野和渊博的学识。书中对史学遗产之精华所做的分析及其在当今史学事业中之价值的阐释，其真知灼见，在在多有，对史学理论与史学史研究者和广大史学工作者来说，尤其对青年史学工作者和

---

[1] 白寿彝：《史学遗产六讲》，北京出版社，2004年，第115页。
[2] 同上。

史学爱好者来说,既是入门之书,又是指导之书,成为人们走进史学遗产这一辽阔繁茂的园地、从而走进宏伟庄严的史学殿堂的一条路径。

本书作者对《史记》有精深的研究,为世所重,所撰《史记新论》和《司马迁寓论断于序事》两文,卓尔不群,成为《史记》研究的传世之作。现以其附录于本书,一则可以进一步窥见作者对史学遗产之"细部"研究的精深,再则也可以帮助读者通过认识《史记》这部书去体味史学遗产的丰富底蕴。这或许可以收到从宏观到微观、再从微观到宏观之双重感受的学术佳境。

北京出版社编辑、出版"大家小书",可谓立意新颖而又颇具学术眼光。《史学遗产六讲》(附《史记新论》)收入其中,对"大家小书"和广大读者,都是很有意义的。编者嘱我为此书撰写一篇前言,一是对所收文章略作介绍,二是也谈谈我的一点认识。这对我来说,更重要的,当是一个"温故而知新"的过程。

(原载《文献》2004年第2期)

《资治通鉴介绍》再版前言

柴德赓先生是著名的老一辈历史学家。他的《资治通鉴介绍》一书,深入浅出,雅俗共赏,自初版至今已三十年,受到学术界和读书界的广泛好评,现在予以再版,既说明了它本身的价值,也满足了广大读者尤其是青年读者的需要。

《资治通鉴介绍》是柴先生在讲课记录的基础上整理而成的,保留了不少口语,故读其书,如闻其声,有一种亲切感,因而增强了此书的可读性。当本书再版付梓之际,编者要我谈谈对它的认识。对此,我自当应命,就讲一点关于阅读此书的感受,供读者参考,也向同行请教。

读《资治通鉴介绍》,首先要看清书中所贯穿的"学脉",这就是司马光《资治通鉴》—胡三省《资治通鉴音注》—陈垣《通鉴胡注表微》。这条"学脉"反映了三个不同的历史时代,也是我们深入理解这三部书的撰述宗旨的关键。

北宋士人有一种突出的忧患意识，王安石变法是这种忧患意识在政治上的反映，司马光撰《资治通鉴》是这种忧患意识在史学上的反映。司马光说他撰《资治通鉴》是"专取国家盛衰，系生民休戚，善可为法，恶可为戒"[1]的史事入书，以及他"鉴前世之兴衰，考当今之得失，嘉善矜恶，取是舍非"[2]的期望，集中反映了《资治通鉴》一书的撰述宗旨。关于这一点，柴先生在本书第四章中"史料的选择问题"这一部分，论之甚详，是本书中极重要的部分。

胡三省是宋元之际的学人，于宋亡后注《资治通鉴》，其功甚伟，至今读《资治通鉴》者仍不可不读胡注。读胡注，一是帮助理解文字上的不明之处，一是探究胡注的思想内涵，前者反映胡三省的学识，后者反映胡三省的气节。关于这一点，柴先生在本书的第六章《胡三省的注》中有很好的分析，读者可予以关注。

陈垣先生著《通鉴胡注表微》一书，时在1944—1945年，中华民族处于生死存亡的抗日战争时期。陈垣先生著此书，以讲求考据为形式，以抒发思想为底蕴，反映出了他深厚的爱国主义精神和崇高的民族气节。柴先生在本书第九章《〈通鉴胡注表微〉浅论》中，对此有深刻的论述。[3]柴先生对"《胡注表微》分开四点来说"，这四点都很重要，尤其是第一点"陈先生能了解胡三

---

[1] 司马光：《资治通鉴》附录《进书表》，中华书局，1956年，第9607页。
[2] 同上，第9608页。
[3] 柴德赓：《资治通鉴介绍》，中共中央党校出版社，2010年，第60页。

省"最为重要。我以为,只有读懂了这一点,才能真正认识《通鉴胡注表微》一书的真谛和它的作者的高尚人格。正如1950年初陈垣在致友人书所说:

> 九一八以前,为同学讲嘉定钱氏之学。九一八以后,世变日亟,乃改顾氏《日知录》,注意事功,以为经世之学在是矣。北京沦陷后,北方士气萎靡,乃讲全谢山之学以振之。谢山排斥降人,激发故国思想。所有《辑覆》《佛考》《诤记》《道考》《表微》等,皆此时作品,以为报国之道止此矣。所著已刊者数十万言,言道,言僧,言史,言考据,皆托词,其实斥汉奸、斥日寇、责当政耳。[1]

这封信深刻地反映出了一位严谨的历史考证学者,是如何在自己的学术著作中寄托民族情感和"报国之道"的。

柴先生评价陈垣先生"是思想、学问、生活打成一片的人,不是徒发空论的"[2],是很中肯的评价。因此,读懂了这一章,才贯通了《资治通鉴介绍》全书的"学脉"。

其次,读《资治通鉴介绍》,要关注本书第四章中所讲"《通鉴》的'论'",文字虽不多,但提出了一个重要问题:研究司马光作《通鉴》的思想,"那是要读《通鉴》的'论'的"[3]。

---

[1] 陈垣:《致席启駉》,《陈垣全集》第23册,安徽大学出版社,2009年,第337页。
[2] 柴德赓:《资治通鉴介绍》,中共中央党校出版社,2010年,第59页。
[3] 同上,第35页。

究竟怎样评价《通鉴》的"论"和司马光作《通鉴》的思想,读者和研究者可以做出自己的判断,但柴先生指出这个问题的重要,是不可忽视的。

再次,读《资治通鉴介绍》,要发掘其中的学术含量。本书虽是一部据讲课记录整理而成的著作,是一部表述平实不带有通常学术著作惯有的那种"学术味儿",但它的学术含量却是十分丰富的,这渗透在本书的每一个标目之中,反映了作者对《资治通鉴》研究的深厚功力。如本书第三章《〈通鉴〉的史料》,柴先生引用了多种说法,可供研究者参考。又如上文讲到"《通鉴》的'论'",柴先生列举了《通鉴》引用他人之论有八十四篇,其作者从荀子到欧阳修近三十人,一一列出姓名,等等,对研读《资治通鉴》的朋友来说,都有重要的参考价值。其他一些相类似的问题,三十年前刘乃和先生在本书初版《前言》中做了很好的阐述,这里就不再赘述了。

(原载柴德赓:《资治通鉴介绍》,
中共中央党校出版社,2010年)

序《陇史新探》

  我和受宽教授相识、交往有二十年的历史了。20世纪90年代中期，我们就研究生的培养问题，交换过一些意见和心得。2001年，受宽教授同兰州大学历史系的领导商定，邀我去兰州大学讲学，这年9月，我应邀到兰州大学，受宽负责同我联系讲学事宜，他交给我一张用电脑打印出来的"日程表"。见到这张"日程表"，我很感动：受宽做事如此认真、细心。当然，我也因此而感到压力。当时正值开学之初，我打算在历史系讲的一个题目——"历史·现实·人生"，被负责兰州大学军训团的部队同志了解后，决定邀请我为当年入学的全校大学生讲这个题目。当我走进可以容纳三千多人的体育馆时，参加军训的学生们全体起立，领队的同学向我行军礼并报告："瞿林东教授，整队完毕，请指示！"面对三千多位刚入学的大学生的如此"军容"，我一下子惊呆了，只是说了一句："请坐下！"演讲中，同学们不时爆发出热烈掌声,在体育馆内回响,这使我受到极大的感染:多么可爱的年轻人!多么能够引起人们共鸣的史学!

十四年过去了,但此情此景,犹如昨日。我之所以提及此事,是为了感谢受宽教授促成了我的兰州大学之行,使我受到一次深刻的教育,受到了来自年轻学生对我的鞭策和鼓励。

近年来,我同受宽教授在学术上的联系更为密切。他主持着北京师范大学史学理论与史学史研究中心的一个重大项目——"中国少数民族史学研究",我也邀请他参与我主持的一个"马工程"项目——"中国史学史"。目前,这两个项目都在进行中。

作为史学理论与史学史研究的同行,我最早读到受宽的论著,是他撰写的《谥法研究》(上海古籍出版社,1995年),内心不禁有一种钦佩的感觉油然而生。这是因为,每一个研究中国历史或读过中国古代史书的人,都会接触到"谥法"问题:在中国古代政治史上,不同身份的人,不同作为的人,死后都会由活着的人共同商议,给他一个称号,有褒的,有贬的,"各得其所"。但是,要把古代谥法说个清清楚楚,让没有研究过中国古代史、没有读过中国古代史书的人,也读得懂,这并不容易做到。但是,受宽教授做到了,因而令人钦佩。

此后,当我读到他撰写的《西北史札》(甘肃文化出版社,2008年)和他主编的《西部大开发的历史反思》(兰州大学出版社,2009年)二书时,我对受宽教授的钦佩之情更加深了。

这里,我想着重讲一点我对《西部大开发的历史反思》一书的主旨、内容、价值等方面的认识。我认为,这部约八十万字的著作，凝聚着数十位学术工作者上无愧于国家、下无愧于学术和人生治学道路的赤诚之心，反映了作者们的历史意识与时代精神相结合的学术品格。正如受宽教授在此书《题记》中所说："2000年初，国家做出实施西部大开发的重大战略决策，使我们这些长期生活在大西北，并且从事西部开发史研究的学者振奋不已，全力投入。"[1]时代的召唤，激发起巨大的热情和崇高的责任感，从有限的书斋放眼辽阔的大西北，从探究遥远的古代转向关注现实与未来，以群体之力，历时八年，完成这部历史与现实相结合的学术著作。此书含上、下两编：上编为"西部开发的历史与实践"，凡十一章，从原始时代写到21世纪；下编为"西部开发的历史反思"，凡十章，论述了这样一些专题：西部是中华文明的重要发祥地；西部各地在中国历史发展的地位与作用；历代开发与西部经济地位的变化；西部开发与国家安全富强；历代西部开发与国家政治；历代开发与民族宗教政策；历代开发与西部文化教育；历代开发与西部人口变化；历代开发活动与西部生态环境；西部开发历史反思的总结等。受宽教授在《题记》讲到此书的几个特点：一是此书"为西部大开发战略的实施寻觅借鉴，是将历史研究与资政当代紧密结合的一项学术工程"；二是"本书在西部开发史的反思中取得了许多突破和创新的观点，对增强西部大开发思想的历史意识，丰富西部大开发战略的理论内涵，建立科学的西部开发史学科体系，有重要的理论和学术价值"；三是"本书

---

[1] 汪受宽：《西部大开发的历史反思》题记，兰州大学出版社，2009年，第1页。

在历史反思的基础上,通过对实施西部大开发战略的追踪研究,对继续推进西部大开发战略提出了九项建议"。[1]可以认为,这是一部有历史、有现实,有理论、有材料,有分析、有建议的学术著作。中国史学的求真与致用相结合的优良传统,在此书中获得新的展现,新的发扬。

受宽教授著作丰富,他在两年前出版了《骊靬梦断:古罗马军团东归伪史辨识》(兰州大学出版社,2008年),现在他的《陇史新探》书稿又放在我的面前。面对前一部书,我更加认识到,这是一位求真、严谨、敏锐的学者,他在多年研究的基础上,同时吸收前人和时贤的成果,终于撰出一部系统的、具有结论性的著作。说到这即将面世的《陇史新探》,我再一次被作者的大西北情结所感染。在中国近代史学上,张穆的《蒙古游牧记》、何秋涛的《朔方备乘》、姚莹的《康輶纪行》等书,都有强烈的时代精神和很高的学术价值,对当时和后人都有广泛的影响。当今,历史条件不同了,我也无意于把受宽教授同前贤扯在一起加以评论。但是有一点是可以表明的,即中国史学上经世致用的优良传统和时代精神的彰显所流淌着的血脉,从未中断过。

《陇史新探》一书,收录了作者2006年以来的文章,"陇史"是研究对象,"新探"则提出了一些新的或不同于他人的看法。从羲皇文化说到西部大开发,从春秋编钟说到《四库全书》,从农业说到畜牧业,从真历史说到对伪史案的辨证,从古代名将

---

[1] 汪受宽:《西部大开发的历史反思》题记,兰州大学出版社,2009年,第1—3页。

讲到当今学者，一言以蔽之，纵论古今，新见迭出。作者在《题记》中追溯了自己研究西北历史的心路历程，深情地写道："我长期寄寓甘肃，对甘肃社会人文及地理的了解甚至超过对家乡江苏的了解。"[1] 作者认为这是一种学术上的优势，理应把它发挥出来。当然，这都是建立在他对甘肃乃至西北历史地位的重要的认识，对探索新知、辨析伪史的兴趣与责任的基础上，才能做到的。

是为序。

（原载汪受宽：《陇史新探》，中国文史出版社，2014年）

---

[1] 汪受宽：《陇史新探》题记，中国文史出版社，2014年，第1页。

序《魏晋隋唐间的河东裴氏》

在中国封建社会中的魏晋南北朝隋唐时期，门阀地主是一个特殊的历史存在。门阀地主的出现，同当时的土地兼并、人口逃亡、户籍减少有极大的关系，也同两汉以来世家大族的政治特权与家族历史的延续、发展有极大的关系。如果以其同两汉时期的世家地主做一比较的话，它们的异同主要表现在："门阀地主跟世家地主一样，也是有政治身份、世袭特权的地主。但门阀地主是依靠家族的传统地位形成，这跟世家地主的形成是由于皇家所规定的政治身份是不同的。在土地权上，门阀比世家有更多的家族私有性质。在劳动力上，门阀掌握的主要是荫附农民。荫附农民是脱离了国家户籍的农民，他们交纳的地租不再具有国家赋税的性质了。他们的社会地位比户籍农民要低些，但对于国家赋税，其中包括繁重的劳役，是可以摆脱的。这种生产关系上的相对变化，是有利于社会生产力的提高的。"[1] 可以这样认为，门阀地主是封建社会发展阶段上出现的一个历史现象，它曾经是那个历史阶段六七百年中的生产关系的支配者，并在政治上居于统治地位，而它的一个突出的特点是它的家族的传统地位具有极大的社会影响。

关于这一历史现象，魏晋以下、唐宋以上的历史撰述皆有明显的反映，而从历史上或理论上有所阐发者，如唐人柳芳、宋人欧阳修、郑樵等，多有卓论，清人赵翼在《陔馀丛考》中还写出了《六朝重氏族》《谱学》等名篇，这都为后人从史实上和理论上观察这一历史现象提供了资料。这一现象在历史撰述上的主要表现是：

其一，是家传的兴盛。从《隋书·经籍志》史部、《新唐书·艺文志》史部来看，其著录家传多种，而早于它们的《世说新语》注所根据的家传数量又远远超出它们的著录，由此可以想见当时家传的兴盛。南朝史家沈约撰《宋书》，北朝史家魏收撰《魏书》，唐初史家李延寿撰《南史》《北史》，多有一个传主之下附记其兄弟、子孙数十人者，正是这种家传兴盛之风影响到正史撰述的表现。

其二，是谱学的发达。在家谱、家传基础上发展起来的谱系之学，在东晋、南朝蔚为时尚，先后有贾氏谱学、王氏谱学名于世。《隋书·经籍志》史部专有"谱系篇"，指出士人"第其门

---

[1] 白寿彝主编：《中国通史纲要》，上海人民出版社，1980年，第18页。

阀，有四海大姓、郡姓、州姓、县姓"之别，而"氏姓之书"则为世所重。这是历史文献学上明确了谱系之书的地位。

其三，是世表的创立。司马迁《史记》有《三代世表》，是讲的王朝的历史，欧阳修《新唐书》有《宰相世系表》，是讲的家族的历史，主要是门阀家族的历史。此外，唐人柳芳论谱学源流（《新唐书·儒学传中》），郑樵的《通志·氏族略》序论谱系之书的作用和谱系之学的兴衰，都是史家关于这方面的真知灼见。

郑樵指出："自隋唐而上，官有簿状，家有谱系，官之选举必由于簿状，家之婚姻必由于谱系。历代并有图谱局，置郎、令史以掌之，仍用博通古今之儒知撰谱事。凡百官族姓之有家状者则上之，官为考定详实，藏于秘阁，副在左户。若私书有滥，则纠之以官籍；官籍不及，则稽之以私书。此近古之制，以绳天下，使贵有常尊、贱有等威者也。所以人尚谱系之学，家藏谱系之书。自五季以来，取士不问家世，婚姻不问阀阅，故其书散佚而其学不传。"[1]谱系之学因与选举、婚姻有直接的关系，故为官府、私家所重视，而其最本质的作用是维护"贵有常尊，贱有等威"的门阀社会的秩序。从历史的发展和谱学的演变来看，这个社会秩序正是魏晋南北朝隋唐时期的历史特点。20世纪80年代初，我曾撰写《唐代谱学简论》一文[2]，阐述上述情况在唐代社会生活中

1　郑樵：《通志·氏族略》之《氏族序》，《通志二十略》，中华书局，1995年，第1页。
2　瞿林东：《唐代谱学简论》，《中国史研究》1981年第1期。

上自皇室、下至私门的种种表现。随着门阀势力的衰落,谱学也衰落了,这个变化是在中晚唐逐渐发生的。郑樵所谓"自五季以来,取士不问家世,婚姻不问阀阅,故其书散佚而其学不传"[1],非常中肯地说明了史学发展的特点本取决于历史发展的特点。

柳芳在论谱学源流时说:"过江则为'侨姓',王、谢、袁、萧为大;东南则为'吴姓',朱、张、顾、陆为大;山东则为'郡姓',王、崔、卢、李、郑为大;关中亦号'郡姓',韦、裴、柳、薛、杨、杜首之;代北则为'虏姓',元、长孙、宇文、于、陆、源、窦首之。"[2]柳芳提到的都是"著姓"大族。其中,裴姓就是本书所论述的河东裴氏。欧阳修撰《新唐书》,创《宰相世系表》,其序云:"唐为国久,传世多,而诸臣亦各修其家法,务以门族相高。其材子贤孙不殒其世德,或父子相继居相位,或累数世而屡显,或终唐之世不绝。呜呼,其亦盛矣!"[3]所谓"各修其家法,务以门族相高",正是门阀地主时代的社会风气。其表以裴氏居于首位,并在后论中说明:"裴氏定著五房:一曰西眷裴,二曰洗马裴,三曰南来吴裴,四曰中眷裴,五曰东眷裴。宰相十七人。"[4]这就是说,在唐朝历史上,平均十七年左右,裴氏就要出一名宰相,可谓显赫之至。若能揭示家族在门阀时代的历史,不仅对于人们深入认识门阀地主的演变是有意义的,更重要的是对于

---

1 郑樵:《通志·氏族略》之《氏族序》,《通志二十略》,中华书局,1995年,第1页。
2 欧阳修、宋祁:《新唐书》卷一九九《儒学传中》,中华书局,1975年,第5677—5678页。
3 欧阳修、宋祁:《新唐书》卷七一上《宰相世系表一上》,中华书局,1975年,第2179页。
4 同上,第2244页。

人们深入认识门阀时代的历史特点是有意义的。周征松教授所著《魏晋隋唐间的河东裴氏》一书，正是为此而撰写的。

征松教授撰写此书，带有拓荒的性质，因而需要有学术上的勇气。论门阀，辨士庶，史学界由来已久，并曾引起过热烈的讨论。但具体地剖析某一门阀、某一士族的历史及其与朝代历史、社会历史之关系的著作，则尚不多见。这是一件烦难的工作，但却是很有意义的学术研究。征松教授的执着和勇气，令人钦佩。

作者撰写此书，颇下了一番功夫。他对于有关河东裴氏的文献的搜求，对于裴氏家谱的寻访，对于裴氏墓志的研究，均用力甚勤，从而使三者相互补充、印证，极大地丰富了有关正史对裴氏历史的记述。可以认为，本书中有关家谱、墓志材料的运用及其学术价值，是最值得人们关注的成果之一。

在撰述方法上，本书以朝代历史脉络为经，以裴氏有代表性的人物为纬，前者虚写，后者实写，两相配合，首尾连贯，于家族史的演变中仍可透视朝代史的进程。对裴氏人物的表述，作者都尽可能地结合有关重大事件给予恰当的评价，从而避免了家谱式的叙述，增强了所论人物的历史感。

本书最后一章提出裴氏盛衰的原因和裴氏在中国古代文化发展上的成就，是两个值得深入思考的问题。关于门阀的盛衰，欧阳修有一个说法："然其所以盛衰者，虽由功德薄厚，亦在其子孙。"[1] 这是从家族史本身的角度来看其盛衰。其实，不论是"功德

---

[1] 欧阳修、宋祁：《新唐书》卷七一上《宰相世系表一上》，中华书局，1975年，第2179页。

薄厚"，还是子孙贤否，都首先取决于历史时代的变化。唐初以来，由于统治阶层权力的再分配的原因，传统的门阀观念逐渐受到动摇。唐太宗时修《氏族志》便已开始崇重开国权贵的社会地位；至唐高宗、武则天时修《姓氏录》，以军功至五品以上者尽可进入士流，从而进一步改变了传统的门阀观念，士、庶合流的趋势更加显著。加之科举制度的发展，科举取士范围的扩大，非门阀出身的士人以此进入仕途者日渐增多。在经济上，隋唐时期，国家加强了对劳动人手的管理，对土地制度、赋税制度的整顿，削弱了门阀地主赖以存在的物质基础。于是在唐末激烈的阶级斗争和声势浩大的农民起义的打击下，门阀地主作为一个特殊历史时代的特殊阶层便从历史上消失了。当然，这是一个很复杂的历史过程，还有必要做深入、全面的探讨。

关于河东裴氏在文化上的成就，也是一个饶有兴味的问题。裴秀（224—271）的地图学在中外地图史上有很高的地位，裴頠（267—300）著有唯物思想倾向的名篇《崇有论》，裴松之（372—451）、裴骃、裴子野（469—530）、裴矩（？—627）、裴垍、裴庭裕等皆长于史学，其中以裴松之的《三国志注》、裴骃的《史记集解》、裴子野的《宋略》（已佚），尤为知名。门阀士族在家学上的这种传承和贡献，是这一时期的文化发展上的一个比较突出的现象。比如仅以史学而论，刘氏、杜氏、韦氏家族都产生了大史学家。可见，这种现象在文化史和史学史上都是值得做深入研究的。由此我们还可以进一步考察：在中国古代，家学的传承同官学的授受，对于学术文化的发展各起了怎样的作用？它们是否有一种互补的关系？如果有的话，这种互补关系的具体表现又是怎样的？这些问题，既是研究门阀士族历史中的重要问题，也是探讨中国古代学术文化发展史中的重要问题，相信在这方面会有更多的成果问世。

征松教授研究中国史学史有年，论著多有创见。他点校的唐人马总《通历》一书，对治唐代史学有重要参考价值。他的这本新著，是他从史学史研究拓展开去，走向家族史研究的一个尝试，一个新的界标。《大和通选》的编者裴潾亦出于河东裴氏，他有这样的诗句："动复有原，进退有期。用在得正，明以知微。"[1] 我借用这四句诗来比喻治学，以表示对作者在学术上的执着追求与开拓精神的钦佩。

是为序。

（原载周征松：《魏晋隋唐间的河东裴氏》，

山西教育出版社，2000年）

---

1 见《全唐诗》卷五〇七，中华书局，1960年，第5764页。

明代史家怎样看待历史
——《明代历史理论研究》代序

中国史学在其发展过程中,或由于历史上发生重大事件,或由于朝代更迭及政治上的纷乱局面,或由于史学自身演变的规律等原因,使每一个特定阶段的史学都不同程度地呈现出各自的特点。

明代史学是中国封建社会走向衰老时期的史学,一方面,它保持着原有史学的面貌,一方面也带着自身的特点而延续着中国史学的行进步伐。1994年,我在《中国古代史学批评纵横》一书中,对明代史学的特点做了这样的概括:"明代的史学,在官修史书方面,以浩繁的实录和《元史》的撰修,最有影响;在私人著史方面,王世贞、李贽、王圻、焦竑和谈迁等,是为名家。这些都占有重要的分量。而方志撰述的兴盛和稗史的空前增多,以及反映社会经济史著述的繁富,还有史学在通俗化方面的发展和历史教育更广泛的展开,显示出了明代史学进一步走向社会深层的趋势和特点。"¹ 我以为同以往各个朝代或各个时期的史学相比较，明代史学的一个突出特点，是"走向社会深层"。我在1999年出版的《中国史学史纲》一书中，对明代史学依然用了"史学走向社会深层"这样一个总的标目，并做了在当时看来可以说是比较充实的论述。

至于明代史学的历史理论，在上述两书中，除了对李贽的历史评论有较多的涉及外，其他所论甚少。21世纪初面世的几本有关明代史学的论著，似也未曾就明代历史理论设立专章予以论述。而孙卫国教授所著《王世贞史学研究》一书，论及王世贞关于"历史是连续发展的""迥异于时的正统观""审时度势的人物评价标准"等问题时²，提供了王世贞关于历史理论的较多信息，颇值得参考。就明代史学研究来说，关于史论方面的发掘和研究，似有引起更多关注的必要。

中国社会科学院历史研究所廉敏博士所著《明代历史理论研究》在这方面有所展开，提出了明代史学在历史理论方面的一些重要问题。这书的《绪论》对明代史学及明代史学中历史理论问题，做了学理上的阐述，所论涉及不同的学术观点并表明作者的判断与取舍，指出"明代史论中蕴藏着亟待探索的历史理论遗产"³，从而为本书的论述做了认识上的铺垫。应当指出，这一铺垫是必要的，也是艰难的，可以想象作者在这方面是做了艰苦努力的。

---

1 瞿林东：《中国古代史学批评纵横》，中华书局，1994年，第242页。
2 见孙卫国：《王世贞史学研究》，人民文学出版社，2006年，第56—69页。
3 廉敏：《明代历史理论研究》，中国社会科学出版社，2012年，第20页。

本书正文凡四章。第一章《明代史论考略》，是概括地论述了明人论史的特点和明代史论在发展过程中不同阶段的基本面貌。这可以看作作者关于明代史论的一篇总论。第二章、第三章是本书的主体，作者就明代史家及学人的"历史之论""社会演变之论"做了深入的阐述。值得格外关注的是，作者在这两章的论述方法上，是着眼于当时人们的语境与所关注的概念及其内涵而展开分析。如第二章《关于历史之论》，分别涉及"天人""治道""古今之辨"。其中"天人"，分别论述了"气""心"，以及"气"与"心"的关系；"治道"分别讨论了"深虑"与"行道"的深层含义所在；"古今之辨"则对"正统""乘势""积今成古"的认识一一做了剖析。第三章《关于社会演变之论》，依次阐述了明代史家与学人的世变论、君职论、朝代论、人物论。这些范畴、概念的提出，以及对其内涵的分析、阐述，不仅十分鲜明地显示出明代历史理论所关注的问题及其语境，而且更重要的是从历史理论研究来看，它们反映了作者在对有关历史理论资料的综合、概括方面，用力甚勤，思之亦深，这可以看作是深入研究某一朝代或者某一时期之历史理论的一个有益的和成功的尝试。本书第四章是《关于历史认识方法之论》，主要涉及"正统论"和历史评价的相关见解，所论与历史理论、史学理论均有关联。它可以作为第三章的补充，也可视为第三章在方法论上的延伸。廉敏博士在缺乏必要的参考著作的条件下，潜心探索，为明代历史理论研究开辟了一条路径，可喜可贺。

这里，我要强调指出的，是本书两篇附录的重要性：一是

《明代部分史论编年》，二是《明代部分史论叙录》。我认为，这两篇附录的学术价值并不在本书正文之下。这是因为：第一，有了《编年》，才可能对明代史论发展脉络进行梳理，使这一脉络了然于胸，于是作文著书，内心感到踏实；第二，《叙录》是对代表作的概括，它是分析、阐述本书主要内容的基础。重要的是，不论是作"编年"，还是写"叙录"，都必须沉下心来，认真读书，梳理和积累资料。廉敏博士之所以能摸索出探讨明代史论的路径，主要得力于此。这一点，很值得做学术工作的青年朋友参考。当然，不论是李贽在批判意识主导下的历史价值判断，还是王世贞在大一统思想指导下对本朝形形色色"正统论"的批评等史家之论，以及明代诸多学人的讨论"经济"（经世济用）之文，表明关于明代历史理论的研究，还有继续讨论和深入发展的空间。这是史学界同仁所期待的。

借此机会，我还想说几句"题外"的话，那就是：研究中国古代历史理论不仅是深入研究中国史学史所必需的，而且是发展当今史学的理论建设所必需的。这是因为：中国史学史研究不能停留在一般地阐述中国史学发展过程及其规律上，还要深入探索历史上的史学家是怎样看待客观历史演变的。譬如：如何认识历史演进的过程，如何认识民族之间的关系，如何认识地理条件和社会发展的关系，怎样看待社会风气的正与不正及其对社会面貌的影响，怎样看待政治家的决策在朝代治乱兴衰中的作用，怎样看待民众在历史运动中的地位等。只有这样，才能称得上是真正懂得中国史学，才能真正认识到史学在社会中的作用及其重要位置。同时，我们还应当看到，当今中国史学的理论建设，是中国史学进一步发展的关键所在。我们要加强中国史学的理论建设，就要明确这个建设是由哪些思想来源所构成：一个来源是中国马克思主义史学的理论成就，这是占主导地位或占核心地位的部分；再一个来源是中国古代以来的理论遗产，它和前一个来源相结合，进一步丰富了中国马克思主义史学的理论内涵，使其具有鲜明的中国特色、中国风格，而中国史学原有的理论遗产也获得了新的生命力；还有一个来源是外国史学在理论上的积极成果，这既反映了中国史学具有世界眼光，也扩大了外国史学同中国史学对话的空间。这三个来源在当今中国史学的理论建设上都很重要，而中国史学更加自信地走向世界，理论建设当是第一要务。因为理论修养的提升，可以帮助我们在占有资料的基础上提出新的问题，推动史学向前发展。

中国古代历史理论研究成果的表述形式，可以有贯通的，有断代的，也可以有专题的，还可以把一些理论问题以深入浅出的形式表达出来，使其得以更广泛地传播。相信中国史学界的朋友在这方面将有更多的研究成果面世，不断把中国古代历史理论研究推向深入。是为序。

（原载廉敏：《明代历史理论研究》，
中国社会科学出版社，2012年）

天意与自然
——《怪异的叙事：南北朝正史"五行""符瑞"诸志研究》代序

在中国古代思想文化遗产中，有许多优秀的思想文化遗产，也有一些是在今天看来是有益与无益杂糅的东西。对于前者，我们固然应采取批判继承并加以发展的态度；而对于后者，则应谨慎地对待，既不能把无益当作精华，也不能视精华为无益，而应当分清什么是有益、什么是无益，进而抉择去取，并说明抉择去取之由。例如历代"正史"中的"五行志"一类的著作，正属于后一种情况，是为这一研究领域的难中之难。

胡祥琴副教授所撰博士学位论文《怪异的叙事：南北朝正史"五行""符瑞"诸志研究》正是选择了这个"难中之难"，于此可见作者知难而进的学术勇气。诚如作者所说，由于研究上的困难和近代以来"科学昌明，理性发达"，人们往往不把这一领域视为重点加以研究，以致长期以来这一领域不被研究者所关注。

记得2008年，我为中国大百科全书出版社主编《20世纪二十四史研究丛书》时，我本人负责编撰第一卷《20世纪二十四史研究综论》时，发现"二十四史"中的关于书志部分的研究成果并不多，只是有关"艺文志""经籍志""河渠志（书）""地理志"有些论文刊发出来。研究"五行志"的论文寥寥可数。至于我自己对于"五行志""符瑞志"的认识，也是片面的和肤浅的，认为它们的价值只是在于保存了一些有关自然现象的记载。20世纪80年代，我曾向一位青年朋友建议，试将《汉书·五行志》中所记自然现象加以梳理，进而写篇文章。后来，这个年轻人果然写了一篇这样的文章，发表在《史学史研究》1990年第3期上面。现在回想起来那时的片面认识，着实汗颜。

胡祥琴博士选择南北朝三部"正史"中的"五行""符瑞"诸志作为研究对象，表明作者具有敏锐的学术眼光。这里所说三部"正史"即沈约《宋书》、萧子显《南齐书》、魏收《魏书》，其中当有这样一些考量：第一，既关注到考察朝代更迭过程中的有关历史现象，也注意到仅就一个朝代兴衰过程中的相关考察；第二，一方面研究以汉族贵族为主的统治者所建的皇朝，一方面又探讨以北方少数民族贵族为主的统治者所建的皇朝；第三，充分考虑到南、北对立与之联系的这一特殊的历史形势。在这种社会历史背景下所做的研究，自应具有较高程度的代表性和近于历史的真实性。作者在本书《绪论》中指出："南北朝正史'五行''符瑞'诸志，至少提供了两方面的信息：一是关于该时代的'自然灾害'问题，对自然灾害史的研究意义重大；二是这些荒诞的记述方式，实际上是现实政治的曲折反映，通过现象看本质，对理解南北朝时期的政治、军事、文化也有重要意义。"这一认识，是对上述研究对象做深入的和全面的考察才能概括出来的。从"正史"的"五行志""符瑞志"的研究来说，作者的思考和立论，都显示出学术上的开拓精神。

这里，我要特别强调的是，面对一个艰难的研究领域，选择正确的和合适的研究方法，是促使研究工作达到预期目的的重要环节。在马克思主义唯物史观看来："历史从哪里开始，思想进程也应当从哪里开始，而思想进程的进一步发展不过是历史过程在抽象的、理论上前后一贯的形式上的反映；这种反映是经过修正的，然而是按照现实的历史过程本身的规律修正的，这时，每一个要素可以在它完全成熟而具有典型性的发展点上加以考察。"[1]本书作者的研究方法正是遵循这一科学的研究方法并清晰地表现为这样的路径：首先，从五行观的产生及演变到《汉书·五行志》的出现，这是"五行"学说从哲学形态走史学形态的过程；其次，"五行"学说从史学形态又翻转过来影响（尽管是折射的影响）到政治形态，而《汉书·五行志》《宋书·五行志》等，正是在其不同的"发展点上"表现出来的"典范形式"。而这正是作者的着力处，也是本书的重点所在。

作者在探讨南北朝三部"正史"的"五行志""符瑞志"诸

---

[1] 弗里德里希·恩格斯：《卡尔·马克思〈政治经济学批判·第一分册〉》，《马克思恩格斯文集》第二卷，人民出版社，2009年，第603页。

志的范围上，使宏观论述与微观考察紧密地结合起来，这也可以看作理论思考与个案发掘相结合的研究方法，既避免了泛泛而论，也不致陷于无根之谈。如作者着眼宏观，于第一章讨论"五行思想的渊源与流变"，而于第二、第三两章分别阐述南北朝正史"五行""符瑞"诸志的产生及其位置与特点，相对于前者来说，这是进入微观的讨论，即对"诗妖""服妖"做了更细致的探析。作者进而在第四章中对南北朝正史《五行志》做"个案研究"，相对于第二、第三章来说，这是更深入的微观探索。这种宏观与微观两相照应，一般与个别相得益彰，层次分明，步步深入，使人读来明白、易晓，不觉晦涩。这是本书在叙事与议论上的成功之处。

沿着理论与方法所指引的路径，通过宏观把握和微观探究，并着眼于"通"的考察，作者"超越"论题的范围从而赋予论题更深刻的底蕴，揭示出对于"五行"诸志在流变中的重要变化，即《旧唐书》以前，它们的"主题"是附会政治统治，为朝代盛衰兴亡"创造"出种种"天意"的神话，乃是意识形态的一种特殊的表现形式；而自欧阳修撰《新唐书·五行志》起，"五行"多倾向于"略依《洪范五行传》，著其灾异，而削其事应"[1]。这就是说，"五行志"已不再戴着神秘的面纱为政治统治虔诚地念着咒语了。这是中国古代思想史上的一大变化，当然也是中国史学上人们历史观的一大变化。除了作者指出的经学盛衰对"五行

---

[1] 欧阳修、宋祁：《新唐书》卷三四《五行志一》，中华书局，1975年，第873页。

志"撰述方式产生影响外,人们在天人关系认识的发展上,已无法容忍与天人感应、谶纬邪说相关的思想在史书中处于显赫的位置。在"五行""符瑞"诸志盛昌之时,朴素唯物主义历史观也在大踏步前进,这从王充到柳宗元的思想轨迹看得十分清楚。王充"不仅把'天'从自然界驱逐出去,而且还把'天'从历史的领域驱逐出去";而柳宗元"对神学天命论的斗争,从自然观一直贯穿于历史观",从而展开了"对神学历史观的批判"。[1]由此亦可证明,本书作者对于"五行""符瑞"诸志在"正史"的位置及其变化的结论,是一个重要而有见地的结论。

历史现象是复杂的,反映历史现象的史书内容也是复杂的。正如作者指出的那样,对欧阳修《新唐书·五行志》以下历代正史的"五行志"及其以前的"正史"中的"五行志"应区别看待,即使对极为"荒诞"的南北朝三部"正史"中的"五行""符瑞"诸志也应辩证看待,即对它们的社会(政治)属性应予以揭示,而对它们的自然属性方面的内容,则不能因前者而予以否认。作者引用丰富的资料对"南北朝正史《五行志》的自然史价值"做了细致的和深入的分类阐述,尤其是对它的几个特点的概括,颇有参考价值。这一部分内容,跨学科研究的方法尤为突出,也给人们许多启发。概括说来,作者在本书第五章中提出的问题及研究路径,进一步反映了对"五行志"的全局及其局部的认识,都贯穿着辩证法的精神。这正是作者在讨论"怪异的

---

[1] 侯外庐:《中国思想史纲》上册,中国青年出版社,1981年,第166、263、265页。

叙事"之时,不至于走向偏颇而始终保持对于研究对象的理性态度之关键所在。

我对"正史"中的《五行志》没有研究,知之甚少。祥琴博士索序,勉强写了上面这些肤浅认识,不当之处敬请读者指正。

是为序。

(原载《中国史研究动态》2018年第2期)

《中国简明史学史》后记

本书原是上海人民出版社出版的大型丛书《中华文化通志》中的"学术典"之一《史学志》,它自1998年面世以来,受到一些同行尤其是青年史学工作者的关注。但《中华文化通志》凡一百零一册,是一个整体,不便单本销售,致使一些朋友引为憾事。据我所知,有些攻读史学理论及史学史专业博士学位的青年朋友,只好从图书馆借出此书予以复印,以便于浏览、参考,这使我十分感动。

近年来,上海人民出版社相继出版了白寿彝先生总主编的十二卷本、二十二册的《中国通史》巨制和中国断代史系列十三种十六册,前者用了二十年时间完成出版全书的壮举,后者则积累了近半个世纪方得此硕果。这两项工程在海内外产生了广泛的学术影响。现在,上海人民出版社又开始陆续出版《专题史系列丛书》,并计划在若干年内出版百种左右,使之与上述通史、断代史系列相互补充、相得益彰，从而在世纪交替之际，建设起一座中国历史著作的巍峨大厦。作为一个史学工作者，特别是作为一个史学理论与史学史研究者，我不禁发自内心的感叹：壮哉此举！善哉此举！因为这既是对中国历史研究成果的一个世纪性的总结，又是在新世纪里人们推进中国历史研究的一个坚实的前提。

本书忝列于"专题史系列丛书"，实为作者的一大幸事。趁着本书新版即将面世之际，我就几个相关问题说说自己的认识，以就教于同行和读者。

一　关于本书的书名和结构

在中国史学上，"史"与"志"的关系至为密切，因为"志"本是"史"的一种名称或一种形式。先秦时期，宗周与诸侯国的史书，即有多种名称，如："《周志》有之"[1]"《郑书》有之曰"[2]"孟子曰：'王者之迹熄，而《诗》亡，《诗》亡然后《春秋》作。晋之《乘》，楚之《梼杌》，鲁之《春秋》，一也。'"[3] 这里所谓"志""书""乘""梼杌""春秋"等，都是史书的名称。其后有陈寿《三国志》、郑樵《通志》。其实它们都是纪传体（即综合体）史书。当然，在后来的史学发展中，"志"主要用来作为地志和方志的名称，如《隋区宇图志》《括地志》《元和郡县图志》

---

[1] 《左传·文公二年》，杨伯峻《春秋左传注》本，中华书局，1980年，第520页。
[2] 《左传·襄公三十年》，杨伯峻《春秋左传注》本，中华书局，1980年，第1180页。
[3] 《孟子·离娄下》，杨伯峻《孟子译注》本，中华书局，1960年，第192页。

以及府志、县志等。随着史学的发展,"史"与"志"在表述形式上也显示出各自的特点。一般说来,"史"着重以时间为序,"志"则以专题为宗;然而,"史"中必有专题,"志"中不能没有时序。否则"史"将不为史,"志"亦不成志。至于以时间包含专题,还是以专题兼顾时序,则因作者旨趣与撰述内容的差异而有所不同,似不可强求整齐划一。

本书原为《中华文化通志》之一,故在撰述上兼顾了时序的阐述和专题的分析,今收入"专题史系列丛书",更名为《中国简明史学史》,有两个方面的考虑:一是本书所撰写的内容,都是中国史学史的范围,且"史"的脉络仍占有较重的分量。二是突出"简明"的特点。所谓"简明",则不只是有"史"的脉络的表述,同时也需要把相关的重要问题提出来予以论说,使之兼有通论的性质。这或许正是本书不同于其他同类著作的地方。

鉴于以上考虑,此次出版新版本,我除了在文字上做必要的校订外,还把原先全书九章分为上、中、下三编:上编,"中国史学发展的历程",着重于史的脉络的概括。中编,"史家、史书和史学方法",是时序与专题的综合阐述。下编,"史学的理论、规律和传统",是专题兼顾时序的深入分析。我想,这从阅读和研究来说,或许可以看作有一个层层深入的过程。

此外,为了使本书在内容上和结构上的更加充实和合理,我把原来的第三章第三节《史家和修史》,扩充为第四章,名曰《史家私人著史的历史地位》,使之与第三章《史官制度与修史机构》相埒。这样,本书现在就包含了三编共十章。

我的上述认识和做法，得到了出版社的理解和认可。对于一个作者来说，这无疑是令人兴奋的事情。

二 关于我近年来的研究工作

回想起来，距离撰写《史学志》的时间已有十多年，而《史学志》的正式出版也已经七八年了。我在1988年《唐代史学论稿》的《自序》中曾经写道："最近十年，我国的历史科学事业有了长足的进展，我的这本小书，不过沧海一粟而已，我愿继续竭尽愚钝之思，追随师友同志，跟着当代史学大潮前进。"[1] 这些年来，我不敢忘却自己的诺言，也不敢有任何的懈怠，更不敢自满自足，因为自己确实没有什么可以满足的地方。常言道："学如逆水行舟，不进则退。"作为一个史学工作者，只有奋力向前，才不致被湍急的流水卷去、淹没。尽管我行进的速度很慢，距离要达到的目标很远，但终归还是在前行。这些年来，我多少还可以向同行和读者朋友汇报的有两点：一点是，我在《唐代史学论稿》《中国史学散论》两书的基础上，对中国史学史做会通研究的初步尝试，其所得便是《中国史学史纲》的完成。这本书于1999年9月由北京出版社出版，2000年7月有第二次印刷，2002年9月有台湾五南图书出版股份有限公司出版繁体字本。近闻前者将再次重印，这说明它还是有一定的学术参考价值的。另一点是，我在

---

1 瞿林东：《唐代史学论稿》，北京师范大学出版社，1989年，第5页。

《中国古代史学批评纵横》一书及《史学志》一书中有关理论问题论述的基础上,进而尝试着对中国史学的理论遗产做比较系统的考察。这个研究,具有明显的开拓性和挑战性,故进展甚为缓慢,目前所得,是近日《中国史学的理论遗产》专题论集的出版(北京师范大学出版社,2005年)。以上两点,是基于这样的学术宗旨和撰述兴趣的,即:一则中国史学史作为一门专史,研究者在专精于某一时段或某一领域之研究的基础上,应致力于会通,这样才能从微观中去透视宏观研究的恢宏,又可在宏观的指导下对微观研究做更准确的把握和定位。我所理解的"会通"的重要之处还在于:揭示史学与社会的关系,发掘史学发展各个阶段上所取得的理论成就。二则中国史学历史悠久,史家如林,著作浩繁,其理论成就何在?近二十年来,我为此感到困惑。我不赞成中国史学没有理论的说法及与此相关的评论,我相信中国史学自有其理论成就,而且这成就无疑也反映着中国史学的风格和特点,不可全然以外国史学之尺度来测量其长短。尊重他人的成就,明确自身的特点,对待中外史学的理论遗产,也应作如是观。

三 关于中国史学史研究的现状和趋势

近代意义上的中国史学史研究,已经有七八十年的历史了。以其同中国文学史研究和中国哲学史研究相比较,它还显得稚嫩,以至于直到1999年白寿彝先生还说"中国史学史的研究尚处在建设阶段"[1]。如果从它自身的历程来看，它从起步、发展和正在走向创新的阶段。具体说来，它已经走过了史部目录学、历史要籍介绍式的研究阶段，同时也走过了综述一个时代、一个时代之史学面貌的阶段，并开始了探索史学成果在社会生活中的作用以及史学家对历史上重大问题的认识这样的研究阶段。这后一个阶段的研究，无疑尚待深入开掘和阐述。举例来说，《春秋》和《史记》这两部书，对中国历史的发展，对中华民族的发展，究竟产生了多大作用？"二十四史"在中华文明的演进中有什么意义？20世纪的百年之中，几代史学家从未间断过关于中国通史的研究和撰述，其历史的、社会的动因是什么？这些中国通史著作对近代的和当代的中国人有什么意义？为什么在19世纪中叶，龚自珍发出了中国士大夫自当"以良史之忧忧天下"[2]的呼声？这些问题并非至今无人论及，问题在于它们在学术上的价值和在当今社会发展中的意义，尚需做深入、系统的考察，从而使广大的受众群体有所了解，同时也不断增强史学工作者自身的社会责任感和历史使命感。

关于中国史学史研究的现状，我以为从最近十年来的研究进展来看，应当说成绩是令人鼓舞的，尤其在断代史学、断代史学思想、史学专题、史家传记、史学名著等方面的研究，有许多著作面世；这方面的研究论文数量之大，更是难以计其数。不论是

---

[1] 白寿彝：《中国史学史论集》，中华书局，1999年，第1页。
[2] 龚自珍：《龚自珍全集》第一辑《乙丙之际箸议第九》，上海古籍出版社，1975年，第7页。

专著，还是论文，都提出了一些新问题，取得了一些新成果。这是20世纪五六十年代不可比拟的，也是80年代至90年代中期不可比拟的。与此同时，中国史学史研究者的队伍也扩大了许多，一批中青年学者正在成长和成熟起来。所有这些，都表明中国史学史研究处在积极向上的发展之中，这个学科处在顺利的建设之中。这里，我想就最近七八年中出版的几种中国史学史著作做一点扼要的介绍，供读者朋友参考。

第一种著作，是白寿彝先生著的《中国史学史论集》（中华书局，1999年）。这本论集收录了作者自1946—1993年发表的三十六篇文章。该书所论，至少在三个方面是值得关注的。首先，该书具有突出的"通"的特点，全书从《远古的传说》到《近六十年来中国史学的发展》，包含了许多具有独到见解的专论。其次，该书对于中国史学史研究的深入发展和中国史学史学科建设，提出了具有基础性质和前瞻性质的思考，如关于史学遗产和史学传统问题，关于认识历史本身发展过程和认识史学的社会作用的发展过程问题，关于建设有中国特色的马克思主义史学问题等，都是很重要的问题。再次，该书十分关注史学工作在教育上的重大意义，强调人们"读点历史有好处"，提倡史学工作者应当"多研究点中国历史的特点，多写点让更多人看的文章"，加强史学工作与社会发展的联系。可以认为，这本论集反映了作者对中国史学史的发展及其研究在科学与社会中的价值及意义的基本看法，在推进中国史学史研究方面具有重要的启示作用。

第二种著作，是杜维运教授著的《中国史学史》凡三册（台湾三民书局股份有限公司，第一册，1993年；第二册，1998年；第三册，2004年）。这是一部系统的著作，具有鲜明的独特风格：其一，注重一般叙述和重点论述的关系，即在通论某一时代史学演进之中把握关键问题，全书对司马迁、刘知幾、欧阳修、司马光、郑樵、乾嘉历史考据学、浙东史学、崔述与赵翼等，都有专章进行分析，多有创见。其二，注重从理论、方法和史学发展趋势上明确地提出问题，如关于《史学方法的创新与史学范围的扩大》（第九章）、《正统的史学思想出现与正史观念的形成》（第十章）、《明代政治的严酷与史学发展的受阻》（第二十章）、《清初史学的创新》（第二十三章）等，在标目和论述上都很有特色。其三，注重中外史学的比较，作者在这方面另有专著，故在该书中所论极为概括，如《中国中古史学的世界地位》（第十四章），从史官设立、史官记事、史书群出、史学创新、正统观念、史学方法等六个方面，论证"中国中古史学大有成就"，"与西方史学相比较，其世界地位益显"[1]。又如《十九世纪以后西方史学的进入黄金时期与中国史学的由极盛转入衰微》（第二十七章），认为"十七世纪以后，西方扩展历史范围到包括社会、经济、心理和文化"，史学家们"所写成的新历史，已触及人类经验的多样性与复杂性"，"与中世纪以来的旧历史比较起来，像脱胎换骨一样。十九世纪以及二十世纪初期的西方史学，睥睨寰宇，不是偶然"[2]。最后，作者总的结论及前瞻是：

1　杜维运：《中国史学史》第二册，台湾三民书局股份有限公司，1998年，第339—343页。
2　杜维运：《中国史学史》第三册，台湾三民书局股份有限公司，2004年，第521、522页。

平情而论之,中国史学自有其缺陷,然十九世纪以前,中国史学遥遥领先西方史学,是不争的事实。十九世纪以后,西方史学进入黄金时期,中国史学趋于式微,也是史学的潮流。当今之时,中国史学界以广阔的胸襟,恢宏的眼光,综合中西史学,取其精华而弃其糟粕,则超越的宏观的与美善的史学,将悠然而出现。经世的大业,不朽的盛世,尽在于此,愿国人共勉之![1]

第三种著作,是瞿林东著的《中国史学史纲》(北京出版社,1999年;台湾五南图书股份有限公司,2002年繁体字版),拙著在主观上颇致意于揭示史学的时代特点,发掘史学在各发展阶段上的理论成就。全书凡九章,其标题依次是:史学的兴起(先秦史学)、正史的创立(秦汉史学)、史学的多途发展(魏晋南北朝史学)、史学在发展中的转折与创新(隋唐五代史学)、历史意识与史学意识的深化(宋辽金史学)、多民族史学的进一步发展(元代史学)、史学走向社会深层(明代史学)、史学的总结与嬗变(清代前期史学)、史学在社会大变动中的分化(清代后期史学);书首有数万字的《导论》,论述了有关史学与史学史的几个重要问题。我冒昧地把拙著忝列于此,只是考虑到它是近年出版的一部有系统的著作罢了。关于这一点,我是谨记先师白寿彝先生的教诲而努力去做的。1989年,白先生在一次关于史学史座谈会上

---

[1] 杜维运:《中国史学史》第三册,台湾三民书局股份有限公司,2004年,第529页。

的讲话中指出：

> 要把中国史学史发展的轮廓在现有的研究水平上勾划出一个粗线条。尽管不同的研究者，有不同的研究范围，从不同的角度研究问题，但对于这个问题都应该注意求得一步一步地解决。就我们现在的水平和条件来说，对这个问题还可以研究得更好一些。我们的工作不是做得多了，而是还要努力去做。我们的工作，在这个问题上如果没有得到进展，其他方面的进展都可能是很有限的。[1]

我目前的研究，只能说是初步的，今后还要继续努力，争取做得好一些。

此外，我还要提到王树民教授的《中国史学史纲要》（中华书局，1997年），该书在提纲挈领、综合概括方面，显示出作者的功力之深。吴怀祺教授主编的十卷本《中国史学思想史》（黄山书社，1999年），这部书在发掘和阐述中国史学的思想成就方面，显示出宏大的气象。陈其泰教授所著《史学与文化传统》（学苑出版社，1999年）、《史学与民族精神》（学苑出版社，1999年）两书，在中国史学史的专题研究方面，开辟了新的道路。这些，都反映出了近年来中国史学史研究的新进展。

当前，在中国史学史研究中也存在一个值得注意的问题，即

---

[1] 白寿彝：《中国史学史论集》，中华书局，1999年，第342—343页。

有的研究者似乎要回到史家简历加上历史要籍介绍这条老路上去的倾向，而且重复的论题时有出现。我曾经见过这样的文章，主题是研究赵翼的《廿二史札记》，其全部脚注，都出自《廿二史札记》，没有引用一条清代其他学者的言论，也没有提及20世纪中人们关于《廿二史札记》研究的成果及重要论点。这样的例子绝不是个别的。不尊重学术史上的成果，不关注同时代人的研究进展的现象，确是存在的。这类现象如不引起人们的关注并予以纠正，中国史学史研究的发展就会受到严重的损害。

在中国史学史研究中，还有一个应当受到普遍关注的问题，即中国史学史的研究，应以对中国历史的认识和理解为其基础或前提，则这种研究才能同整个中国历史研究相互吻合，相互促进。在这一点上，老一辈的史学家为我们树立了很好的榜样，是我们应当认真学习的。在当今的中国史学史研究中，尤其是中青年学者，一般说来，还需要在学习、理解中国通史上多下些功夫。显然，如果缺乏上述的基础或前提，那么有关史学的评价就会脱离一定的历史环境，从而与整体历史面貌不相吻合，甚至会出现与整体历史面貌相悖的结论。这个道理很简单，甚至可以说是一个常识性的问题，但由于时下社会生活节奏很快，人们普遍存在着浮躁的情绪，凡事颇有一种"等不久"的心理，都希望事事都以"短平快"的方式来完成。殊不知，中国女排在其辉煌年代所表现出来的战术之一"短平快"，本是"千锤百炼"才能达到的，"短平快"的背后仍然是苦练基本功。我认为，这个道理不独对中国史学史的研究者来说如此，就是对中国学术文化史中的任何一门专史来说都是如此。其理甚明，其行不易，关键在于要有这样的理念和决心。

中国史学史研究发展的趋势，我认为在两个方面是会受到越来越多的关注的。一是理论研究，一是比较研究。

关于理论研究。中国史学史的研究如不进入到理论的层面，则其深度必然受到限制。这里，我们会面临两个关键问题，即中国史学有没有理论？中国史学的理论有什么特点？这两个问题是密切关联的，只有承认中国史学也有理论，才可能去探索它的特点；反之，不承认中国史学有理论的存在，那也就无所谓探索什么特点了。当然，当我们接触这个问题时，同时就会碰到这样的问题：什么是理论？理论有没有统一的或固定的模式？我们用什么样的标准来判断中国史学有无理论及其特点，等等。这些，都是中国史学史的研究深入发展不可回避的问题，因而它会越来越受到人们的重视。

关于比较研究。从中国史学史的研究的进程来看，目前距离做比较研究还有较长的一段路程。这一方面是作为中国史学史研究的学人，大多对外国史学很少研究，在不具备知己知彼的情况下，做比较是很困难的。另一方面是做比较研究的理论与方法尚须做较深入的探讨，以明确比较研究的路径。当然，任何事物都是在摸索中发展起来进而臻于成熟的。中外史学的比较研究，尤其是中外史学理论的比较研究，在现有的条件下，还是可以进行探索的。这样做的必要性有两条，一条是通过比较研究，可以更客观、更准确地认识中国史学的成就和特点，推进这方面的研究的深入，提高这方面研究的水准；再一条是更全面地认识外国史学尤其是西方史学发展的路径及其可资学习、借鉴的地方，促进中外史学的沟通和交流，以收"他山之石，可以攻玉"之效。

四　关于中国史学史之研究的价值和意义

中国史学史是关于中国史学的一个分支学科，具体说来，是关于中国学术文化史的一个分支。梁启超把它视为"文物专史"中"学术思想史"的一种[1]，这是近代学者关于中国史学史这个专业的最早定性，从中可以看出他是很重视史学中的思想发展的。但是，20世纪三四十年代面世的早期的中国史学史著作，讨论史学中的思想发展的内容并不多；五六十年代史学界对此有所重视，而八九十年代人们对此有了进一步的研究。我认为，指出这一点是很重要的，即中国史学史的研究不只是研究史家、史书的一般面貌及其演进的历史，而且还要研究史家、史书的内在思想的发展，只有这样，才能真正揭示出中国史学史研究的学术价值和社会意义。依我的浅见，这种价值和意义是：

第一，中国史学史的研究可以推进当今历史编纂的发展，丰富历史编纂的内容和形式。当然，每一个时代的史学都带有鲜明的时代气息、时代特点，这是史学的生命力之所在。同时，也必须看到，每一个时代的史学又都离不开历史的继承性。中国史学

---

[1] 梁启超：《中国历史研究法补编》，商务印书馆，1934年，第205页。

史上的浩繁的史籍及其丰富的内容和多样的形式，自也成为当今史学汲取养料的宝贵资源。例如，今天备受关注的地方志和宗族史研究，都同这方面的遗产有密切的关系。又如，今天人们采用综合体、编年体、纪事本末体、典制体以及史表、图录、年谱等体裁来撰写历史，在很大程度上都是得益于中国史学在历史编纂方面的遗产。在这方面，未来的中国史学在发展上仍有很大的空间。

第二，中国史学史的研究可以推进中国史学的理论建设。20世纪80年代中期，中国史学界出现了"理论热"，其表现形式主要是大量地引进了西方史学的理论和方法，并以其为价值取向和参照系来检讨中国史学在这方面的缺陷和不足。这个倾向在客观上推动了中国史学工作者对理论研究的重视，从而产生了积极的学术影响。但是，这同时也使一些同行产生了困惑：中国史学为什么没有理论？大约到了20世纪90年代中后期，一些同行开始认识到，中国史学不是没有理论，而是人们没有进行认真的、深入的研究；从前瞻的眼光来看，当今中国史学的理论建设，应在唯物史观指导下，总结中国古代史学、近代史学的理论遗产，继承中国马克思主义史学的理论建树，参考和借鉴外国史学的理论成就，创造具有中国特色的历史学的理论体系。从这一认识来看，中国史学的理论遗产，对于丰富当今中国史学的理论内涵，乃是不可缺少的一个重要方面。

第三，中国史学史的研究在提高人们的精神品质方面具有积极的作用。中国史学重视天人关系，从很早的时候起。就把人事放在重要位置，进而重视人的作用、人的价值、人的自身修养。尤其值得关注的是，中国的纪传体史书，记述了形形色色的历史人物，以至于使读史之人不禁产生"见贤而思齐，见不贤而内自省"[1]的要求，其教育作用、劝诫作用千百年来产生了无比广泛的社会影响，对于树立良好的社会风气具有不可替代的功能。

第四，中国史学史的研究还有一个非常重要的方面，那就是揭示出历代史学家、政治家和思想家关于治国安邦之道及其在政治措施上的成败得失。这方面的见解、智慧和经验教训，是中华民族生存、发展、不断走向兴盛的思想宝库。时代总是在发展，社会生活和历史内容也在不断地演变和丰富。但治国安邦之理、治乱兴衰之故，都有其必然性，即在特殊之中包含着普遍的规律。人们认识到这些"道""理"和规律，就有可能把国家的大事、民族的大事处理得更好。所谓"欲知大道，必先为史"[2]，说的就是这个道理。

第五，中国史学史的研究可以使人们更深刻地认识到中华文明之连续性发展的特点、价值与意义。世界上曾经出现过几个文明古国，但它们的文明发展大多发生了断裂，只有中华文明的发展具有连续性，生生不息，绵延至今。中华文明的连续性特点，是由多种原因促成的，"这主要表现在两个方面：其一，中国作为一个政治实体在其发展过程中未曾为外来因素所中断。其二，

---

[1] 刘知幾：《史通·古今正史》，浦起龙《史通通释》本，上海古籍出版社，2009年，第281页。
[2] 龚自珍：《龚自珍全集》第一辑《尊史》，上海古籍出版社，1975年，第81页。

中国文明在文化发展史上也未曾有断裂现象"[1]。值得注意的是，中国人的深刻的历史意识、完备的修史制度以及累世不绝的史家私人著史活动和浩如烟海的历史文献，正是中国文明之连续性的忠实记录。我们可以说：中国文明造成了中国史学，中国史学反映了中国文明。换言之，人们要了解和认识中国文明及其连续性特点，学习、研究中国史学史乃是最重要的途径之一。

第六，中国史学史的研究还有力地证明，中国作为一个统一的多民族国家，是历史形成的，是各民族共同创造的。自古以来，中国是一个多民族国家，《尚书》《诗经》《春秋》《左传》等先秦文献对此都有充分的反映。自秦汉以后，中国成为一个不断发展的统一的多民族国家，以"二十四史"为代表的历代史书对此也有丰富的记载。从中国史学史的研究中，我们可以了解到，中国历史上的许多民族都以传说中的炎帝、黄帝为本民族的始祖，我们也可以了解到，中国历史上的许多民族都认同儒家文化传统；我们还可以看到，中国历史上的许多民族政权都以周、秦、汉、唐的继承者自居，等等。仅以"正史"记载来看，不仅历代"正史"记述了多民族的历史，而且有些"正史"如《魏书》《周书》《辽史》《金史》《元史》等，都记述了以少数民族贵族为主体所建皇朝及其统治时代的历史。清代乾隆时期，把自《史记》至《明史》等历代"正史"汇总刊刻，冠以庄严的"钦

---

[1] 刘家和：《中国与世界》，见白寿彝主编《中国通史》第一卷，上海人民出版社，1989年，第349页。

定"名号。这是自秦汉迄清代,历史上各民族对中华民族历史文化认同的辉煌总结。

中国史学史研究,使我们在这方面受到极为深刻的教育:中国作为一个统一的多民族国家,人民之心,民族之心,都凝聚在这广袤而神圣的国土之中。每一个中国人都为此自豪,为此自信。

作为一个中国史学史的研究者,我希望《中国简明史学史》的出版,对同行,尤其是对广大读者朋友在了解上述这些方面,或多或少能够提供一点帮助,那将是作者最大的快乐和慰藉。同时,我也期待着来自各方面的有益的批评意见。

中国史学史是一座巨大的宝藏,我将在这座宝藏里继续学习和思考,力求使自己懂得更多一些,理解得更深刻一些。太史公司马迁告诫人们务必要"好学深思,心知其意"[1],我自当牢记此言,作为不断追求的目标。

我衷心感谢上海人民出版社为本书的出版所做的一切,衷心感谢虞信棠先生为筹划本书的面世而给予我的热忱帮助。

(原载瞿林东:《中国简明史学史》,
上海人民出版社,2005年)

---

1 司马迁:《史记》卷一《五帝本纪》后论,中华书局,1959年,第46页。

《我的史学人生》题记

从1959年考上北京师范大学历史系本科时算起,我学习、研究中国历史和史学,至今已有五十六个年头了。其间,有许多时间并不是在思考专业,然而只要是思考专业问题,几十年来,想得最多的,莫过于以下三个方面:一是感悟、回忆老师一辈学者的器识和风范;二是结合教学和研究的需要研读一些史书,包括古人的和今人的,品评它们的旨趣;三是探索史学演进的轨迹,以及它跟社会与人生的关系。这三个方面的情怀和追求,或许可以概括我的史学人生。

自1982年以来,我在《文史知识》发表了几十篇文章,这是《文史知识》编辑部的厚爱,也是《文史知识》读者的关切。因此,我想寻找一种方式,把我上述三个方面的情怀和追求向《文史知识》的读者和史学界关心我的朋友们做一简要的汇报。《〈文史知识〉编委文丛》的编辑出版,使我的这一愿望得以实现,兴奋和感激之情，难以言表！于是我拟了三个题目：一、忆师辈风范；二、品史书旨趣；三、探史学底蕴。乃以此为类例，选了二十几篇文章，短的千余字，长的万余字，分上、中、下三编，辑为一书，请大家批评。

上编，忆师辈风范：所辑文章，皆关于老师一辈的学者，或直接在门下受业，或间接受到启迪和鼓励，或系忘年之交。笔者所受教益，终生不忘，几篇文章，难以表达其万一。

中编，品史书旨趣：是根据不同的风格和特点之古今论著而予以品评的文章，其中有两篇是综论性的。

下编，探史学底蕴：所谓"史学底蕴"，似乎不太好理解，依我的肤浅认识，史学底蕴是指史书中的思想及其外在表现形态在社会上的影响。当然，也可以用另外一种说法，即探索史学的本质及其在社会中的位置。这里辑入的文章，多着眼于思想。这是因为，许多年来外国学者多不认为中国史学有思想、有理论，即使中国学者似也不十分看重这一点。此种情况，应有所改变才好，这是需要大家共同努力才能做到的。

（原载瞿林东：《我的史学人生》，中华书局，2016年）

《我的史学人生》后记

本书作为《〈文史知识〉编委文丛》之一，在即将付梓之际，我有许多话想向读者朋友诉说，集中到一点，我想说的是：一家杂志或一家报纸对于一个学人来说，具有怎样的意义。

我在《文史知识》发表的第一篇文章是《谈谈记述南北朝史事的"八书""二史"》，刊登于1982年第7、8两期。要在一篇文章中，介绍十部"正史"，这对我来说的确是一个"考验"。由于这是北京师范大学历史系我的同事推荐我写的，所以感到有不小的压力。经过几番推敲，我没有按一部书一部书地来写，而是把它们视为一个整体，从中归纳出六个问题来写，即："八书""二史"，纵横交叉，长短互见，历史特点，社会风貌，典章制度。《文史知识》分成上、下篇发表，每篇包含三个问题。此文发表后，受到各方面的好评。自己也感到经过努力，是可以适应《文史知识》这家声望很高、人气很盛的杂志的要求的。

1984年春节前夕，我收到中华书局总编辑兼《文史知识》主编李侃先生的一封统一规格的春节贺信，在这信的后半部分，李先生向我约稿，以"东林书院和东林党"为题，约我为《文史知识》写稿。我心里想：李先生也擅长幽默，要在文章题目"东林书院和东林党"下面署上作者"瞿林东"！当然，是总编辑兼主编约稿，不能不应命。因为我不研究明史，所以费了一个多月的时间，完成了这篇"命题作文"的稿子。原稿写了一万多字，经编辑部精心删削，发表出来约八千字。有远方的朋友写信鼓励我，说这篇文章的文字很不错。而我则认为终于完成了一次"命题作文"的"考试"。正是因为这篇文章的发表，几年后，东林书院举办纪念活动，邀请我去参加，可惜当时因故未能前往，至今引为憾事。

1985年，当时主持《文史知识》编辑工作的杨牧之先生，约我为中华书局的《文史知识文库》组织一本"史学家小传"，纳入《中华人物志》系列，每篇"小传"五六千字，有的可先期在《文史知识》发表。我以为这个想法很好，也符合自己的专业。于是列出了六十位史学家的名单，在牧之先生的支持下，以中华书局的名义约稿，其中也请了几位老先生撰稿。这就是后来中华书局1986年出版的《中华人物志——史学家小传，封面上署了我和牧之先生编的字样。过了一段时间，台湾出版了这书的繁体字版，而封面却署为"何兹全、赵俪生等著"。我和一些同行说到此事，大家也都一笑了之。因为何、赵二先生确是我约请他们为"小传"撰稿的，他们自是"小传"的作者无疑。

记得是柴剑虹先生主持《文史知识》时,曾几次要我为《文史知识》的"治学之道"栏目撰文,我几次都推辞了,我认为写"治学之道"是老一辈学者的事情,我自己是谈不出什么"道"的。直到1993年,旧事重提,我实在不好意思再推辞,就写了一篇题为《历史·史学·理论——我是怎样研究中国史学史的》的文章,勉强"交了卷",发表于《文史知识》1994年第1期。通过写这篇文章,也推动自己做了一次自我反思,进一步懂得了"学然后知不足,教然后知困"的道理。同时,对"治学之道"的"道"也有了一点辩证的认识。

…………

我和《文史知识》的交往,都离不开"文史知识"这个主题,对我来说,更多的是涉及历史知识和史学知识。在这方面,有一件影响到我在20世纪90年代以来的学术活动的事情,这就是在胡友鸣先生提议下"中国古代史学批评纵横"连载栏目的设立,以及后来中华书局出版的《中国古代史学批评纵横》一书(1994年出版,2000年重印)。关于此事的前前后后和《纵横》的连载在史学界的反响,我在《纵横》一书的《后记》中已约略谈到一些,这里就不赘述了。我要补充的一点是,由于《纵横》的连载及结集出版,引发了史学界对史学批评的更多关注,从目前来看,其研究态势可谓方兴未艾。从史学发展来说,这是要感谢《文史知识》,感谢中华书局的。

在同《文史知识》交往的三十多年中,我在《文史知识》上发表了几十篇文章,对于我来讲,这是一份份"答卷",也是一次次攀登。其间,我逐渐认识到,《文史知识》一批又一批同仁,有一个共同的目标,即以"小文章"铸就"大事业",这个"大事业"就是致力于提高全民族的人文素养。要特别强调的是,《文史知识》的"雅俗共赏"的办刊宗旨,得到读者的认同、社会的理解,正是它的"大事业"成功的标志之一。

在这篇后记里,我用一些具体的事例和我的一点认识,来说明一家杂志对于一个学人来讲,究竟有怎样的意义。我想说:是良师,是益友,是助力,是动力!我写这些话,是为了向以往的和现在的《文史知识》编辑部同仁,向《文史知识》的读者朋友,诉说这些年来积蓄于胸中的这份情谊。

(原载瞿林东:《我的史学人生》,中华书局,2016年)

《瞿林东文集》总序

从理论上讲，我的专业始于1964年大学毕业并同时步入研究生学习中国史学史阶段。但从实际上看，我的学术生命当始于改革开放的年代。1978年，当我在《吉林大学学报》上发表第一篇关于中国史学史研究习作《唐代史学和唐代政治》时，那种激动的心情，我想只有生活在那个年代的学术工作者，才能有真切的感受。

我的治史之路，就是从这里起步的。

一

我从1973年起讲授中国古代史，而对唐代历史关注得更多一些。1977年，在白寿彝先生的鼓励下，我决定回到中国史学史这个研究领域。经过再三考虑，我把唐代史学作为起步阶段的研究对象。具体的研究方法包含三个步骤：第一是作"唐代史学编年"，目的是了解唐代史学发展的梗概，其间意外的收获是积累了二三十个问题；第二是撰写专题论文或短评、札记，这是"学步"的过程；第三是对唐代史学做整体性把握并写出专书。

可以毫不夸张地说，从20世纪70年代末至80年代末的十年间，唐代史学的魅力深深地吸引了我。如：

唐初史家群体一举撰成八部"正史"的气势；刘知幾说的"史之为用，其利甚博，乃生人之急务，为国家之要道"[1]的精辟论断，以及他的"史才三长"论，都给人以极大的启发；吴兢《贞观政要》一书中所反映出来的唐太宗君臣所讨论的"创业"与"守成"孰难、明君与昏君的区别、水与舟的关系、如何做到"善始慎终"等问题，都是涉及认真总结历史经验的大事；魏徵为《隋书》撰写的史论把秦、隋兴亡加以比较的方法；李大师、李延寿父子"编年以备南北"的著史宗旨；柳宗元所著《封建论》《贞符》《非国语》《天论》《天对》等宏文所蕴含的深邃的历史思想与史学批评精神；杜佑《通典》的恢宏器识和进步的历史观、民族观，以及鲜明的以《通典》"将施有政"的撰述宗旨；谱牒之学在唐代的兴衰反映了士庶势力的消长和唐代世风之庸俗的一面；还有中晚唐史学家在史学自觉方面的多种表现，等等，都使人感到兴奋，有一种许多新问题等待着研究而欲罢不能

---

[1] 刘知幾：《史通·史官建置》，浦起龙《史通通释》本，上海古籍出版社，2009年，第281页。

的感觉。

当初，当我决定研究唐代史学之时，已是不惑之年，而在学术上并无"立足"之地，但时间又不允许自己彷徨、犹豫，所以也就做了"破釜沉舟"的打算。这一方面说明自己的决心，另一方面也正说明我对唐代史学知之甚少。因此，一旦开始真正接触唐代史学并逐步深入了解它的时候，不仅眼界打开了，而且学术热情也被调动起来了。我想这就是学术本身的魅力，唐代史学有它独特的魅力，其他的学术领域也有各自的魅力，关键在于研究者的真诚投入和细心耕耘。1989年，北京师范大学出版社出版了我研究中国史学史的第一本论文集《唐代史学论稿》。我集了唐代书法家柳公权的字作为论集封面书名用字，而以敦煌文献中虞世南《帝王略论》抄本残卷书影作为论集封面的底图。现在回想起来，那份激动的心情，似乎至今都还留在记忆中。

以唐代史学作为研究中国史学史的第一步，不仅使我在学术上有了一个"立足点"，积累了一点治学的经验，为进一步研究打下基础，而且因为研究所得是关于唐代史学的第一本论集，自然受到海内外同行的关注。论集中的有些论文在发表之初就产生了不同程度的影响，如：《略谈〈隋书〉的史论》在《历史研究》发表后，曾引发了一些同行研究史论的热情；《唐代谱学简论》一文在《中国史研究》发表后，曾引发了隋唐史研究者的评论，认为此文对于认识唐代的士庶斗争具有参考价值；我通过对杜佑《通典》的研究，把史学家明确提出以史学著作为经世致用之思想产生的时间，提前至不晚于中晚唐时期的观点，也为一些同行所认同；等等。总之，关于唐代史学的研究，不仅是中国史学史研究的重要内容，而且也或多或少有补于关于唐代社会历史的研究。这对我来说，同样是一种鼓舞。

二

如果说，20世纪70年代末至80年代末的十年，是我重点研究唐代史学的话，那么80年代末至90年代末的十年，则是我尝试着追求中国史学史之"通"的十年。

在研究工作开始阶段，确定一个比较稳定的研究领域，是一种必要的抉择，当时就粗浅地认识到不能盲目地、没有章法地进行研究，所以选择了唐代史学。

从专注于唐代史学，到追求史学史的"通"，有几个原因。第一个原因是学术研究自身的规律。简单说来，唐代史学有源也有流，探其源而究其流，这是"通"的自然规律。第二，当初决定研究唐代史学时，也有一个模糊的想法，就是可以上下延伸，往上可以研究魏晋南北朝史学，往下可以探讨两宋史学。第三，激发我走向"通"，还有一个客观原因，就是教学工作的需要和有力推动。而从长远眼光来看，为了培养年轻一代的中国史学史研究者，写出一部贯通的、有思想特色的中国史学史，实为学科发展的必要。

走向"通"的道路，是很不容易的，这是主、客观因素综合作用的结果。我认为，迈向"通"这一步，从学术发展上来讲，是对的。我的第一篇文章是1978年发表的,《唐代史学论稿》是1989年出版的,其间相隔了十一年。1999年,我出版了《中国史学史纲》。从1978年到1999年,其间经历了二十一年。前十年集中做断代研究,后十年转向"通"的探索。这是从"断代"走向"贯通"的一个漫长的过程。

20世纪90年代,是我摸索着走向史学史之"通"的年代。这十年中,我是自觉地、有时也是被"逼"着朝着"通"的方向努力。回想起来,大致有这样几条路径:一是撰写"中国古代史学批评纵横"系列文章。看起来,这个系列文章是按专题或范畴来写的,但不论是专题还是范畴,为了说明问题,需要上下贯穿,前后联系,无疑是包含着"通"的诉求。二是撰写《中华文化通志·史学志》。这是按传统志书的体例来写中国史学史。在具体处理上,我起首写了中国史学发展的基本脉络,这是要求上下贯通的;而其余大部分内容是按宏观的专题来写,因每一专题内涵丰富,其中有更大的空间来贯穿古今的"通"。有了这两条路径,第三条路径就显得顺利一些,这就是90年代末撰写的《中国史学史纲》。这些年来,不少读过《中国史学史纲》的朋友反映,此书在"通"的基础上还突出地显示了史学发展的阶段性特点,给人以深刻的印象。

这里,我想着重说的是,"通"是专史的首要的要求,同时也是致力于有关大型学术工程的重要条件,这一点我多少有一些体会。如我主编的《中华大典·历史典·史学理论与史学史分典》(三卷本)和《中国古代历史理论》(三卷本),一是文献整理，一是理论研究，它们以不同的表现形式贯穿着"通"的理念，这也可以看作是章学诚所说的"史意"的一种反映。

重复地说，"通"，一方面使你的知识更丰富，另一方面也使你的研究有更加准确的定位。"通"还有另一个意义，它是你参与或主持一个重大学术工程的知识基础和思想基础。如果没有"通"的思想和大致"通"的知识储备，难得驾驭一个重大的学术工程。前贤讲究的"通识"，是我们在治学上追求的目标之一。

史学史研究要求人们在研究到一定深度的时候，要向理论方面发展。这也是一个规律。这是因为，不研究学科发展史，就难以概括出它的理论问题。换言之，理论问题是在研究学科发展史的过程中发现的。史学史研究是提出问题的基础。在这个基础上，才能概括出史学发展的重大理论问题，总结出规律性的东西。所谓"理"在"势"中，就是这个道理。我们是不是可以这样认为：中国史学史的研究对于建立具有中国特色的史学理论体系是具有根本性的基础作用的。要反映出"具有中国特色"，就必须对中国史学有相当深入的认识；只有对史学史有深入研究，才能提出理论问题。比如说史家修养，孔子、孟子讲"事、文、义"，到唐人刘知幾讲"才、学、识"，到宋人吴缜讲"事实、褒贬、文采"，再到清人章学诚、近人梁启超讲"史德"，这条线索非常清楚。其他专题也是如此，比如体裁、体例，杜预、刘知幾都讲过；再如史法、史义，从范晔、刘知幾、叶适直到章学诚也都讲过，这些我们都能梳理下来。这样写出来的史学理论，应当是"具有中国特色"的。

中国史学有一个传统，是"未尝离事而言理"，"理"是从客观实际、从事实中概括出来的。还有一点很重要，从"会通"的观念来看，从史学史研究走向史学的理论研究，这也是一种会通，是提升了一个层次的会通。陈启能教授在1986年12月3日的《光明日报》上发表《历史理论与史学理论》，提出了当时人们在研究理论时需要思考和探讨的问题。他的观点大致是："历史理论"与"史学理论"仅一字之差，但是研究对象是不一样的。他指出，"现在我们讨论的问题，多数是关于历史理论的，较少涉及史学理论"，进而指出，"要把这两个问题搞清楚，加强史学理论的讨论"。

1987年，《史学理论》创刊，陈启能教授希望我能在创刊号上发一篇文章，因为大文章来不及写，他希望我为"史学沙龙"栏目写一篇文章，文章不需要太长，四五千字即可。我为了呼应他在《光明日报》上发表的《历史理论与史学理论》，于是写了《史学理论与历史理论》一文。他是从西方史学的角度进行阐述的，我就从中国史学的角度来说明问题；他的阐述和近现代史学结合得比较密切，我的文章和中国古代史学联系紧密一点。这篇文章是我形成对"历史理论"与"史学理论"这两个概念加以明确区分的标志。我早先读李大钊的《史学要论》，李大钊特别强调："历史理论如果没有建立起来，历史学这门学科是不能成立的。"[1] 此外，1983年我参与白寿彝先生主编的《史学概论》一书的

---

[1] 李守常：《史学要论》，商务印书馆，2000年，第87—88页。

撰写，白先生说，他在"文革"前开过"史学概论"这门课，但讲的是历史唯物主义，对这样的讲法他并不满意，并为此而困惑。再者，列宁曾提出，马克思以前的历史理论有两个缺点。列宁用了"历史理论"这个词，我思想上一直留有印象。

此后，我更加注重对于这个问题的发掘。在我主编的三卷本《中国古代历史理论》的《导言》里，我考察了恩格斯关于历史理论的一些论断。恩格斯在马克思墓前的讲话中说到，"历史唯物主义"和"剩余价值学说"是马克思对人类的两大贡献。在另一处，他换了一种说法，说马克思的"经济理论"和"历史理论"是他的两大贡献。从1987年以后，我更加明确把"历史理论"与"史学理论"区分开来进行研究的一些尝试。我的《中国古代史学批评纵横》《中国史学通论》，显然是沿着史学理论的思路研究的成果，而2011年出版的我主编的三卷本《中国古代历史理论》所探究的则是古代史家关于客观历史的理论认识。关于我主编的《中华大典·历史典·史学理论与史学史分典》（上海古籍出版社，2007年），是清晰地以历史理论、史学理论、史学史三个部分分类编纂的。

中国的史籍太丰富了，不论是"历史理论"还是"史学理论"，都具有广阔的研究空间。

三

改革开放以来，在新的历史时期，人文社会科学有了很大的发展,不独研究成果有了丰富的积累,而且学科的理论建设也有了明显的提升。中国史学史作为历史学的一个分支学科也是如此。

对于这个问题,我们也可以换一种说法,即把它视为从理论的视角研究中国史学史。这一变化,不仅使中国史学史研究内容更加丰富了,有了理论方面的因素,而且也推动了理论领域的研究。那么,这一变化是怎么产生的?

这一变化的产生,有两个推动力。一是20世纪80年代中期,史学界的"理论热"(如关于重大理论问题的讨论,全国性史学理论研讨会的举办,史学理论性质刊物的创办,史学概论教材的编写和出版,外国史学理论著作的引进等)所产生的冲击,中国史学史研究也受到理论研究的影响。

二是中国史学史自身的发展,其中有关理论问题的探讨势在必行。改革开放前,金毓黻的《中国史学史》是具有代表性的著作。此书主要内容是阐述史官、史家、史书及史学发展趋势,撰述思路,依官修史书与私家著史两条线索展开。70年代末80年代初,随着朱杰勤、仓修良等学者有关中国史学史专著的出版,吴泽主编的《中国史学史论集》的面世,白寿彝主编的《史学史资料》的复刊等,中国史学史研究显露出新的发展势头,而关注史学史研究中的理论问题也就随之而起。

一般说来,学术研究总是同当时的社会密切关联着;而对于学术研究者个人来说,其研究必然同当时的学术发展倾向与趋势有密切的联系。这里,我想说说自己是怎样被当时的学术发展倾向与趋势"推"着走过来的。

关于史学遗产和《史学概论》的启示。1981年,白寿彝先生连续发表四篇《谈史学遗产答客问》,谈到了中国史学上的历史观点的一些问题和史书编著中的一些问题,引发了我对于史学遗产中理论问题的兴趣。在兴奋之际,我写了一篇评论性的文章——《史学遗产和史学研究——读〈谈史学遗产答客问〉书后》,发表在《史学史研究》1982年第1期。因受到《答客问》的启发而对史学中的理论问题开始有所关注,尤其是第一篇《答客问》中讲到历史进程、历史形势、地理环境同历史发展的关系、物质生活同思想道德的关系、历史发展规律等问题,对认识史学史中有关历史理论问题的探讨,有很大的启示作用。《答客问》中关于史书编著和历史文学中许多问题的提出,对史学史中有关史学理论问题的探讨,也有许多启示。1982年,白寿彝先生主编《史学概论》一书,嘱我写《史书的编著》和《史书的体例》;1986年前后,白先生主持撰写"大通史"《导论》卷,又嘱我写《历史发展的地理条件》和《人的因素,科学技术和社会生产力》。这两次"命题作文",能够勉强交卷,都与受到《答客问》的启发有关。

关于"史学批评"和《史学志》的思考。1989年,《文史知识》编辑部希望我在该刊物上开辟专栏,发表系列文章。我深知,发表系列文章有两难:一是研究领域的抉择,二是文稿的连贯性不能中断。这两点,在学识上和时间安排上都是对自己的一种"挑战"。我经过再三考虑,还是决定接受这种"挑战"。这次，从理论视角看待中国史学史的自觉性有所增强，我选择了史学批评这个"主题"，因为我曾写过两篇关于史学评论的短文，一篇是《谈史学评论》，发表在1985年2月27日《光明日报》；另一篇是《从史学评论说到史学家的自我意识》，发表在《安徽史学》1987年第4期。这两篇短文对于"史学批评"问题多少有点考虑，于是确定了这个"主题"。经过一年多的准备，连载从1991年第1期开始，首篇题为《一个有待于辛勤耕耘的园地——中国古代史学批评的历史和理论》。可以说，这是自觉地把理论问题突出出来了。

"中国古代史学批评纵横"这个专栏共连载了十八期，涉及一些一般性的史学理论问题，如：史家作史的态度与"心术"，如何对待历史事实，从形式与内容的审视到思想的剖析，关于历史变化动因的认识，观察历史的两种视野，史学批评的标准，史学的审美，史论的艺术，史学批评的道德标准与礼法原则，史学批评的方法论，史学批评与知人论世，史学批评与史家素养，如何走出史学批评的误区，史学批评家的历史命运，史学批评的社会意义等。对于这些问题的阐述，都是结合中国古代史学展开的，而所使用的概念、术语也都取自古代史学，渊源有自。

连载刊登过程中，老一辈学者鼓励说，这样来写史学史，有新意；年轻的同行说，这为中国史学史研究开辟了一个新的领域；有的学者发表评论，认为这为开展当代史学批评提供了借鉴等。这些好评，一方面是对我的勉励，另一方面也反映了史学批评这个研究领域本身的魅力受到不少同行的关注。

与此同时，我试图对中国古代史学理论的发展做宏观上的思考和把握，并在一次学术讲演的基础上写出《中国古代史学理论发展大势》一文，发表于《历史研究》1992年第2期，随后刊登于英文版《中国社会科学》1993年第2期。文章的四个部分是：（一）中国古代史学理论的产生：从史学意识到自觉的史学发展意识。（二）中国古代史学批评的发展：系统的史学批评理论的提出。（三）中国古代史学理论的进一步发展：史学理论的繁荣和理论形式的丰富。（四）中国古代史学理论的终结：批判、总结、嬗变。在这篇文章中，我把史学批评同史学理论联系起来，并认为史学批评是推动史学理论发展的动力之一。

20世纪90年代初，我有幸参与了两个大型学术工程，一个是十卷本的《中华文明史》，此书是按专史分工撰写而按断代编纂，我撰写了二十个专史中的中国史学史，并主持编纂隋唐五代卷。这对我来说，是在专史方面的"通"的考验，也是我首次完成了对中国史学史做"通"的论述。《中华文明史》由河北教育出版社出版，台湾地区有关出版社随即出版了繁体字本。另一个大型学术工程是《中华文化通志》，我承担"学术典"中《史学志》的撰写。这是用中国传统志书的体裁来反映中国古代史学的面貌和成就，对我来说，是又一个考验。因为这不是写"史"，而是写"志"，写"志"就应当设计出来若干个互有联系的专题。显然，这种体裁的撰述势必要具有理论视角。对此，我在主观上也有了一点准备。《史学志》凡九章，前五章是讲史学发展历程、史官制度、史书编撰形式、文献整理和史学方法；后四章是讨论历史观念、史学理论、史学发展规律和史学的优良传统。必须承认，当时对我来说，除了史学发展历程这一部分以外，其他各章写起来都很困难，尤其是后面的几个部分。正是在《史学志》一书的撰写中，我第一次尝试着从具体对象上把"历史观念"与"史学理论"分别予以论述。我认为，仅仅从理论上说明它们二者的区别和联系是不够的，只有在具体研究对象上对它们分别论述，才可以真切地看到二者的特点，从而也可以更清楚地表明，二者虽有一定的联系，但毕竟是不同的研究对象。

关于中国古代史学理论发展大势和中国古代历史理论发展大势的探讨。我在1992年发表了《中国古代史学理论发展大势》一文之后，就曾考虑写一篇中国古代历史理论发展大势的文章，使二者成为"姊妹篇"，但始终未能写成。这是因为，历史理论要比史学理论显得更复杂一些，关键是对于"大势"的趋向及其阶段性特征，都应从中国史学史的总的进程中加以考察和分析。对此，我在很长的时间里都难以确定。于是，我把思考的重点转移到中国古代历史理论的特点上面，并于2004年在《学术研究》第1期上发表《略说中国古代历史理论的特点》一文。这里说的"特点"，并不是某一个或某几个参照物相比较而得到的，其实就是我个人对中国古代历史理论的粗浅认识，从中概括出具有一般意义上的几个特征罢了。在这些特点之中，以胡三省说的"夫道无不在，散于事为之间"[1]和章学诚说的"古人未尝离事而言理"[2]最为

1　胡三省：《新注资治通鉴序》，见司马光《资治通鉴》，中华书局，1956年，第24页。
2　章学诚：《文史通义·易教上》，叶瑛《文史通义校注》本，中华书局，1985年，第1页。

重要。这是因为,从今天的眼光来看,正是他们的见解道出了古代学人(包括史学家)表达理论的一般形式。再就是对理论问题探讨的连续性,这也正是中华文明发展之连续性特点的一个具体表现。

对于中国古代历史理论发展脉络的认识,又经过几年的思考,我于2011年在《河北学刊》第6期上发表了《中国古代历史理论发展大势》的文章,用"形成""发展""繁荣"三个关键词,把中国古代历史理论大致划分为三个阶段。从时间跨度和历史进程上看,先秦秦汉为第一阶段,魏晋南北朝隋唐为第二阶段,五代至明清为第三阶段。这三个阶段的发展趋势,也同我主编的三卷本《中国古代历史理论》相吻合。而真正能够反映出这三个关键词的内涵的,不是这三个空泛的关键词,而是书中所讨论的一个个专题,如天人关系论、古今关系论、时势论、理道论、通变论等。如前所述,这些专题大多具有探讨上的连续性特点,同时也大致可以划分出它们发展的阶段性。

改革开放以来的近四十年中,中国史学史研究的最大变化之一,是理论研究加强了。20世纪五六十年代,刘节讲授中国史学史,有时讲到史学家们的"历史哲学"[1],虽然讲得极为概括,已是十分突出的了。而自20世纪80年代以后,关注理论问题的中国史学史研究者渐渐多了起来,重点在史学思想研究和史论研究。可以说,从理论视角看待和研究中国史学已成为中国史学史研究的

---

[1] 见刘节:《中国史学史稿》,中州书画社,1982年,第1—9页。

一股潮流。这一重大变化的学术意义和理论意义在于,发掘、整理、解说中国史学的理论遗产,有助于研究者进一步深入理解马克思主义。白寿彝先生在讲到自先秦思想家至明清之际王夫之的思想传统时,认为:"自慎到、韩非以后,说势,说理,不尽相同,但对于社会现象、历史现象的观察,都是从客观的现实出发,是有唯物主义因素的。我想,这可以说是历史唯物主义的萌芽。研究这种萌芽的思想,对于史学遗产的理解,有重大的意义。这一种萌芽的思想有这样悠久的历史,为什么不能发展成为历史唯物主义的思想体系,这是一个很有理论意义的问题。"[1]正是因为有这种"唯物主义萌芽"的存在,中国近代学人(包括史学家)在多种思潮中选择历史唯物主义,即选择了马克思主义。

自20世纪80年代以来,不论是"理论热",还是有关重大学术问题的讨论,中国学者往往都在"配合"外国学者参与讨论,人家过时了,我们刚刚"热"起来,这种"跟着走"的现象比较普遍。当然,"跟着走"有时也是必要的,就一些重大问题做某种呼应,使视野开阔、思想敏锐、吸收新知,都不无裨益。但若一味"跟着走",总是望着他人项背,那就不好了。

20世纪40年代,老一辈马克思主义史学家提出马克思主义史学中国化的问题,至80年代,翦伯赞、尹达、白寿彝先生等仍然强调这个问题的重要。依我的肤浅理解,所谓马克思主义史学中国化的问题,一方面是要遵循和运用马克思主义的基本观点来看

---

[1] 白寿彝:《史学遗产六讲》,北京出版社,2004年,第41—42页。

待与研究中国历史、中国史学,如人们的社会存在决定人们的思想,人类社会由低级阶段向高级阶段发展是有规律可循的,地理条件对人类社会历史进程的影响,人民群众是推动历史发展的重要力量等,应当成为研究历史和史学的指导思想。另一方面,要把马克思主义基本观点同本国的历史与史学相结合,即运用马克思主义来说明本国的历史与史学,这是一个十分艰难的过程,是马克思主义史学进一步取得民族形式的过程,也是毛泽东说的"中国作风""中国气派"。这是思想、内容、形式三者的统一。从这个意义上看,重视发掘史学遗产中的理论成就,用唯物的、辩证的观点和方法加以总结和阐述,应是马克思主义中国化过程中的重要任务。在这方面,中国史学史研究是大有可为的。

四

我的研究领域与治学路径大抵如上文所述。先师白寿彝先生曾说,史学工作者当出其所学为社会服务。[1] 这句话,一方面高度概括了中国史学家经世致用思想的优良传统,一方面深刻地揭示出史学之社会功用的本质。许多年来,老师的这一教导始终是心中的座右铭和不断追求的目标。

这部文集包含十卷,大致分为三个方面的内容:一是理论方面的内容,包括第一卷《中国史学的理论遗产——从过去到现在

---

[1] 白寿彝:《中国史学史》第一册,上海人民出版社,1986年,第42页。

和未来的传承》、第二卷《中国古代史学批评纵横（外一种）》、第三卷《史学在社会中的位置（外一种）》；二是通叙中国史学史方面的内容，包括第四卷《中国史学史纲》、第五卷《中华史学志》；三是断代的或专题的中国史学史方面的内容，包括第六卷《魏晋南北朝隋唐史学》（附《〈南史〉与〈北史〉》）、第七卷《唐代史学论稿（增订本）》、第八卷《20世纪中国史学论集》、第九卷《白寿彝与20世纪中国史学》。最后的第十卷《走进我们共有的精神家园——近三十年史学演讲录》，可视为对上述三个方面内容的一点补充。这一编次形式，恰与前文所述我的治学历程及研究领域之先后顺序，呈相反的方向，使研究路径的实际与思想反省的要求形成辩证互动的格局。区区之心，祈读者朋友谅察。

是为序。

2016年2月1日

（原载《瞿林东文集》，北京师范大学出版社，2017年，收入本书时略有删节）

跋

  2019年12月下旬，在中国历史研究院主办的首届全国史学高层论坛举办期间，我见到上海师范大学副校长陈恒教授，我们互相致以问候。12月25日，我收到陈恒教授的一份邮件，大意是商务印书馆（上海分馆）正在编辑出版一套"光启文库"，其中有一个系列是"光启随笔"。陈恒教授希望我也编一本"光启随笔"，"把先前已经发表过的书评、评论、报刊文章以及相关的学术文章汇总在一起出版，二十万字左右"。许多年来，我自知不擅长"随笔"，认为那是一种高雅而活泼的文字，故颇有些犹豫。但终觉却之不恭，于是鼓起勇气答应下来。不久，商务印书馆上海分馆总编辑鲍静静女士随即来函联系具体事宜，这使我一下子感到"上海速度"（改革开放初听说过"深圳速度"）的工作效率，不好拖拉。2020年1月，大致选定了文章，只是文章的注释颇不一致，须做一些调整工作。后因故搁置下来，直到近日才有机会做进一步的编次和调整。

感谢商务印书馆和陈恒教授,感谢鲍静静总编辑和责任编辑周小薇女士,使我有机会得以在"光启随笔"系列中出版这本小书!

博士研究生操宇晴协助我整理、编次书稿、校对文字,并统一版式,做了许多具体工作;博士研究生许洪冲、娄梦然帮助我调整书中注释,力求规范,以便于读者阅读。我也向他们表示谢意!

2020年11月22日

光启随笔书目

（按出版时间排序）

《学术的重和轻》　　　　　　　李剑鸣 著

《社会的恶与善》　　　　　　　彭小瑜 著

《一只革命的手》　　　　　　　孙周兴 著

《徜徉在史学与文学之间》　　　张广智 著

《藤影荷声好读书》　　　　　　彭　刚 著

《生命是一种充满强度的运动》　汪民安 著

《凌波微语》　　　　　　　　　陈建华 著

《希腊与罗马——过去与现在》　晏绍祥 著

《面目可憎——赵世瑜学术评论选》　赵世瑜 著

《中国的近代：大国的历史转身》　罗志田 著

《随缘求索录》　　　　　　　　张绪山 著

《诗性之笔与理性之文》　　　　詹　丹 著

《文学的异与同》　　　　　　　张　治 著

《难问西东集》　　　　　　　　徐国琦 著

《西神的黄昏》　　　　　　　　江晓原 著

《思随心动》　　　　　　　　　严耀中 著

《浮生·建筑》　　　　　　　　阮　昕 著

《观念的视界》　　　　　　　　李宏图 著

光启随笔书目

《有思想的历史》　　　　　　　　　王立新 著
《沙发考古随笔》　　　　　　　　　陈　淳 著
《抵达晚清》　　　　　　　　　　　夏晓虹 著
《文思与品鉴：外国文学笔札》　　　虞建华 著
《立雪散记》　　　　　　　　　　　虞云国 著
《留下集》　　　　　　　　　　　　韩水法 著
《踏墟寻城》　　　　　　　　　　　许　宏 著
《从东南到西南——人文区位学随笔》　王铭铭 著
《考古寻路》　　　　　　　　　　　霍　巍 著
《玄思窗外风景》　　　　　　　　　丁　帆 著
《法海拾贝》　　　　　　　　　　　季卫东 著
《走出天下秩序：近代中国变革的思想视角》萧功秦 著
《游走在边际》　　　　　　　　　　孙　歌 著
《古代世界的迷踪》　　　　　　　　黄　洋 著
《稽古与随时》　　　　　　　　　　瞿林东 著
《历史的延续与变迁》　　　　　　　向　荣 著
《将军不敢骑白马》　　　　　　　　卜　键 著
《依稀前尘事》　　　　　　　　　　陈思和 著
《秋津岛闲话》　　　　　　　　　　李长声 著